B

W0177838

Knaur.

Die Autorin:
Kerstin Tomiak war bereits für den RBB und Deutschlandradio tätig, bevor
sie für die Internationale Friedenstruppe ISAF als Büroleiterin der Zeitung
»Stimme der Freiheit« nach Kunduz ging.
Kurze Zeit nach ihrer Rückkehr aus Afghanistan hat sie das Fernweh aber-
mals gepackt – heute lebt und arbeitet sie wieder für die ISAF am Hindu-
kusch und setzt sich weiterhin ein für ihren Traum von einem friedlichen
Afghanistan.

Kerstin Tomiak

DRACHENWIND

Mein Jahr in Afghanistan

KNAUR TASCHENBUCH VERLAG

Besuchen Sie uns im Internet
www.knaur.de

Redaktion: Angela Gsell
Umschlaggestaltung: ZERO Werbeagentur, München
Umschlagabbildung: Gettyimages / Steven Errico
Fotos: Nr. 1 bis 30 ©Kerstin Tomiak,
Nr. 17 Fotofinder/Knut Mueller/Das Fotoarchiv,
Nr. 18 ddp/Michael Kappeler
Satz: Adobe InDesign im Verlag
Druck und Bindung: CPI – Clausen & Bosse, Leck
Printed in Germany
ISBN 978-3-426-78261-3

2 4 5 3 1

INHALT

Eine Art Vorwort   7

Ramstein   9

Ankunft auf KAIA   18

Zwei Welten Kabul   26

»Wir wissen gar nichts«   46

Kunduz. Das Lager   58

Kunduz. Die Stadt   65

Cimic in Warsaj   74

Farzana   90

Party im PRT 105

Polizeiausbildung. Taloqan 112

Weihnachten, Silvester, Eid 124

Der Weise von Kunduz 135

»In Afghanistan ist niemand glücklich« 145

Die Zuckerfabrik in Baghlan 157

Radio Zohra 165

Liebschaft mit Soldat 173

Frauen bei der Polizei 182

Zwei Welten Kabul II 188

Fußpatrouille 200

Salzwasser 206

Die Hochzeit von Katachel 220

Anschlag 227

»Dann spielen wir Gott« 236

Säuglingssterblichkeit 239

Die Schreiber von Kunduz 248

Fahrschule PRT Kunduz 255

Die Keksfabrik 263

Picknick mit Drachen 268

Eine Art Nachwort 276

EINE ART VORWORT

Afghanistan war ein Kindheitstraum.

Allerdings wusste ich mit sechs oder sieben Jahren nichts über das Land. Wahrscheinlich hatte ich den Namen irgendwo aufgeschnappt, und der Klang hatte mich bezaubert: Afghanistan.

Nur kurze Zeit darauf marschierten die Russen dort ein, es folgten die Kämpfe der Mudjaheddin, der Bürgerkrieg, und schließlich kamen die Taliban. Sie steckten nicht nur die Frauen unter die Burka, sondern breiteten einen Mantel des Schweigens über das ganze Land. Nachrichten aus Afghanistan gab es kaum, sie prallten an streng bewachten Grenzen ab. Afghanistan war schon lange kein Traumland mehr, es war ein vergessenes Land.

2001 wurde es von den Amerikanern ins allgemeine Nachrichtenbewusstsein zurückgebombt. Grün flimmerten Bilder über die Fernsehschirme. Hätte mir damals jemand gesagt, dass die amerikanischen Bomber mir gerade den Weg zu einem Jahr in Afghanistan ebneten, ich hätte nur gelacht. Oder mit den Schultern gezuckt und mich abgewandt. Es sollte auch noch fünf Jahre dauern.

In Afghanistan geschah in dieser Zeit viel, in meinem Leben auch. Beides hatte nichts miteinander zu tun, Kindheitsträume sind irgendwann vergessen. Als die Stellenausschreibung der ISAF, der International Security Assistance Force, im Jahr 2006 auf ziemlich verschlungenen Wegen auf meinem Schreibtisch landete, dachte ich nicht an die Erfüllung eines Wunschtraums. Meine Bewerbung ein paar Monate zuvor entsprang einer spontanen Laune und war direkt nach ihrer Absendung auch wieder vergessen.

Aber ein halbes Jahr später fand sich, unverhofft und nicht erwartet, eine Zusage in meiner Mailbox.

Und so packte ich mein Leben in zwei Koffer, flog von der Nato-Basis Ramstein zunächst nach Kabul und von dort weiter nach Kunduz im Norden Afghanistans. In der Tasche hatte ich den Vertrag mit dem Hauptquartier der International Security Assistance Force, dem ISAF Headquarters. Ein Jahr lang sollte ich als Journalist and Forward Media Team Leader in Kunduz arbeiten. Ein Jahr leben im Provincial Reconstruction Team, kurz PRT, mit den dort stationierten deutschen Soldaten.

In meiner Funktion gehörte ich der CJPOTF an, der Combined Joint Psychological Operations Task Force. Ihre Aufgabe ist die »positive Beeinflussung der afghanischen Zivilbevölkerung im Sinne der ISAF mittels Massenmedien«. Mein Job war die Berichterstattung aus der Provinz Kunduz für die von ISAF herausgegebene Zeitung und das Radioprogramm *Sada-e-Azadi*. Aus der Landessprache Dari übersetzt bedeutet das: *Stimme der Freiheit*.

Mit Soldaten der Bundeswehr, in Begleitung meiner afghanischen Mitarbeiter und manchmal auch alleine bereiste ich das Land. Ich besuchte Schulen, Eröffnungszeremonien und Workshops, traf die Familien und Freunde meiner Kollegen und lernte so auch afghanische Frauen und ihr Leben kennen. Im Camp lebte ich Tür an Tür mit den deutschen Soldaten.

Dies ist der Bericht.

RAMSTEIN

Sie können«, so erklärt die E-Mail aus dem HQ, dem Headquarters der ISAF in Kabul, »von Ramstein aus fliegen.« Ramstein ist der größte Stützpunkt der US Air Force außerhalb der USA. Von dort fliegen die amerikanischen Maschinen direkt nach Kabul. Möglichkeit Nummer zwei ist der Flug mit der deutschen Luftwaffe von Köln-Wahn, dabei muss allerdings umgestiegen werden. Die Bundeswehr fliegt zunächst nach Termez in Usbekistan, dort werden Übernachtungsmöglichkeiten bereitgestellt. In einem Zelt. Am nächsten Morgen geht es dann mit einer Militärmaschine weiter nach Afghanistan. »Und bitte nicht vergessen«, so schließt die Mail, »dass aufgrund der internationalen Luftfahrtbestimmungen nur hundert Milliliter Flüssigkeit im Handgepäck mitgeführt werden dürfen, wozu auch Zahnpasta, Cremes und Ähnliches zählen.«

»Auf keinen Fall«, sage ich zu Daniel, der auf einen Kaffee vorbeigekommen ist und mir jetzt beim Packen hilft.

»Keine Chance, das kommt nicht in Frage. Ich übernachte nicht in einem Zelt. Niemals. Ich fliege mit den Amerikanern.«

Er nickt, wie er zu allem nickt, seit ich entschieden habe, dieses Jobangebot anzunehmen. Daniel gehört zu jener Gruppe meines Freundeskreises, die stoischen Gleichmut beweist. Andere haben es sich in dieser letzten Zeit des Kofferpackens und der Vorbereitung zur Aufgabe gemacht, mich zum Frühstück, Abendessen oder Cocktailtrinken, per E-Mail oder Telefon oder im direkten Gespräch mit den neuesten Horrormeldungen aus Afghanistan zu versorgen.

»Da hat es wieder ein Gefecht gegeben, mit zwei Toten!«,

sagt Christine und schiebt mir einen Zeitungsartikel über den Cafétisch. Um uns herum brummt ein friedlicher Prenzlauer-Berg-Nachmittag.

»Ja, aber das war in Kandahar. Ich gehe nach Kunduz!«, zische ich, und am Nebentisch schaut jemand auf.

»Ist da ein Unterschied?«, fragt Christine und rührt Zucker in ihren Kaffee.

»Circa drei Gefechte pro Tag.«

»Willst du's dir nicht doch noch mal überlegen?«

»Nein. Aber ich würde gern das Thema wechseln, wenn es dir nichts ausmacht.«

»Um Himmels willen«, schreit Anne per E-Mail auf, »da werden Frauen gesteinigt, zwangsverheiratet und verprügelt, und du gehst da freiwillig hin? Was willst du denn da?«

Sehen, hören, begreifen, ob das wirklich so ist, denke ich und gehe ans Telefon, das mal wieder läutet. »Mir ist immer noch unklar«, sagt Hannes am anderen Ende der Leitung, »warum du da eigentlich hinfährst.«

»Mir auch«, sage ich und lösche Annes Mail.

»Aber letztlich«, fährt er fort, ohne auf mich einzugehen, »wissen angeblich auch um die siebzig Prozent der Bundesbürger nicht, was die Bundeswehr in Afghanistan zu suchen hat.«

»Wenn ich rausfinde, was die da machen, sage ich dir Bescheid«, antworte ich, »du bist der Erste der es erfährt.« Hannes schweigt einen Moment. »Du bist wirklich felsenfest entschlossen?«, fragt er dann.

Ich knurre irgendetwas und verabschiede mich mit dem Hinweis auf weitere Vorbereitungen.

Die gehen weiter. Mein Koffer ist zu klein für seinen Inhalt, und andauernd kommt noch etwas hinzu. Daniel gräbt auf der Homepage des Auswärtigen Amts eine ausdrückliche

Einreisewarnung für Afghanistan aus. Wenn es sich aber nicht vermeiden ließe, dann solle man immer einen Notkoffer bei sich haben, in dem auf jeden Fall Kofferradio und Taschenlampe nicht fehlen sollten. Falls man evakuiert werden müsse.

Ich schlucke. Und Daniel, der Pragmatiker, kauft Kofferradio und Taschenlampe, Nina spendiert einen Halbjahresvorrat an Batterien, Susanne einen ›Survival-Guide‹ in Buchform. Ich zweifle, dass ich je in die Verlegenheit kommen werde, ein Iglu bauen zu müssen, um im Schnee zu überleben, aber ich packe alles ein, man kann ja nie wissen. Mit Nato-Travelorder und ISAF-Vertrag in der Tasche, breche ich an einem regnerischen Oktobertag mit dem Mietwagen in Richtung Nato-Basis Ramstein auf. Und damit beginnt das Abenteuer Afghanistan.

Es ist eine lange Fahrt nach Ramstein, viel Zeit zum Nachdenken. Über ebenjene leidige Frage, die mir in den letzten Wochen immer wieder gestellt wurde: Warum tust du das? Scheibenwischer schlagen auf der Windschutzscheibe hin und her, und ich finde keine Antwort. Aber an dem Punkt, den ich nun erreicht habe, ist keine Antwort mehr nötig. Keine Antwort wird mir jetzt noch einen Grund geben, umzukehren. So fahre ich Ramstein und der Nato-Basis einfach weiter entgegen, mache Pausen auf Autobahnparkplätzen, trinke einen einsamen Kaffee an einer Raststätte. Und halte schließlich vor der rot-weißen Schranke in Ramstein.

Ein Soldat mit ernstem Blick prüft Travelorder und Personalausweis, dann hebt sich die Schranke, und im Schritttempo fahre ich auf das Gelände. Rechts und links der Straße grüne Wiesen, ein paar Bäume, mal eine Abzweigung: Man könnte meinen, man fahre in einem Park spazieren, auf der Suche nach einem Picknickplatz. Kein Mensch ist zu sehen, kein anderer Wagen im Rückspiegel, Ramstein scheint menschenleer.

Dann taucht ein Schild auf: *Check-in*. Hier biege ich ab und fahre auf eine Halle zu, davor befindet sich ein Parkplatz, beides ist riesig. Ich parke so nah es geht, trotzdem ist der Weg zum Check-in-Schalter lang. Ich befinde mich in einer Miniaturausgabe der USA, hier gilt das Gebot: Viel Platz. Ich fluche, als ich meine Koffer zum Eingang schleppe und sie auf das Band hieve, aber wenigstens lenkt mich dieser Kraftakt ab von diesem Unwohlsein, diesem Angstkloß in der Kehle. Meine Koffer verschwinden auf dem Band, tauchen dann wieder auf, eine Soldatin tastet mich ab, nickt, ich zerre mein Gepäck runter vom Band und betrete die Halle.

Die ist hell, luftig und riesig. Lange Tresen, mit Computern drauf und Soldaten dahinter, dienen als Abfertigungsschalter. Es wirkt deutlich freundlicher als eine gewöhnliche zivile Abfertigungshalle. Gewöhnungsbedürftig für meine Zivilistenaugen sind nur die Uniformen. Ich ahne aber, dass ich mich daran schon bald gewöhnt haben werde.

Ich schleppe meine Koffer zu einem der Schalter.

»Kabul«, sage ich und schiebe meine Nato-Travelorder über den Tresen, als sei es das Selbstverständlichste der Welt und nicht das Aufregendste, was ich je gemacht habe. Der Bedienstete blickt auf seinen Computerbildschirm und entschuldigt sich mit einem so bedauernden Lächeln, wie es nur Amerikaner können. »There is no flight to Kabul today, Ma'am«, sagt er.

Ich schaue auf das Papier, das auf dem Tresen zwischen uns liegt. Das Datum stimmt. Und klar und deutlich steht dort auch Kabul.

»There must be«, sagte ich und wedele mit dem Papier vor

der Nase des Uniformierten herum. Er liest die Travelorder noch einmal, wahrscheinlich nur um mir einen Gefallen zu tun, schaut wieder auf seinen Bildschirm, drückt ein paar Tasten. Dann schüttelt er erneut den Kopf und deutet auf einen Schalter am anderen Ende der Halle.

»Ask over there, please, Ma'am.«

›Over there‹ ist weit – jedenfalls mit zentnerschwerem Gepäck. Ich lasse es in der Mitte der Halle stehen und widersetze mich damit der Flughafenregel Nummer eins: ›Lassen Sie Ihr Gepäck nie unbeaufsichtigt‹. Ich bin in Ramstein auf einer Militärbasis, wurde bereits kontrolliert, es wird mir wohl niemand eine Bombe ins Gepäck geschmuggelt haben.

›Over there‹ am Schalter frage ich erneut nach meinem Flug, ernte wieder amerikanisch-bedauernde Blicke und Kopfschütteln: »No flight to Kabul, Ma'am. You can go to Jallalabad.«

Ich muss nicht nach Jallalabad. Ich muss nach Kabul. Einen Augenblick lang sehe ich mich an einem wüsten Ort gestrandet, irgendwo in Afghanistan, ohne eine Chance, meine künftigen Arbeitgeber zu informieren. Panisch bekämpfe ich den in mir aufsteigenden Verdacht, dass alles nur ein Witz war: Die E-Mail war ein Irrläufer, ich bin Opfer einer Verschwörung von ich weiß nicht wem; es gibt überhaupt kein ISAF Headquarters in Afghanistan, jedenfalls keines, das einen Vertrag mit mir macht, und gleich wird von irgendwo jemand hervorspringen und »April, April!« rufen. Dabei ist Oktober. Ich bin kurz davor, mit den Fäusten auf den Tresen zu trommeln, was natürlich auch nichts bringen würde, als mir jemand die Travelorder aus der Hand nimmt, sie aufmerksam liest und dann zu einem Telefonhörer greift. Ein Schwarzer mit freundlichen Augen und breiten Lippen, an denen ich hänge in der Hoffnung, er könne mich retten.

»Here is a young lady, searching for a flight to Kabuuul«, sagt er, und ich lausche dem langgezogenen ›u‹ nach und bekomme einen beruhigenden Blick zugeworfen. »Yes«, sagt er dann, und noch einmal: »Yeah.« Dann wartet er, nickt, und es folgt ein: »Thank you«, mit dem er den Hörer auflegt.

Das Problem ist geklärt. Es gibt den Flug nach Kabul. Aber es handelt sich dabei natürlich um einen Militärtransport und die werden nicht hier am Check-in abgefertigt.

Aha. Und wo muss ich hin?

Ganz nach vorn, kurz vor dem Gate dann die erste Straße links, dort um das freistehende Gebäude herum. Ich bekomme einen bedauernden Blick zugeworfen und schleppe mein Gepäck zurück zum Parkplatz und lade es wieder in mein Auto ein. Kaum wird mir bewusst, dass doch alles seine Richtigkeit hat und es den Flug gibt, kriechen mir erneut Bedenken den Nacken hoch. Die Aufregung um ›Werde ich meinen Flug erreichen?‹ war nur eine kurze Ablenkung von der Frage ›Was tue ich hier bloß?‹

Egal, jetzt gibt es kein Zurück mehr. Ich steige einfach wieder ins Auto, fahre los, zurück in Richtung Eingang. Dort biege ich an der Abzweigung ab, halte, steige aus und sehe mich um.

Das einzige Gebäude am Ende des mir beschriebenen Weges sieht nicht nur verlassen und verriegelt aus, es ist es auch.

Ich schleiche herum, blicke durch Fenster in leere Büros, suche eine menschliche Seele und rechne damit, dass der Flieger weg ist oder ich zumindest nicht mehr einchecken kann. Dass mir das HQ mailen wird, dass man dankend auf meine Mitarbeit verzichte, da ich nicht einmal in der Lage sei, rechtzeitig zum Flug anzutreten. Meine Afghanistanträume lösen sich im einsetzenden Nieselregen in Luft und Wohlgefallen auf, die Stimmung ist am Nullpunkt. Da stehe ich mit riesigen Koffern auf einer mehr oder weniger menschenleeren Militärbasis, ich bin kilometerweit hierhergefahren, habe zuvor tagelang mein Leben aussortiert und in Koffer oder Umzugskartons gepackt, habe medizinische Untersuchungen und Impfungen über mich ergehen lassen und ellenlange Formulare ausgefüllt – um jetzt unverrichteter Dinge kehrtzumachen und geschlagen und enttäuscht nach Hause zu fahren? »Mist«, ist das einzige Wort, das mir einfällt. Was ich jetzt tun soll, weiß ich auch nicht. Und wie fast alle Menschen, die nicht wissen, was sie tun sollen, tue ich erst mal: nichts. Ich suche meine Zigaretten und bleibe, wo ich bin.

Zum Glück, denn jetzt erscheint der rettende Engel: eine Amerikanerin. Mit sorgfältigem Make-up, Haut wie Buttermilch und einem strahlend weißen Lächeln – sie sieht aus, als wäre sie einer Zahnpastareklame entstiegen. Und sie weiß sogar Bescheid.

Ich stehe tatsächlich vor dem richtigen Gebäude, und den Flug nach Kabul gibt es auch. Nur anscheinend nicht heute. Ich blicke noch einmal verstohlen auf das Datum meiner Travelorder.

Sie bemerkt es. »Welcome to the army« sagt sie, lächelt einnehmend, versorgt mich mit Kaffee und lädt mich in einem Besprechungsraum ab. Falls der Flug doch noch geht. Man werde mich informieren. Dann verschwindet sie in den Feierabend, und ich sitze und warte. Nach rund zwei Stunden erscheint ein Soldat: Der Flug ist endgültig verschoben.

Auf wann?

»Maybe tomorrow«, ist die Antwort.

»Maybe?«

Mit einer bedauernden Geste zieht er die Schultern hoch und fragt, wo ich herkomme. Ich antworte: »Berlin.«

Dann könne ich wohl nicht nach Hause fahren und dort warten, bis man mich benachrichtigt.

Nein, kann ich nicht.

Ich hinterlasse meine Handynummer und den größeren meiner beiden Koffer und fahre in ein Hotel. Statt im HQ in Kabul sitze ich jetzt in einem Hotelzimmer in Ramstein. Und warte. Drei Tage lang. Ich fahre zum Stützpunkt, hänge dort rum. Esse etwas. Besuche das PX, ein amerikanisches Shoppingparadies, das mit amerikanischen Soldaten bevölkert ist. Bekomme irgendwann gesagt, dass der Flieger noch nicht da sei oder dass er zwar da sei, aber noch überprüft werden müsse oder dass das Wetter nicht passe. Eine Nato-Travelorder, lerne ich, ist kein Flugschein. Ein Flugschein gibt ein verbindliches Datum und eine Abflugzeit an. Eine Nato-Travelorder versieht ihren Besitzer lediglich mit dem Etikett: ›Bei nächster Gelegenheit mitzunehmen‹.

Ich warte weiter, gemeinsam mit den britischen und amerikanischen Soldaten, die nach und nach eintreffen und ebenso wie ich auf den Flug nach Kabul warten. Am Morgen des dritten Tages kommt die Nachricht, dass in Afghanistan zwei deutsche Journalisten ermordet wurden. Mein Handy beginnt Sturm zu läuten: Kollegen, die Informationen haben wollen. Die habe ich nicht, ich sitze noch immer in Ramstein fest. Und wieso ruft Daniel nicht an, um nachzufragen, ob ich noch am Leben bin? Ebenso wenig wie Hannes, Nina oder Susanne?

Ich klingele Susanne an, stellvertretend für alle, um ihr vorzuwerfen, dass sie sich keine Sorgen macht.

»Diese beiden Journalisten«, sagt sie, »sollen an einer Straße gezeltet haben. Du wolltest ja noch nicht mal in einem Bundeswehrzelt in Usbekistan übernachten. Trau uns mal was zu, jedem hier war völlig klar, dass du so etwas nie machen würdest.«

Ich stehe im Regen in Ramstein, neben mir drückt ein britischer Staff Sergeant seine Zigarette aus.

Es ist schön, so gekannt zu werden.

»Pass trotzdem auf dich auf«, sagt Susanne.

ANKUNFT AUF KAIA

Und dann geht plötzlich alles ganz schnell. Gerade standen wir noch vor dem Besprechungsraum, rauchend, redend, jetzt gerät alles in Bewegung. Ein Offizier marschiert auf uns zu, setzt sich an einen der Tische dort, und sofort bilden die Soldaten eine Schlange davor. Staff Sergeant Miller rollt bedächtig die Glut aus seiner Zigarette. »Well«, sagt er, »here it goes!«

Der Flieger ist da. Ewig habe ich gewartet, jetzt bin ich viel zu schnell an der Reihe. Ich bekomme von meinem uniformierten Gegenüber einen beruhigenden Blick zugeworfen und wieder mal ein Formular gereicht: »Please fill this out.«

Next of kin steht darauf. Wen bitte, fragt es höflich, soll man im Falle meines Todes benachrichtigen? Ich schlucke. Und gebe Namen, Adressen, Telefonnummern an. Reiche das Formular zurück, dann werde ich zu einer Ladefläche weiter hinten verwiesen, ich solle dort bitte die Koffer abstellen. Zwischen Armeerucksäcken und Transportkisten aus Metall sieht mein Gepäck beinahe aufreizend zivil aus.

Einen Moment lang schließe ich die Augen und versuche ruhig zu atmen. Was für einen Blödsinn mache ich hier eigentlich? Der Staff Sergeant stößt mich aufmunternd mit dem Ellenbogen an.

»Relax«, sagt er. »It's not that bad.«

Er muss es wissen, er geht nach Kandahar, in den umkämpften Süden Afghanistans.

Namen werden aufgerufen, jeder antwortet mit einem lauten »Here«. Ein Bus bringt uns zum Flugzeug. Aussteigen aus dem Bus, einsteigen ins Flugzeug.

Auf der Gangway noch einmal das Gefühl, besser umzu-

drehen, runterzulaufen, einfach wieder einen Wagen zu mie-
ten und nach Hause zu fahren – doch dann wende ich mich
halb um, Ramstein liegt im Sonnenschein eines Herbsttages.
Jemand zwinkert mir beruhigend zu, ich verziehe irgendwie
die Mundwinkel. Und weiter, steige ins Flugzeug ein. Mit
feuchten Händen und zitternden Knien.

Es ist ein Militärtransport, die Maschine ist bar jeder
Innenverkleidung, die einem zivilen Flugzeug wenigstens den
Anschein von Gemütlichkeit und Komfort geben soll. Was ja
auch nie gelingt.

Hier: Segeltuchbahnen, olivgrün, an den Seiten und in der
Mitte der Maschine, wir sitzen wie Hühner auf der Stange.
Staff Sergeant Miller hat das Dauer-Abo für ›beruhigendes
Lächeln‹ und hilft mit dem Gurt, der wird hinter mir auf
Schulterhöhe losgeschnallt. Im hinteren Flugzeugteil wird
unterdessen das Gepäck auf der Ladefläche festgezurrt. Und
kaum ist das geschehen, setzt auch schon das Dröhnen der
Motoren ein, ›Flugzeug-vor-dem-Start-Geräusche‹, jemand
reicht mir Gehörschutz.

Die Motoren werden lauter.

Und dann heben wir ab. Und sind auf dem Weg nach
Afghanistan.

Kaum kommt die Anweisung, dass die Gurte abgelegt werden dürfen, liegt die halbe Mannschaft auch schon auf Boden
oder Bänken, in Schlafsäcken oder Jacken, man schläft oder
döst Kabul entgegen. Ich bin zu aufgeregt, um zu schlafen.
Eingekuschelt in eine viel zu große geborgte Soldatenjacke,
den Union Jack auf dem Arm, hänge ich auf meiner Bank, betrachte schlafende Soldatengesichter, denke an Deutschland,
meine Wohnung, meine Freunde, mein bisheriges Leben. Das
Dröhnen der Flugzeugmotoren ist durchsetzt von Schnarch-
lauten. Irgendwann schlafe auch ich ein. Schrecke wieder

hoch. Starre ins Dunkel. Wahlweise wünsche ich mir, schon angekommen zu sein oder aber, sofort umdrehen und aussteigen zu können. Fiebere Kabul entgegen und will doch nicht dahin. Was bleibt zurück? Was erwartet mich?

Es erwartet mich KAIA, Kabul International Airport, Military Part. Im Morgengrauen landen wir. Kabul liegt in einem Talkessel, die Maschine setzt so steil zur Landung an, dass ich mich an der Segeltuchbahn festhalte und den Sicherheitsgurt fester ziehe. Dann gibt es den üblichen Ruck, als der Flieger aufsetzt, und die Maschine rollt aus. Ich atme tief durch. Wir sind da.

Draußen: sandiger Boden, Steine, Panzersperren, Barrikaden, Stacheldraht, ein Zelt und ein Zaun. Hinter dem Zaun liegen Berge, und dahinter macht sich jetzt langsam eine flimmernde Morgendämmerung bemerkbar. Die Luft ist weich und trocken, und Staub tanzt in den Sonnenstrahlen. Ich stehe zwischen Soldaten, halte mich an meiner Zigarette fest und hoffe, dass mir irgendjemand sagen wird, was ich jetzt eigentlich tun soll. Aber das hier ist nicht Mallorca oder Gran Canaria, es gibt keine Touristen-Information und keinen Neckermann-Schalter, und niemand lächelt mir ein »Willkommen, bitte nehmen Sie Bus 42 zu Ihrem Hotel, der Parkplatz ist dort drüben« entgegen.

Aus dem Zelt dringen Geräusche, offenbar wurde das Gepäck ausgeladen. Um mich herum werden Zigaretten ausgedrückt, und auch ich folge den Uniformierten ins Zelt. Dort schnappen sich die Soldaten ihre Rucksäcke und bilden eine Schlange vor einem Tisch, ich gebe Staff Sergeant Miller die geborgte Jacke zurück. Jeder scheint zu wissen, wo er hinmuss und was er zu tun hat, nur ich stehe herum. Und fühle mich ebenso nutz- wie hilflos.

Irgendjemand erbarmt sich schließlich – irgendjemand erbarmt sich immer – und fragt, wohin ich will. Ins HQ, das ISAF-Hauptquartier, sage ich und komme mir komisch dabei vor, lausche dem kurzen Dialog nach.

»Where do you need to go?«

»HQ ISAF.«

Irgendwann wird diese Antwort Routine für mich sein, jetzt ist sie noch ungewohnt. Der Militärshuttle, erfahre ich, fährt an der Air Force One los.

Wo bitte?

An der Air Force One. Wann, da habe man auch keine Ahnung, aber Air Force One sei in jedem Fall ein guter Platz zum Warten. Ich schaue auf mein Gepäck, dann auf den natürlich nicht asphaltierten Schotterweg: Noch nie waren Rollen an einem Samsonite so nutzlos.

»Do you need a hand?«

Ich nicke dankbar. Und stolpere hinter den beiden Solda-ten her, die mein Gepäck über Geröll und Steine und über einen Parkplatz tragen und schließlich absetzen: »That's it. Good luck!«

Bevor ich mich auch nur bedanken kann, sind sie schon verschwunden.

Da stehe ich und gucke. Air Force One hat nichts mit der amerikanischen Präsidentenmaschine zu tun, Air Force One auf KAIA ist eine Bar. Eine, in der es auch Frühstück gibt und eine kabellose Internetverbindung, aber das finde ich erst viel später heraus, denn jetzt, so früh am Morgen, ist Air Force One geschlossen. Nebenan befindet sich der Check-in des Militärflughafens, auch der ist geschlossen, und auch der Militär-Shuttle ist weit und breit nicht in Sicht. Ich sinke neben meine Koffer auf die Biergarten-Holzbänke vor Air Force One.

Und jetzt? Ich versuche im Personalbüro, dem Civilian

Personnel Office, kurz CPO, anzurufen – Roaming-Gebühren eines deutschen Handys in Afghanistan hin oder her. Aber es geht niemand ans Telefon. Kunststück, um diese Uhrzeit.

Es gibt nichts zu tun außer warten. Und ich weiß nicht mal, worauf. Und wie lange.

KAIA erwacht langsam zum Leben, dunkelgrüne oder sandfarbene Fahrzeuge rollen auf den Parkplatz, Soldaten unterschiedlicher Nationalitäten laufen von einem mir unbekannten Punkt A zu einem mir ebenso unbekannten Punkt B. Ich sitze auf der Bank, weiche Soldatenblicken aus, krame schließlich die Sonnenbrille aus der Tasche, zum Schutz vor Blicken. Bei CPO klingelt das Telefon weiter ins Leere.

Die Sonne geht endgültig auf und taucht KAIA in ein gleißendes, dunstiges, staubiges Licht. Ich sitze rum. In einem vollkommen fremden Land. Ich habe keine Ahnung, was ich tun soll, und offenbar interessiert es auch niemanden, dass ich da bin. Ganz so habe ich mir das nicht vorgestellt. Die Anspannung der letzten Tage macht sich langsam bemerkbar, und alles, alles starrt mich an. Am liebsten wäre ich unsichtbar, heulen könnte ich auch. Bloß das nicht.

Ich sitze in einer Art Schockstarre, als irgendwann endlich zwei Autos vor mir anhalten. Britische Soldaten springen heraus und kommen herüber, ich gucke sie hoffnungsvoll an, und wirklich: Der Militärshuttle ist da.

»To HQ ISAF?«

Ich nicke.

»Do you have flag west and helmet?«

Ich schüttele den Kopf.

»That's bad.«

Sie lassen mich trotzdem einsteigen, diese höchstens zwanzigjährigen Jungen mit ihren Helmen, Westen und Waffen; sie sehen aus wie Wesen von einem anderen Stern.

»I give you a short briefing«, sagt der Wortführer. »We are driving convoi, you are with me in the first vehicle. If you see something unusual, tell me.«

Du machst mir Spaß, denke ich, ich bin gerade erst angekommen, für mich ist hier alles ungewöhnlich. Woher soll ich wissen, was richtig ungewöhnlich ist?

»Wenn wir beschossen werden, brechen wir durch«, geht die Belehrung weiter, »and try to reach the next friendly forces.«

Ich hole tief Luft und veranlasse den Soldaten damit immerhin zu einem Gesichtsausdruck, der mich wohl beruhigen soll.

Mein Gepäck wird eingeladen, ich klettere in den mir angewiesenen Wagen, und wir fahren los.

KAIA ist eine Festung, es geht im Schritttempo vorbei an Zäunen, Nato-Draht, hochgebauten Barrikaden mit Stacheldraht darauf. Dann passieren wir eine Schleuse. »Movecon«, sagt der Soldat ins Funkgerät, »we're leaving KAIA to HQ.« Irgendetwas krächzt eine Antwort. Wir fahren an einem Soldaten vorbei, der salutiert, und dann verlassen wir Kabul International Airport, Military Part.

Das ist der erste Eindruck von Kabul: Staub und Licht, Helligkeit, gedämpft durch das getönte Autofenster eines gepanzerten Wagens. Die Straße ist keine Straße, sondern ein Weg, ungepflastert, und an den Rändern türmen sich Berge von Müll. Im Hintergrund sind die Gipfel des Hindukusch zu sehen. Auf der Straße: zwei Frauen in blauer Burka. Ein Mann auf einem Fahrrad, ein Esel am Straßenrand. Überall Wellblechhütten, Läden, die nach vorne offen sind, Dächer, abgestützt mit rohen Baustämmen. In den Hütten sitzen alte Männer mit Turban. Und Kinder. Jungen und Mädchen, manche winken, andere beachten uns nicht. Geröll, Schutt und Abfall liegen am Straßenrand. An einem der Abwassergräben hockt ein älterer Mann im weißen Gewand und wäscht eine Schüssel in einem dreckigen Rinnsal. Alle Eindrücke sind gefiltert durch die Geschwindigkeit des Wagens und die abgedunkelten Scheiben. Afghanistan sieht aus, als hätte es den Atem angehalten, ein Land im Wartezustand. Ein Land, das nicht agiert, nur reagiert; weil ihm die Kraft zur Aktion vor langer Zeit genommen worden ist. Ein Land zwischen Nicht-mehr und Noch-nicht.

Wir fahren vorbei an Zelten mit dem blauen Aufdruck der Vereinten Nationen. Eine Kinderhorde tobt am Straßenrand.

Du verspürst den unsinnigen Wunsch, auszusteigen, du möchtest laufen: die Stadt spüren.

Du siehst: Männer in weiten Hemden und Hosen, barfuß oder mit offenen Schuhen an den Füßen. Wie blaue Fackeln wirkende Frauen, verhüllt mit der Burka. Wieder ein Mann auf einem Fahrrad, hinter ihm auf dem Gepäckträger sitzt eine von Kopf bis Fuß verhüllte Frau, und elegant wippt ihr Fuß in einem fast fleckenlosen Schuh. Wie bekommt sie das hin in diesem Staub und Dreck? Ich klebe am Fenster, trinke Eindrücke. Will ›Anhalten‹ rufen, will sehen. Aber Aussteigen ist nicht möglich, es ist klar, dass der Militärtransport nie anhalten wird, dass die beiden höchstens zwanzigjährigen, mit schusssicherer Weste und Helm, Funkgerät und Sturmgewehr ausgerüsteten Soldaten einen für verrückt hielten, würde man nur den Wunsch äußern. Es ist die erste Ahnung von der unterschiedlichen Wahrnehmung: Ich sehe Menschen. Die Soldaten vorne im Auto sehen potenzielle Selbstmordattentäter. Mögliche Bombenexplosionen.

Wer hat recht? Oder muss die Frage richtig lauten: Wer hat *wann* recht?

Kabul.

Wir fahren über einen Kreisel, ein Verkehrspolizist pfeift den Weg frei. Dann ändert sich die Landschaft: Die Straße ist plötzlich gepflastert, hat zwar immer noch Schlaglöcher und Risse, aber immerhin: Asphalt. Da sind Mauern, gesichert mit Stacheldraht, dahinter wahrscheinlich Gebäude. Zu sehen sind sie nicht. Die Tore werden von Bewaffneten gesichert, Maschinenpistolen vor der Brust, grimmige Aufmerksamkeit im Blick. Ich beuge mich vor.

»US-Embassy«, erklärt einer der Soldaten, er hat die Bewegung richtig als Frage interpretiert. »We will reach HQ in a minute.« Weiter geht es, an Mauern vorbei, dann ein scharfer Schwenk, auf der Straße rot-weiße Barrikaden, Stacheldraht. Und links ein Tor, darüber ein Schild *Military Sports Club*. Der Wagen bremst ab. Vor uns salutiert ein Soldat, öffnet das Tor, und langsam rollen wir hinein.

»Movecon«, sagt unser Beifahrer ins Funkgerät, »we are back in your location.«

Wieder kommt etwas Unverständliches aus dem Gerät und das Alien vorn, Soldat, ebenfalls ausgerüstet mit Helm und Weste, dreht sich um und nickt mir zu. »Welcome to HQ ISAF«, sagt er, und der Wagen hält.

ZWEI WELTEN KABUL

Der erste Eindruck ist so niederschmetternd wie aufregend. Container reiht sich an Container, meist zweistöckig, eiserne Treppen führen an den Seiten nach oben. Panzersperren, Stacheldraht und Sandsäcke sichern Mauern. Überall stehen Hescos, die quaderförmigen Bausätze für sichere Begrenzungen, die mit Kieseln und Sand gefüllt und mit Maschendrahtzaun umwickelt werden – sie schützen dahinterliegende Gebäude vor möglichen Raketen und Bomben. Garniert ist alles mit Staub, Schotter, Steinen, darüber glüht Kabuls Sonne – und mittendrin stehe ich.

»You wouldn't change your linnens every day at home!«, teilt ein Schild vorwurfsvoll an der Ausgabestelle für Bettwäsche mit. Richtig, aber da ist es auch nicht so staubig. HQ ISAF ist unglaublich dreckig und entspricht damit genau meinen romantischen Zivilvorstellungen.

Eintausendachthundert Soldaten aus siebenunddreißig Nationen tun hier derzeit Dienst. Es gibt einen Volleyballplatz und eine Truppenküche, mehrere PX-Läden, in denen man von Deodorant, DVD-Player über Kaffeetassen, Handtücher, Socken bis hin zu Kaffeemaschinen und Stehlampen so gut wie alles kaufen kann. Auch Zigaretten. Die Stange kostet im Schnitt acht Euro – ich hatte vor, das Rauchen aufzugeben und ahne: Daraus wird wohl nichts.

Es gibt Tütensuppen, Kekspackungen, Uhren, Taschenmesser, Parfüms und Kosmetikartikel. Ich denke an den Halbjahresvorrat Kosmetik in meinem Gepäck. Ich habe falsch gepackt.

Es gibt Kneipen, die im HQ aber nicht Kneipe, sondern NSE heißen, kurz für National Support Element: soldatisches

Beisammensein mit Nationalcharakter. Es finden sich Büro-container und Wohncontainer und das Milano Palace, das ein Internet-Café und einen Friseur beherbergt. Außerdem entdecke ich ein weiteres PX, ein italienisches Restaurant, es gibt einen Billardraum und eine Bar, in der ich unwillkürlich einen Rock, den ich nicht anhabe, glattstreichen möchte, um dann mit hohen Absätzen, die ich ebenfalls nicht trage, ein Staccato auf den Boden zu trommeln. Dunkles Holz, hell-glänzender Boden, rote Samtvorhänge, und draußen scheint die Sonne, dazu Soldaten in unterschiedlichen Uniformen, und vor meinem inneren Auge legt sich über die ganze Szene-rie ein Schwarzweiß-Filter: Wie in einem Kriegsfilm, zweiter Weltkrieg, *Casablanca*. Ich werde angelächelt, als hätte ich tatsächlich Ingrid Bergmans tragisches Gesicht.

Im »Gelben Haus« ist die separat abgesicherte Komman-dozentrale des HQ untergebracht. Auch sichte ich ein Fit-nessstudio und erstaunlich viele Baustellen – der Komplex wird konsequent vergrößert. Und immer wieder ernte ich Soldatenblicke, und von jedem Soldaten werde ich gegrüßt: Ich bin Zivilistin. Und ich bin eine Frau. Noch nie ist mir das so bewusst geworden wie hier.

Die CJPOTF, die Combined Joint Psychological Opera-tions Task Force, befindet sich hinter der Feuerwehr. Ein zweistöckiger Wohncontainer links, ein zweistöckiger Büro-container rechts. Dazwischen ein Platz mit Kies und Sand, zwei geparkte Autos, Wölfe der Bundeswehr. Vor dem Wohn-container stehen ein paar Stühle und Tische samt Aschen-becher unter einem Tarnnetz, das Schutz vor der Sonne gibt. Die Potf, wie die CJPOTF abgekürzt wird, ist eine multi-nationale Truppe aus Soldaten und Zivilisten, unterstützt von afghanischen Ortskräften. Vom Kompaniefeldwebel be-komme ich einen Schlüssel für den Raum, den ich drüben im Wohncontainer mit einer Arbeitskollegin teilen werde, außerdem ein T-Shirt mit dem Emblem der Potf und die Auskunft, dass ich abgemahnt werde, wenn ich in einem der Schlafräume alleine mit einem Angehörigen des anderen Geschlechts angetroffen werde. Bei drei Abmahnungen fliege ich nach Hause. Normalerweise lasse man sich das von den Zivilisten unterschreiben, bei mir, die ich nach Kunduz weiterfliegen werde und in Kabul nur zu Gast sei, sehe man davon ab. Ich starre in Soldatenaugen und frage mich, ob sich der Feldwebel vorstellen kann, dass es derzeit kaum etwas gibt, was mich noch weniger interessiert als Sex.

Ich nicke zu allem, werde entlassen und gehe hinüber zum Wohncontainer. Öffne die Tür, und es liegt ein Gang vor mir, weiße Wände, weiße Türen, graues Linoleum auf dem Boden. Neben Türen stehen Regale, auf denen malerische Schlampigkeit herrscht: Soldatenstiefel und Zivilistenschuhe, daneben hängen ein paar Jacken, und irgendwo klirren Wasserflaschen in einem Kühlschrank. Wasser ist in jedem Militärlager in Afghanistan frei. Ich öffne die mir zugewiesene Tür und sehe mich um.

Es ist eine Zwei-Mann-Blechbüchse. Zwei Betten, zwei Schränke, ein Tisch. Ein Fenster in der kleinstmöglichen Größe, davor ein Fliegengitter und eine Jalousie. Circa dreizehn Quadratmeter, schätze ich, höchstens sechzehn. Auf dem Tisch stehen eine Kaffeemaschine und ein Schminkspiegel, das beruhigt mich etwas, auf den Betten liegen Tagesdecken, auf dem Boden ein Teppich. Fotos in Sepia hängen an den Wänden, aus einem vergangenen Urlaub: Thailand oder Vietnam oder Karibik, jedenfalls Strände und Palmen.

Meine noch unbekannte Stubenkameradin heißt Susanne, ist ebenso wie ich Zivilistin, arbeitet bereits im zweiten Jahr hier und hat sich entsprechend eingerichtet. Zwar sieht man dem Container durch Schnitt, Größe und Möblierung die Soldatenunterkunft an, trotzdem wirkt er freundlich und aufgeräumt.

Ich packe das Nötigste aus, schiebe die Koffer unter das unbenutzte Bett und beschließe zu duschen. Ich marschiere im Bademantel über den Gang und begegne einem Soldaten. Der guckt neugierig und grüßt freundlich. Ich bin zu müde und gleichzeitig zu aufgekratzt, um irgendetwas zu empfinden, und grüße einfach zurück. Später werde ich mich daran gewöhnen: Zähneputzen neben fremden Menschen, duschen mit Direktansprache, Privatsphäre ist gestrichen. Es ist Einsatz. Ich husche unter die Dusche, wasche Staub und Schmutz ab und versuche zu begreifen, dass ich erst gestern unter einer Dusche stand, die ich noch für mich allein hatte. Im Hotel in Ramstein. Unvorstellbar. Unter dem Tarnnetz rücke ich dann, halbwegs sauber und umgezogen, dem Ankommen ein Stück näher. Dort lerne ich Susanne kennen, die bisher noch unbekannte Stubenkameradin, wir rauchen eine Zigarette, im Hintergrund sitzen drei Soldaten. Kartoffeldruck in Beige, die Uniform macht sie als Mitglieder der Bundeswehr, also Deutsche, erkennbar. Geplänkel zum Warmwerden. Ich erwähne, dass ich so bald wie möglich die Stadt kennenlernen will. Susanne lächelt, sagt nichts, von der Bank hinter uns schaltet sich einer der Soldaten ein.

»Wenn du willst, nehmen wir dich nächstes Mal mit.«

»Dirk und Thomas«, erklärt Susanne, »gehören zu TPT.«

Sie sieht meinen verständnislosen Blick und erklärt: »Das steht für Tactical Psyops Team.« Das macht nichts verständlicher, und das sieht man mir wahrscheinlich auch an.

»Vereinfacht gesagt ist die Potf so organisiert, dass Ops, nämlich Operation and Plans, zusammen mit TAA – Target Audience Analyses, also Zielgruppenanalyse – entscheidet, welche Produkte gemacht werden und welche Themen wichtig sind und in Radio und Zeitung erscheinen sollen. Chief Print und Chief Radio geben dann die jeweiligen Themen an die Redakteure und an die Forward Media Teams raus – also demnächst auch an dich. Ihr macht die Artikel und Radioberichte und schickt sie via Internet her. Die fertige Zeitung und die erwähnten anderen Produkte ...« »Basecaps, Kinderspielzeug, Stofftiere«, fällt Dirk ihr ins Wort, »... werden von TPT draußen verteilt«, schließt Susanne.

Ich gucke beide an. »Und das war ›vereinfacht‹?«

Sie lachen.

»Es hört sich komplizierter an, als es ist«, beruhigt Dirk, »aber wenn du magst, kannst du beim nächsten Mal gerne mitkommen, wir haben Platz im Auto.«

Ich nicke, natürlich will ich! Thomas, der bisher nur zugehört hat, stößt jetzt seinen Nachbarn an, der in einer Zeitschrift blättert.

»Na, Hauptmann«, fragt er, »kommst du auch mit?«, und fängt an zu lachen. Dirk grinst gen Boden, Susanne versteckt ihr Lächeln, indem sie sich eine Zigarette anzündet.

»Nö«, sagt der als Hauptmann Angesprochene und zieht die Nase unter seiner Brille kraus, »ich geh da ganz sicher nicht raus, das überlass ich euch.« Mit diesen Worten steht er auf und verschwindet im Bürocontainer.

»Das«, erklärt Susanne, »war der derzeitige Chief Military Print. Der Zeitungschef.«

»Und der war noch nie draußen ... also er hat das HQ noch nie verlassen?«, frage ich.

»Nein.«

Ich sage nichts. Verkneife mir die Frage, wie man eine Zeitung für Afghanen machen kann, wenn man Afghanistan nie gesehen hat. Das HQ ist nicht Afghanistan, es ist ein internationales Militärlager. Aber ich frage nicht, auch sonst sagt niemand etwas. Susanne drückt ihre Zigarette aus, ich sehe auf die Uhr und stehe auf.

»Ich muss zum Garten«, sage ich, »Briefing mit dem Media Director.«

»Immer dem Weg nach«, meint Susanne.

HQ ISAF bleibt auch auf den zweiten Blick ein erbärmliches Quartier, voller Staub, Container und Kiesel, aber der Garten könnte hübscher kaum sein: Hasen hoppeln über die Wiese, und Soldaten sitzen an Gartentischen in der Sonne. Irgendwo lacht jemand, von draußen, jenseits der Mauer, tönt schwach Kabuler Nachmittagsverkehr herüber. Eine Katze schleicht durchs Gras. Ich blinzele in die Sonne, entspanne mich. Der Major des österreichischen Bundesheers, derzeit Mediendirektor der CJPOTF, stellt einen Kaffee vor mich hin.

»Wissen Sie, warum Sie so gut bezahlt werden?«, fragt er und setzt sich, schaut mich mit vorgeschobenem Kinn an.

»Sie werden so gut bezahlt, weil Sie hier genau fünf Meter entfernt vom Tod sitzen.«

Die Vögel zwitschern immer noch. Die Katze duckt sich für eine Attacke auf eines der Kaninchen, ungerührt scheint die Sonne. Und ich überlege einen Augenblick lang, wie viele solch surrealer Sätze ich heute wohl noch hören werde und ob das auch morgen so weitergehen soll.

Ich werfe einen Blick auf die Mauer, die mich angeblich vom Tod trennt. Kommt mir weiter vor als fünf Meter. Aber das sage ich nicht, ich höre einfach weiter zu. Kaffeetrinken mit Major.

»Falls Sie in einen Anschlag geraten und noch laufen können, machen Sie, dass Sie wegkommen«, sagt er. »Und trinken Sie viel!«

Am liebsten würde ich fragen, ob ich nur in der Nähe von Anschlägen viel trinken soll, verschlucke aber auch diese Frage zusammen mit dem Kaffee. ›Viel trinken‹ gilt immer.

»Wenn Sie mit einem Auto unterwegs sind und ein Kind überfahren, dann bleiben Sie nicht stehen. Fahren Sie weiter. Es ist besser.«

Ich nicke.

»Überhaupt sollten Sie nur mit Soldaten unterwegs sein. Wenn Sie schon unbedingt unterwegs sein müssen. Besser ist es, Sie überlassen ihren lokalen Mitarbeitern diese Arbeit.«

Ich nicke nicht, ich schaue nur.

»Wenn Sie entführt werden, glauben Sie nicht, dass die Armee Sie da rausholt«, fährt der Major fort. »Das tut sie nicht. Das läuft dann auf politischem Weg.«

Schön, wenn es überhaupt läuft, denke ich und stelle mir einen Spezialtrupp vor, der durch eine Wüste kriecht, um mich nach einem Feuergefecht aus irgendeinem afghanischen Haus zu retten. Das Bild ist so albern, gleichzeitig erscheint es so erschreckend möglich, dass ich befürchte, gleich hysterisch loszukichern. Ich kann mich nur knapp beherrschen.

Und gleichzeitig taucht in meinem Kopf die ängstliche Frage auf: Wird es so sein? Werde ich ein Jahr in irgendeinem Feldlager sitzen, eingeschlossen wie ein Soldat? Werde ich von Afghanistan nichts mitbekommen, nichts sehen, außer wechselnden Soldatengesichtern unterschiedlicher Nationen und einer Mauer, die ein Camp umgibt?

Dafür bin ich nicht hierhergekommen.

Der Mediendirektor teilt mir zum Abschluss mit, dass es derzeit einen Salsa-Kurs gibt, drüben im Milano Palace, Truppenbetreuung, und dass zu wenig Frauen dabei sind. Er würde sich daher sehr freuen, wenn …

Ich stottere einen Satz, in dem die Worte ›gerade erst angekommen‹ und ›todmüde‹ eine wichtige Rolle spielen, außerdem kommt ›nächstes Mal gern‹ darin vor. Ziemlich tief in Gedanken, verlasse ich dann den Garten. Auf dem Parkplatz vor dem Gelben Haus fährt ein Wagen vor, Türen öffnen sich, und amerikanische Sicherheitsleute, zivil, breitschultrig, steigen aus, schusssichere Weste, Gewehr im Arm, misstrauischer Blick, der nur langsam auf ›Entspannung‹ umschaltet.

Ich hätte vor meiner Abreise darüber nachdenken können, dass meine Umgebung militärisch sein wird und was das bedeutet. Die Welt der meisten Soldaten ist das HQ oder ein anderes Militärlager, mehr kennen sie nicht. Gehören sie zu den wenigen, die Aufträge ›draußen‹ ausführen, dann fahren sie auf präzise geplanten Routen, ausgerüstet mit Waffe, schusssicherer Weste, Helm – und viele auch mit Angst. Kontakte zur Zivilbevölkerung sind nur für wenige vorgesehen.

Ist ein unbefangener Blick auf das Land möglich, wenn man nur über eine Waffe hinweg schaut? Ist ein unbefangener Blick überhaupt erwünscht? Oder bin ich naiv, wenn ich denke, dass ich das Land sehen und erleben und seine Menschen kennenlernen möchte – soweit mir das möglich ist.

Im Container sitzt Susanne auf dem Bett, Laptop auf den Knien, und lacht, als ich ihr von meiner Einweisung durch den Major erzähle.

»Soldatisch-männliches Imponiergehabe«, sagt sie, »mehr ist das nicht.«

»Ja?«

»Tatsächlich haben die meisten Soldaten keine Ahnung davon, wie Afghanistan aussieht, und der Major ist da keine Ausnahme, der sitzt nämlich größtenteils an seinem Schreibtisch.«

»Ich habe bei diesem ganzen Gespräch nichts über meinen

Job erfahren und auch nichts darüber, wann ich nach Kunduz fliegen werde. Stattdessen weiß ich jetzt, dass es hier einen Salsa-Kurs gibt und dass mich die Armee nicht rausholt, falls ich entführt werde. Außerdem habe ich noch erfahren, dass ich abgemahnt werde, falls ich hier mit einem Mann sitzen würde statt mit dir – und irgendwie kommt mir das alles ein wenig seltsam vor.«

»Liebesgeschichten mit Soldaten«, sagt Susanne, »sind sowieso lästig.«

»Ich bin auch nicht interessiert, ich habe hauptsächlich Angst, dass ich in irgendein Militärlager eingesperrt werde und nichts von Afghanistan sehe.«

Susanne legt den Laptop weg. »Mach dir keine Sorgen«, sagt sie, »morgen ist Donnerstag.«

»Und?«

»Freitag ist afghanisches Wochenende, also gehen wir Donnerstagabend aus. Da zeigen wir dir Kabul bei Nacht.« Sie steht auf. »Rauchen wir eine?«

Ich nicke, Zustimmung für beides.

Und so sitze ich am nächsten Abend mit Susanne und Iain, einem schottischen zivilen Mitarbeiter der TAA, der Zielgruppenanalyse, unter dem Tarnnetz und warte auf den Anruf der Afghan Logistic.

Afghan Logistic ist eine der wichtigsten Institutionen für Internationals in Afghanistan. Es handelt sich dabei um ein ›sicheres‹ Taxiunternehmen, die Fahrer sprechen englisch, sie sind über Funk mit der Zentrale verbunden, und wenn sie ihr Ziel erreicht haben und den Fahrgast aufnehmen können, rufen sie auf dem Handy an: »Your taxi is waiting!«

So erspart man sich das Warten auf irgendeiner Straße, in Kabul ist das ein Pluspunkt. Eben auf diesen Anruf warten wir jetzt. Und begeben uns, als es so weit ist und Susannes

Handy klingelt, in Richtung Tor. Unterwegs treffen wir einen französischen Soldaten der Potf.

»Going out?« Wir bejahen. »Have fun!«

Wir erreichen das Gate, passieren hintereinander den Sicherheitsbereich, ich schaue an der Mauer mit Stacheldraht hinauf, denke an Berlin zu Mauerzeiten, es sieht ziemlich genauso aus. Der wachhabende Soldat nickt uns zu, Susanne und ich ziehen uns Schals über den Kopf. Und dann stehen wir vor HQ ISAF. Ich schlucke: Ich stehe auf einer Straße in Kabul.

Kinder lungern herum, *Gate-Rats*, sie stürzen sich auf uns, wollen Lose für irgendeine Lotterie verkaufen, Prepaid-Karten für Roshan, die afghanische Telefongesellschaft, betteln um Zigaretten oder einfach um Geld.

Iain schaut einen Bengel von vielleicht acht Jahren, der ihn nach Zigaretten gefragt hat, streng an.

»It's Ramadan!«, sagt er, und der Knirps guckt fassungslos ob dieser Entgegnung. Mit einem simplen »Nein« oder einem »Du bist zu jung« hätte er wohl eher gerechnet.

Hinter der rot-weißen Absperrung steht unser Taxi. Wir steigen ein, verriegeln von innen die Türen und fahren los.

Ich schaue gebannt aus dem Fenster, zum zweiten Mal sehe ich Kabuls Straßen. Aber diesmal nicht durch das Fenster eines gepanzerten Armeefahrzeugs, hinter zwei bewaffneten Soldaten. Diesmal sitze ich in einem afghanischen Taxi neben Susanne und hinter Iain, vom Rückspiegel baumeln Gebetsperlen, der Fahrer begrüßt uns freundlich, aus dem Radio dröhnt afghanische Musik. Ich kurbele das Fenster hinunter, warme Luft strömt herein. Ich kann kaum fassen, dass ich hier bin, dass ich in Afghanistan bin, in Kabul, dass wir jetzt zum Essen fahren. Wie lange ist es her, dass ich Berlin verlassen habe? Wie viel Zeit ist vergangen, seit ich in

Ramstein im Hotel saß? Jahre. Susanne schaut mich an, Iain im Rückspiegel auch, wahrscheinlich verstehen sie, was ich fühle. Ich schließe die Augen, halte mein Gesicht in den Fahrtwind.

HQ ISAF liegt im Bezirk Shash Darak. Wir fahren von dort durch die Bezirke Wazir Akbar Khan und Shar e Now nach Qala e Fatullah. Nachdem wir die Gegend des HQ hinter uns gelassen haben, tauchen kleine Läden am Straßenrand auf. Unser Taxifahrer hupt ein Fahrrad aus dem Weg, dann nimmt der Verkehr zu, wir fahren an einem Kino und einem Park vorbei. Menschen sind auf den Bürgersteigen unterwegs, Männer mit Turban, Frauen in Burka; Kabul am Abend. Wir biegen ab in eine ungepflasterte Straße, rumpeln über Schlaglöcher und Bodenwellen, und schließlich hält der Wagen. Wir zahlen, steigen aus. Stehen auf der dunklen, unbeleuchteten Straße vor einer Mauer, dahinter liegt das L'Atmosphère, ein französisches Restaurant, zweistöckig, mit Garten, Swimming-Pool, Kaminfeuer in der Lounge und Internetanschluss. Ausgangspunkt vieler Partys. Vor der Tür schiebt ein mit Maschinenpistole bewaffneter Afghane Wache und öffnet uns nach wachsamem Blick. Ich ziehe das Tuch tiefer ins Gesicht und folge Iain und Susanne, den Blick zu Boden gerichtet. So schnell geht das mit der Gewöhnung an afghanische Frauenregeln. Drinnen werden wir von einem weiteren Wächter begrüßt. Er ist Maler und nutzt den Job an der Tür des L'Atmosphère, um seine Bilder auszustellen. Zarte Aquarelle, Stadtszenen aus dem alten Kabul. Vor dem Krieg und vor der Besatzung. Enge Gassen, Mädchen mit langen Haaren und in Miniröcken, mit zarten Pinselstrichen angedeutete Gestalten.

Wir gehen endgültig hinein, und drinnen nehme ich erleichtert das Tuch ab.

Das Lokal ist gepackt voll. Menschen, die sich größtenteils kennen und mindestens einmal wöchentlich – nämlich hier – zusammentreffen, begrüßen sich überschwenglich. Es herrscht ausgelassene Partystimmung. Wir lassen uns von den Wellen der Menschenmenge zur Bar treiben, von dort aus in den Garten. Im trockengelegten Pool brennt ein Feuer. Musik schallt durch die Nacht, Gesprächsfetzen und Gläserklirren. Ich lerne Josh kennen, Kameramann von Al-Jazeera, gegenüber am Pool flirtet Oliver, ebenfalls Mitarbeiter der CJPOTF, mit einer blonden Dänin. Iain winkt Christopher zu, der ist, erfahre ich nebenbei, mein direkter Vorgesetzter. Er nickt mir zu, tippt auf einem seiner Handys herum und meint, wir sollten nächste Woche einen Kaffee trinken gehen.

»Ja«, sage ich, »klar.«

Drinnen tanzen ein paar Leute Salsa. Iain holt die nächste Runde Getränke.

Im zweiten Stock ist das Ambiente etwas gesetzter. Restaurantstimmung, höfliche Kellner und weiße Tischdecken. Ich fange an zu lachen. Ist das wirklich Kabul, da draußen vor den Mauern des L'Atmosphère, bin ich in Afghanistan?

Man lernt die Bedeutung des Wortes »Dekadenz« kennen. Irgendwann stößt Rahilla zu uns, auch sie ist Redakteurin der Potf, eine Amerikanerin pakistanischer Herkunft, deren Kaugummi-Englisch ich nur mit größten Schwierigkeiten verstehen kann.

Sie ist relativ klein, die internationale Gemeinschaft, und man freundet sich schnell an, gehört rasch dazu: Ein westliches Gesicht reicht. Man sitzt gemeinsam als Fremder in einem fremden Land, mehr braucht es nicht, um »Freund« zu sein, man rückt zusammen. Oft sehr direkt: Drüben knutscht Oliver seine Dänin.

Josh fragt mich nach meiner Handynummer und E-Mail-

Adresse. Wir sitzen beim Feuer, ich rede nach rechts, nach links und geradeaus, und Josh blickt mir tief in die Augen. Ich schaue zurück. Irgendwann gibt es in der Ferne ein paar dumpfe Geräusche, übertönt vom Klirren der Gläser, von Musik und Gesprächen. Wir beschließen zu gehen, wieder soll ein Taxi gerufen werden, aber daraus wird zunächst nichts. »There is some kind of shooting in Kabul tonight«, sagt Chris, als er das Gespräch mit der Afghan Logistic beendet hat. Man nimmt es hin. Irgendwo in Kabul wird geschossen, wir feiern. Beschäftigen uns mit unseren eigenen kleinen Geschichten, Bedürfnissen und Tragödien. Eine Amerikanerin von der Entwicklungsorganisation USAid flirtet mit Christopher, nebenbei erzählt sie mir, dass sie dringend eine Freundin brauche. Ich gehe nach Kunduz, sage ich, ich falle aus. Aber in dieser Nacht bin ich da, und so werde ich zur Vertrauten. Sie erzählt eine lange Geschichte, in der ein Mann vorkommt, natürlich, eine große Liebe und ein Haufen Missverständnisse. Man wird schnell vertraulich in Kabul. Josh lädt mich nach Dubai ein, dann bekommt er mit, dass wir eigentlich gehen wollen und kein Taxi erwischen, und bietet mir Platz in seinem Auto an. Und in seinem Hotel. Aber so Kabul-sozialisiert bin ich noch nicht. Und morgen zum Frühstück? Morgen zum Frühstück, er solle anrufen, sage ich, und er überprüft noch mal, ob er meine Nummer richtig abgespeichert hat.

Irgendwann ruft dann auch die Afghan Logistic an, wir könnten jetzt ein Taxi haben. Susanne und ich legen die Schals wieder um die Köpfe, wir nicken dem Wächter ein »Auf Wiedersehen« zu. Draußen ist die kleine unbeleuchtete Straße nicht mehr leer, es steht Wagen an Wagen. Die Chauffeure von UN, USAid und Hilfsorganisationen warten, während ihre Chefs drinnen feiern. Wir machen unser Taxi ausfindig und fahren zurück ins HQ.

So ist Kabul.

Und so geht es weiter. Ich habe nichts zu tun, als auf meinen Flug nach Kunduz zu warten, und wann der geht, ist nicht bekannt. So sitze ich tagsüber im Garten, plaudere mit zivilen Kollegen und Soldaten, trinke Kaffee. Und fahre dann auch mit Dirk und TPT raus, um Zeitungen zu verteilen. Früh am Morgen geht es los, zwei Autos, vier Soldaten, ein Sprachmittler und ich. »Sprachmittler« heißen bei der Bundeswehr die Dolmetscher.

Waffe, Helm, Weste für die Soldaten: Dresscode two. Dann geht es los. Wir schlängeln uns durch dichten Verkehr: Lastwagen, haushoch beladen, von einer LKW-Wand baumelt eine tote Kuh. Motorräder mit drei jungen Männern besetzt, rasen an uns vorbei. Am Straßenrand Menschen auf dem Weg zur Arbeit, zur Schule, zum Einkaufen. Marktstände. Wir geben einige Packen Zeitungen bei der Universität ab, andere bei Schulen. Die Zeitung ist dreisprachig, in den Landessprachen Dari und Pashtu und auf Englisch. Daher wird sie gern von Schülern und Studenten zum Lernen benutzt.

Wir fahren weiter in die Innenstadt, halten am Kabul-River. Binnen Minuten sind wir umringt von Afghanen, die uns die Zeitungen aus den Händen reißen. Wir verteilen, was wir haben, dann fahren wir zurück zum HQ.

»Glaube mal nicht«, sagt Dirk auf dem Rückweg, »dass die die alle lesen. Darum geht's nicht.«

»Sondern?«

»Sie packen darin auf dem Markt Einkäufe ein. Sie dichten Fenster ab. Gelesen wird sie, fürchte ich, nicht so oft.«

Einen Tag später fahre ich erneut mit nach draußen, und diesmal gibt mir TPT die »Touristentour«. Am alten Palast steigen wir aus, und ich gehe näher ran, kaum ein Mensch ist hier. Der Palast: verfallen und zerschossen. Ein Gebäude mit klaffenden Löchern, aber man sieht, welche Größe es einmal ausgestrahlt hat. Kabuls ruhmreiche Vergangenheit steht vor mir. Ich drehe mich um. Rechts und links stehen Thomas und Patrick, Gewehre im Anschlag. Kabuls Gegenwart.

Und wir fahren weiter, hinauf auf TV-Hill, hier hat man einen guten Blick über Kabul. Ghettos und Slums werden sichtbar, Haus an Haus, irgendwo muss auch der Königspalast sein und die Altstadt. Aber von hier sieht alles gleich aus, ich erkenne nur, wie riesig diese Stadt ist. Habe einen Überblick über die Welt, die ich bisher nicht kenne, die Welt der Afghanen.

Wir fahren zurück ins HQ.

Die Welten von Soldaten und Internationals unterscheiden sich. Mehr noch, es sind völlig verschiedene Welten, und die prallen gerade in der Potf mit ihrem Gemisch aus Soldaten und Zivilisten aufeinander. Da stöhnen dann die Soldaten über die Zivilisten, sie seien grundsätzlich zu unmilitärisch, sie kämen in den Genuss von Freiheiten, die die Soldaten nicht hätten, sie verließen einfach ungeschützt das HQ, seien sich der Gefährlichkeit der Lage nicht bewusst. Manche lebten sogar in der Stadt, was nun wirklich viel zu gefährlich sei und einfach nur von Naivität zeuge.

Und ebenso schimpfen die Zivilisten über die Soldaten: Sie würden übertreiben, sie wechselten viel zu häufig, nach vier Monaten Einsatz seien sie wieder verschwunden. Sie wüssten nichts von Afghanistan, und trotzdem erfinde jeder Soldat, wenn er ankommt, den Auslandseinsatz neu. Die Soldaten seien taub für Vorschläge der Zivilisten, wie könne man auch auf einen Zivilisten hören!

Ich habe in Kabul bisher beide Welten kennengelernt. Aber

wie leben Afghanen? Wie sieht ihr Alltag aus? Vielleicht werde ich das in Kunduz erfahren.

Aber noch komme ich nicht dorthin. Mein Flug geht immer noch nicht. Stattdessen erlebe ich in diesen Tagen meinen ersten Alarm im HQ.

Eine Sirene heult, eine Lautsprecherstimme fordert uns auf, in Deckung zu gehen: »Take cover, take cover« schallt es aus dem Lautsprecher.

Wir sitzen gerade mit Kaffee im Garten, und allgemeiner Protest wird laut.

»Nicht schon wieder«, stöhnt Liz, verdreht die Augen und steht auf. Wir nehmen den Kaffee mit. Spaziergang mit Sirengeheul, Kaffee balancierend. Wir machen uns auf den Weg zum Gym, der Turnhalle des Lagers, die auch der Bunker ist. Ich wundere mich, wie ruhig alle bleiben. Es ist keine abgebrühte Ruhe, es ist mehr Interesselosigkeit – es wird schon nichts sein. Wie viel davon gespielt ist, weiß ich nicht. Im Gym, unter den bewaffneten und behelmten Soldaten, bekommen wir mehr Informationen über das, was unseren beschaulichen Nachmittag unterbrochen hat. Es handelt sich um einen Selbstmordattentäter auf der Straße nach KAIA. Man nimmt es so hin, fast schon als Selbstverständlichkeit: So etwas passiert halt. Der Alarm wird irgendwann aufgehoben, wir gehen zurück in die Potf. Passiert ist nichts, hören wir später, die Information lag rechtzeitig vor, die afghanische Polizei konnte den Wagen stoppen. Lediglich der Selbstmordattentäter ist tot, und das, meint einer der Soldaten, sei nicht nur kein Verlust, es sei eine hervorragende Lösung des Problems. Auch dieser Spruch löst nur Schulterzucken aus. Wie schnell gewöhnt man sich eigentlich an Dinge wie Selbstmordattentäter, Bomben und den Tod von Menschen? Erschreckend schnell. Solange es einen nicht selbst trifft.

Am Abend besuchen Susanne und ich KAIA, dort gehen wir in einem thailändischen Restaurant essen. Anschließend ziehen wir in eine der zahlreichen Bars, treffen dort Susannes derzeitigen Freund, der in KAIA stationiert ist. Sie entschließt sich, die Nacht bei ihm zu verbringen, nachdem ich ihr dreimal versichert habe, dass das in Ordnung sei.

Und so trete ich meine erste Fahrt allein durch Kabul an. Nachts. Ich warte am Eingangsbereich von KAIA. Der ist mindestens zweihundert Meter breit und durch Absperrungen, mehrere Wachposten, Stacheldraht und Sandsäcke gesichert. Ganz am Ende befindet sich eine rot-weiße Schranke, dahinter beginnt der ungesicherte Bereich. Weitere zehn Meter dahinter stehen einzelne kniehohe Barrieren, damit ein möglicher Selbstmordattentäter nicht mit Vollgas in die Schranke rasen kann: hier ist nur Schritttempo möglich. Ich spaziere unter der Schranke hindurch und stehe auf der Straße. Auf ebenjener Straße, auf der die afghanische Polizei früher am Tag den Selbstmordattentäter gestoppt hat. Hinter den Absperrungen wartet mein afghanisches Taxi. Ich sage »HQ ISAF«, als wäre das meine tausendste Fahrt durch Kabul. Dabei klopft mir schon ein wenig das Herz.

Während der Fahrt unterhalte ich mich mit dem Fahrer über afghanische Musik, und zehn Minuten später halten wir am Sicherungsbereich des HQ, ich zahle die üblichen fünf Dollar, steige aus, laufe meinen Zickzack-Kurs durch die Absperrungen, durchs Tor, über das Sichtschutzfeld, grüße die Soldaten und bin im HQ angekommen – wie normal all das wird.

Und wieder ein Freitag, ein Baseday, ein freier Tag. Wir fahren zum Brunch ins L'Atmosphère, sitzen dort im Garten, essen Omelette, trinken Tee und Granatapfel-Juice. Eine hartnäckige Katze sitzt vor unserem Tisch, bis sie von einem

Kellner verjagt wird, auf dem Wasser im Pool schwimmt behäbig eine Ente.

Susanne erscheint schweigsam, ich frage nach.

»Nichts«, sagt sie und fragt, wann mein Flug nach Kunduz geht.

»Morgen wahrscheinlich«, antworte ich, »jedenfalls soll es dann klappen. Es wird auch Zeit.«

Susanne nickt, die zurückgekehrte Katze schmiegt sich an mein Bein. »Ich bin gespannt, wie Kunduz wird«, sage ich und kraule sie hinter dem Ohr. »Ich meine, hier hat man Großstadtleben, viele Zivilisten, man kann ausgehen. Das wird in Kunduz sicher anders sein. Die Freizeitmöglichkeiten werden bei weitem nicht so ausgeprägt sein.«

Susanne nickt. Grimmig. »Was auch immer du tust in Kunduz«, sagt sie dann, »verlieb dich bloß nicht in einen Soldaten.«

Ich schaue sie an, stelle mein Glas ab. »Nicht, dass ich das vorhätte«, sage ich, »aber wie kommst du darauf?«

Susanne zuckt die Schultern.

»Stimmt was mit dir und deinem Freund nicht«, frage ich. Nein, da ist alles in Ordnung, sagt sie, aber sie sei ja auch nicht verliebt. Und das sei der Punkt.

»Susanne, erzählst du mir jetzt, was los ist?«, frage ich, und sie bestellt einen weiteren Tee.

Es handelt sich um Liz, erzählt sie dann. Liz, ebenfalls Zivilistin, mit der ich nicht viel zu tun hatte, mit der Susanne aber befreundet ist. Liz hatte eine Liebesgeschichte mit einem der Soldaten. Als er zurück in Deutschland war, schrieb man weiter E-Mails, er versicherte ihr, dass er sie sehen wolle, sie in Deutschland haben wolle, so kündigte sie ihren Vertrag.

»Und«, frage ich.

»Und«, schnaubt Susanne. »Vor einer Woche hat er ihr

noch geschrieben, wie sehr er sich freut, sie wiederzusehen, dann herrschte sechs Tage Funkstille. Heute hat sie eine E-Mail bekommen, dass er sich verliebt hat.«

»Spontanes Kerlchen.«

»Das schreit doch wohl zum Himmel, oder?«

»Wenn du mich fragst, ob ich das für ganz großen Quatsch halte: Ja. Entweder er hatte schon lange eine andere, oder er hat einfach Schiss gekriegt. Grundsätzlich würde ich sagen: Hiermit hat der sich den Eintritt zur Welt der emotionalen Waschlappen gesichert.«

Susanne nickt.

»Wie geht's ihr denn?«, frage ich.

»Wie soll's ihr gehen. Sie schwankt zwischen Wut und Verständnis, fragt sich, ob er sie von Anfang an belogen hat, macht sich Vorwürfe, dass sie überhaupt auf ihn reingefallen ist, ganz nebenbei ist sie todunglücklich und sie ist ihren Job los.«

»Wie kann man für so ein feiges Verhalten noch Verständnis haben?«

Susanne zuckt die Schultern. »Das darfst du mich nicht fragen.«

Der Kellner bringt den bestellten Tee. Die Ente quakt. »In jedem Fall«, sagt Susanne, »und das habe ich immer gesagt, du kannst ja mit den Soldaten anstellen, was du willst. Nur verlieben, verlieben solltest du dich nicht. Einsatzaffären sind immer Einsatzaffären. Nicht mehr.«

»Verstanden«, antworte ich. »Aber erstens will ich überhaupt keine Affäre, und zweitens kann ich mir nur schwer vorstellen, dass ich dem zweifelhaften Charme eines Soldaten erliegen werde.«

Susanne will etwas erwidern, aber Iain betritt den Garten des L'Atmosphère und setzt sich mit einem »Good day, girls!«

zu uns. Wir grüßen zurück, und mit der Sprache wechselt auch das Thema.

Wieder im HQ, erfahre ich, dass mein Flug nach Kunduz für den kommenden Tag endlich bestätigt wurde.

Und irgendwo in einer süddeutschen Kleinstadt beginnt ein Hauptfeldwebel seine Kiste zu packen und sich auf seinen Einsatz im PRT Kunduz vorzubereiten.

»WIR WISSEN GAR NICHTS«

Es scheppert, als die Kiste aus dem Transportpanzer Fuchs hinuntergelassen und auf dem Boden abgestellt wird. Zarges Aluminiumboxen sind die bevorzugten Transportbehälter bei der Bundeswehr: wenig Eigengewicht, viel Stauraum und hohe Stabilität. Im Lager werden sie auf den Stuben gern auch als Tische oder Bänke genutzt, Soldaten sitzen darauf, träumen in der Sonne, rauchen eine Zigarette. Drinnen in der Kiste befindet sich das bisschen Privatsphäre: Fotos, Bücher, Spielkarten, DVDs, Golfschläger. Was man eben zu brauchen meint in der knappen Freizeit eines meist vier Monate dauernden Einsatzes.

Nichts davon findet sich jedoch in dieser Kiste, die jetzt von zwei Soldaten hineingetragen wird. Diese Kiste trägt das rote Kreuz der Sanität.

Kunduz hat zwei Krankenhäuser. Das Spinzar Hospital und das Kunduz Provincial, und vor Letzterem sind wir eben ausgestiegen; jetzt wird ausgeladen. Das Kunduz Provincial liegt ein wenig außerhalb, näher am Lager als am Stadtzentrum. Das Gelände ist umgeben von einer Mauer, geschützt von Bewaffneten. Ein asphaltierter Weg führt hinter dem Tor und der Schranke vorbei bis zu einem großen, sandfarbenen, kastenförmigen Gebäude. Im Schatten davor, an die Wand gelehnt, hocken Grüppchen von Frauen, verhüllt mit der Burka. Häufchen von schmutzigem Weiß, wie Zwiebeln unter der Sonne. Man fühlt sich beobachtet. Obwohl nur Gitterstoff in unsere Richtung schaut, obwohl keine etwas sagt oder auch nur eine Geste in unsere Richtung macht, meint man die Augen hinter der Burka auf sich zu fühlen. Zu sehen aber ist nichts.

Die Kinder dagegen gucken offen und neugierig. Laufen umher, halten dabei einen gewissen Sicherheitsabstand zu uns. Manche haben sich auch in die Arme ihrer Mütter geschmiegt. Männer sitzen auf den paar Bänken im spärlichen verdorrten Gras oder stehen herum. Kneifen die Augen zusammen, schauen uns an, Blicke aus faltigen, zerknitterten Gesichtern. Nicht unfreundlich, eher abwartend.

Die Rettungsassistenten und Ärzte laden unterdessen weiter ab, vor dem Eingang stehen zwei Soldaten vom Schutz und passen auf, das G36 im Arm. Ich ziehe meinen Schal, dieses dünne Tuch Sittsamkeit, etwas tiefer ins Gesicht und gehe an Afghanen und den Gewehren des Schutzes vorbei, in das Krankenhaus hinein.

Drinnen ist es schattig. Ich bleibe einen Moment stehen, die Augen müssen sich nach der gleißenden Sonne draußen, dieser Verschwendung von Licht, erst umgewöhnen. Hier ist es dunkel. Obwohl an der Decke ein Ventilator pflügt, ist es heiß, die Luft ist zäh. Das Atmen strengt an. Es riecht nach Menschen und Essen, außerdem etwas modrig, Schimmel vielleicht und nach Desinfektionsmitteln. Es ist ein grauer Geruch, es riecht nach Elend. Dabei sind die, die hier behandelt werden, schon gut dran.

Es ist ein Vorraum, links führt eine Treppe hinauf ins nächste Stockwerk. An den Wänden stehen Bänke, auf denen verhüllte Frauen sitzen; Pfleger in weißen oder grünen Kitteln hasten vorbei. Am Ende des Wartebereichs führt eine Tür in einen schmalen Gang, dorthin tragen unsere Sanitäter die Kisten. Ich folge. Giftgrün gestrichene Wände, auch hier sitzen Frauen, auch hier verhüllt. Sie warten auf den Beginn der Sprechstunde der Bundeswehrärzte. Dreimal pro Woche fahren die Angehörigen der Sanität ins Kunduz Provincial, um dort vormittags Patienten zu behandeln.

Rechts gehen Türen zu Patientenzimmern ab. Unser Behandlungszimmer liegt am Ende des Ganges. Es herrscht hektische Betriebsamkeit, Soldaten stellen Kisten ab, Assistenten packen aus, legen Medikamente und Verbandszeug ab, eine Plane wird auf dem Behandlungstisch ausgebreitet. Ein Lächeln vom Oberfeldarzt, irgendwer macht einen Witz. Es ist hell hier, es wirkt freundlicher. Durch die Fliegengitter vor den Fenstern scheint die Sonne. Die Medikamentenschränke und der Behandlungstisch wirken altmodisch, es sieht aus wie in einem deutschen Krankenhaus der Vorkriegszeit.

Auf dem Behandlungstisch sitzt schon der erste Patient. Ein Kind. Ein Junge, vier, vielleicht fünf Jahre alt. Baumelt mit den Beinen und schaut interessiert, winkt einem der Soldaten zu, der winkt zurück. Seine Mutter, die neben ihm sitzt, hat dunkle, große Augen in einem ebenmäßig schönen Gesicht. Sie trägt keine Burka, trotz der fremden Soldaten, nur über ihrem Haar liegt ein zarter, roter Schleier, den sie jetzt ein Stück höher über den Mund zieht. Ich schaue den Jungen an. An der linken Hand hat er sechs Finger.

»Das sieht man hier häufig«, meint einer der Rettungssanitäter, der meinem Blick gefolgt ist. »Ist nichts Besonderes, kommt oft vor.«

Wegen der Verdoppelung seines Daumens ist der Junge auch nicht hier. Er ist hier, weil seine halbe Brust und die Oberarme verbrannt sind.

Weitere Kisten werden hereingetragen, ein Schrank wird mit Medikamenten gefüllt, es ist normal, dass der erste Patient hereingelassen wird, während die Soldaten das Zimmer noch vorbereiten. Sara, die Rettungsassistentin, zieht die Feldbluse aus, stapelt im olivgrünen T-Shirt über der beigen Flecktarn-Uniformhose Flaschen, Mullbinden und Desinfektionsmittel in ein Regal. Fängt dabei den Blick der wartenden

Afghanin auf. Sara lächelt, und in einer universal verständlichen Geste wischt sie sich imaginäre Schweißtropfen von der Stirn: Es ist heiß. Die Frau mit dem Schleier über den Haaren, dem langen Rock und der langärmeligen Bluse lächelt zurück und nickt: Es ist heiß.

Geöffnete Kisten auf dem Boden erbrechen ihren Inhalt: Unmengen von Verbandsmaterial. Sara reißt Rollenpflaster ab, jeder Handgriff sitzt. Der Oberfeldarzt fängt meinen Blick auf. »Es ist eine Materialschlacht«, sagt er und dann: »Deswegen machen wir das ja.«

Sara richtet sich auf, rückt das Halstuch zurecht und fährt sich durch die kurzen blonden Haare. Die Frau mit Schleier und dunklem Gesicht weicht vom Behandlungstisch an die Wand zurück, ihr Sohn liegt ruhig, und Sarah und ihr Kollege beginnen, seine Verbände aufzuschneiden.

Darunter ziehen sich rot leuchtende Brandwunden über Brust und Oberarme bis zu den Ellenbogen hinunter. Die neue Haut darüber glänzt und sieht aus, als könnte sie bei jeder Bewegung, jedem Zucken eines Muskels zerreißen. Wie Papier.

»Ja«, sagt der Oberfeldarzt, »das sieht schon gut aus. Besser als erwartet.«

Die Wunden werden gereinigt und desinfiziert, Sarah schüttet flaschenweise Desinfektionsmittel darüber. Der Junge liegt stoisch da und lässt alles über sich ergehen, nur manchmal zuckt es in seinem Gesicht, nur hin und wieder gibt er einen leisen Klagelaut von sich. Der Oberfeldarzt steht am Kopfende der Liege, beruhigend ruhen seine Hände auf den dunkeln Wangen des afghanischen Jungengesichts. ›Hab keine Angst‹, bedeutet die Geste, ›es wird alles gut‹, sagt seine Berührung. Neue Verbände werden angelegt.

Und so geht es weiter. Der nächste Patient humpelt herein,

ein junger Mann, um die zwanzig vielleicht, gestützt von einer Frau. Bei ihm sind es die Beine. Die Verbände sind feucht, haben sich orange gefärbt von irgendeinem Desinfektionsmittel und sind schwarz von Staub und Schmutz. Rohes Fleisch darunter, auch hier Brandwunden, die von den Oberschenkeln bis zu den Fußgelenken reichen, an manchen Stellen ist die Haut schwarz.

»Das sind Verbrennungen dritten Grades«, erklärt der Oberfeldarzt und fügt hinzu, dass Verbrennungen dieses Ausmaßes nicht nur die verbrannte Haut selbst betreffen. Sie können zu einer Sepsis oder einem Kreislaufschock, bis hin zu Organversagen führen.

Dann wird ein Baby hereingetragen, mit bandagierten Beinen und Unterkörper, die Brandwunden erstrecken sich vom Geschlecht bis hoch zum Bauch. Das kleine Mädchen, beginnt zu schreien, und Sarah beugt sich vor, hält die Kleine fest, vorsichtig, redet beruhigend auf sie ein, während ihr Kollege den Verband aufschneidet und wechselt. Und so geht es weiter. Patient um Patient kommt herein, Brandwunde um Brandwunde wird verarztet.

Der Boden des Behandlungszimmers ist inzwischen voller alter Verbände, die Sanitäter waten durch ein Meer von orange-schwarzen Mullbinden. Dann humpelt ein junges Mädchen auf Krücken herein, begleitet von einem deutlich älteren Mann. Man hilft ihr auf die Behandlungsliege, vorsichtig, die Krücken warten in der Ecke. Afeeza, so heißt sie, mag siebzehn Jahre alt sein, vielleicht auch erst fünfzehn oder schon zwanzig – wir wissen es nicht. Geburtsurkunden gibt es nicht in Afghanistan, Geburtstage sind nicht wichtig.

»Wir haben Patienten«, erklärt der Oberfeldarzt, »die geben jedes Mal, wenn wir sie fragen, ein anderes Geburtsjahr an.«

Er wendet sich Afeeza zu, die das linke Bein hebt. Oder das, was davon übrig ist. Das linke Bein ist amputiert, der Stumpf misst höchstens noch eine Handbreit. Der Verband wird entfernt, der Oberfeldarzt besieht den Stumpf. Drückt vorsichtig an der Narbe, die rot leuchtet, umgeben ist von kleinen Wucherungen, totem Fleisch.

»Tut das weh«, fragt er, und Afeeza schüttelt, nachdem ihr die Frage übersetzt wurde, den Kopf. Der Oberfeldarzt beginnt, den Stumpf zu säubern. Afeeza sieht interessiert dabei zu. In Afghanistan, erinnere ich mich, gelesen zu haben, dem Land der Minen, gelten fehlende Gliedmaßen als eine Art Ehrenabzeichen. Es fällt trotzdem schwer, sich vorzustellen, dass Afeeza, mit ihren fünfzehn, siebzehn oder zwanzig Jahren, ein junges, hübsches Mädchen, stolz darauf sein soll, dass ihr ein Bein fehlt. Oder darauf, an Krücken laufen zu können. Und war es überhaupt eine Minenexplosion, die ihr das Bein genommen hat?

Ihrem Gesicht ist nichts anzusehen, kein Schmerz, keine Angst, kein Hadern mit ihrem Schicksal. Man reicht ihr die Krücken, und sie rutscht von der Liege, verabschiedet sich mit scheuem Lächeln. Sara winkt ihr zu und ruft: »Bis nächste Woche.«

Afeeza kommt regelmäßig zur Nachbehandlung. Jetzt winkt sie mit der Krücke in der Hand zurück und schwingt sich aus dem Zimmer.

Und wieder wird ein junger Mann gebracht. Den Kopf voller Läuse, Rücken und Brust voller Brandwunden, die Sanis wechseln die Verbände, es ist auch nichts anders als zuvor, aber das Zusehen ist kaum noch zu ertragen, mir würgt es in der Kehle, der Magen krampft sich zusammen. Auf dem Behandlungstisch wird der junge Mann hochgehoben, damit Sara an die Wunden am Rücken kommt, er hilft nicht mit, muss gehalten werden, ist verschwunden in seinem Schmerz. Ruft nur laut und in monotonen Gebeten Allah an, aber der ist offenbar gerade anderweitig beschäftigt.

Ich verlasse den Behandlungsraum. Der Anblick, der Geruch, es wird zu viel – und wenn ich auf den Boden kotze, ist auch niemandem geholfen. Sara, die den Jungen auf dem Behandlungstisch jetzt am Rücken abstützt und ihn weiter in halb aufgerichteter Position hält, damit sein Bauch neu verbunden werden kann – Sara schaut mir verständnisvoll nach.

Kurz darauf stehe ich draußen. Da brennt die Sonne, und die Szene auf dem Vorplatz des Krankenhauses hat sich nicht verändert: Die beiden Soldaten stehen am Eingang zum Kunduz Provincial, etwas weiter hinten ruht der grüne TPZ wie ein prähistorisches Tier. Unter neugierigen Afghanenaugen rauche ich eine Zigarette, für einen kurzen Augenblick bin ich interessanter als die Krankheit oder Verletzung, die sie in dieses Wartezimmer unter freiem Himmel geführt hat.

Ich warte, bis sich mein Magen wieder beruhigt hat, gehe dann wieder hinein. Und riskiere Blicke in Patientenzimmer. Nach der grünschimmernden Dunkelheit der Korridore wirken die Zimmer mit ihren weißen Wänden, den Fenstern und dem Sonnenschein von draußen freundlich. Und trotzdem. Bett ist an Bett gequetscht, an den Waschbecken platzt das Emaille ab. Manche liegen apathisch da, andere beobachten mich freundlich lächelnd. Angehörige bringen Essen – Verpflegung ist im Krankenhausaufenthalt nicht enthalten. Krankenhaus in Afghanistan bedeutet wenig mehr als ein Bett und medizinische Grundversorgung. Wenn überhaupt.

Deswegen haben sich die Sanitäter der Bundeswehr der Brandopfer angenommen. Medizinisch notwendig wäre es, die Verbände täglich zu wechseln. Medizinisch notwendig wäre wahrscheinlich auch noch vieles andere, trotzdem findet es nicht statt. Mit Hilfe der Bundeswehr ist zumindest der Verbandswechsel alle zwei, drei Tage gesichert.

Ich gehe zurück ins Behandlungszimmer. Dort ist die Arbeit der Sanitäter fast getan, Saras Haare kleben am Kopf, der Oberfeldarzt mit dem asketischen Gesicht unter den grauen, militärisch kurzgeschnittenen Haaren wischt sich die Stirn am Ärmel.

»Eine noch«, sagt er, und die Erschöpfung klingt durch seinen sächsischen Akzent. »Eine junge Frau, wir nehmen sie immer als Letzte dran, damit wir uns ein bisschen Zeit mit ihr lassen können.«

Was er damit meint, wird mir klar, als das Bündel Mensch in eine Decke gewickelt von vier Pflegern hereingetragen wird.

Um die fünfundzwanzig Jahre mag sie alt sein, es ist schwer zu schätzen, auch wenn ihr Gesicht unversehrt ist.

Es ist das Einzige, was nicht verbrannt ist.

Die Rettungsassistenten befeuchten die Verbände, damit sie sich besser lösen lassen, ohne beim Verbandswechsel die Wunden neu aufzureißen. Die Frau schließt die Augen, öffnet sie wieder, ihr Blick wandert durchs Zimmer, bleibt nirgends hängen. Die Brust hebt und senkt sich, sie atmet tief. Nur daran lässt sich erkennen, dass dieser Körper tatsächlich lebt.

Verkohlte Haut, rote, glänzende Male. Die Brandwunden ziehen sich über Brust, Bauch und Arme, den Rücken und die Beine entlang bis zu den Füßen. Sie ist bis auf die Knochen abgemagert. Unter der verkohlten Haut kann man die Rippen zählen, der Bauch ist eingesunken, die Hüftknochen stehen fast grotesk hervor.

»Brandwunden ziehen viel Eiweiß«, sagt der Oberfeldarzt, »deswegen ist sie so mager.« Er betrachtet die Frau.

»Sie macht sich viel besser, als wir gehofft haben«, sagt er.

Sie ist die letzte von fünf Frauen, die zusammen ins Kunduz Provincial gebracht wurden. Die vier anderen sind tot.

»Wird sie überleben?«, frage ich, und der Oberfeldarzt zuckt die Schultern.

»Möglich«, antwortet er. »In Deutschland käme sie, kämen all diese Verbrannten in Brandbetten, und man würde einfach abwarten. Je mehr Luft an die Haut kommt, desto besser, dann kann das auch heilen. Gute Ernährung und eine möglichst sterile Umgebung, das ist schon fast alles, was man für die Leute tun kann. Die kleinste Infektion bringt diese Schwerstverbrannten um.«

Automatisch wandert der Blick zu den Fenstern. Eines steht offen, und die Fliegengitter sind an manchen Stellen eingerissen. Eine Fliege surrt gegen die Wand.

Sara legt dem verkohlten Stück Mensch auf der Liege den letzten Verband an. Das Gesicht der Frau verzieht sich, kleinstmögliche Anzeichen eines Schmerzes, den man sich wahrscheinlich kaum vorstellen kann. Sara streicht ihr zart über die Wange. Dann wird die Frau zurückgebracht in ihr Krankenzimmer und in ihr Bett, getragen in einer Decke, so vorsichtig wie möglich. Dort wartet sie weiter, auf Besserung oder das Ende.

Für heute ist die Arbeit der Sanität im Kunduz Provincial Hospital getan. Die Ärzte und Pfleger ziehen die Handschuhe aus, man schaut sich an, sieht sich um, als nehme man seine Umgebung, seine Kollegen erst langsam wieder wahr, als atme man auf. Zögernd macht jemand einen Witz, und vorsichtig lachen die anderen. Aus fünf Stunden anstrengender und harter Arbeit am menschlichen Elend taucht man nur langsam wieder auf.

»Zu Hause«, sagt Sara, »würde ich so etwas ja auch nicht

zu sehen bekommen. So was siehst du nur in Spezialkliniken. Zum Glück.« Sie knabbert an der Unterlippe. »Hier ist es dagegen Routine. Damit muss man auch erst mal klarkommen, und auch damit, dass man an diesen Menschen arbeitet, ohne wirklich Mitleid zu empfinden. Für Mitleid hab ich hier einfach keine Zeit, das würde nur stören. Ich kann da nichts empfinden – aber diese Abgebrühtheit, diese Härte bei sich selbst, das ist auch furchtbar. Da muss man irgendwann wieder rauskommen. Kann man irgendwann auch. Hoffe ich.«

Vielleicht muss man sie wegräumen, ebenso wie das alte Verbandsmaterial.

Das wird jetzt in Müllsäcke gepackt, der Boden wird gesäubert, die Plane von der Liege genommen. Unbenutztes Verbandsmaterial bleibt hier, ebenso wie nicht gebrauchte Medikamente. Das Krankenhaus hat für alles eine Verwendung. Die leeren Kisten werden in den wartenden TPZ geräumt. Schließlich ist alles fertig, aber zurück ins Lager geht es noch nicht. Denn jetzt, während wir unsere letzten Sachen zusammensuchen, öffnet sich die Tür. Und herein kommt der Direktor des Kunduz Provincial Hospital, mit freundlichem Lächeln hinter blaugetönten Brillengläsern. Er ist weiß gekleidet, bartlos und mit sauber und kurz geschnittenen Haaren, strahlt eine westlich geschulte Gewandtheit aus und ein ebensolches Selbstvertrauen. Er schüttelt Hände, bedankt sich für die Hilfe. Und hinter ihm erscheint ein Pfleger mit blauer Schürze und Häubchen auf lockigem grauem Haar, tiefen Falten im Gesicht und Unsicherheit im Blick. Er schiebt einen Wagen vor sich her, mit dem sonst bei der Visite Medikamente verteilt werden. Jetzt allerdings stehen Teegläser, Gabeln und Teller darauf. Außerdem sind da noch die landesübliche Thermoskanne Tee und ein riesiger Topf, aus dem Dampf aufsteigt. Und auf dem Tisch, auf dem eben noch

Brandopfer lagen und Verbände gewechselt wurden, wird uns jetzt Tee gereicht und Pilaw serviert: afghanischer Reis mit Rosinen und Lamm.

Wir essen. Essen abzulehnen wäre grob unhöflich.

»Ja«, sagt der Oberfeldarzt, »das ist immer der Abschluss hier.« Er schweigt einen Moment. »Wenigstens«, sagt er dann, »haben wir ihnen schon abgewöhnt, dass Essen während der Behandlung reinzubringen. Früher haben sie das getan.«

Infektionen, denke ich, müssen um jeden Preis vermieden werden. Woher das flaue Gefühl im Magen kommt, weiß ich nicht. Vom Blick auf die Müllsäcke voller gebrauchtem Verbandsmaterial, vom Geruch nach Desinfektion in der Luft oder von der Erinnerung an das verkohlte abgemagerte Bündel Mensch, das gerade noch auf diesem Tisch lag. Wahrscheinlich von allem zusammen.

Draußen weint ein Kind.

»Woher«, stelle ich jetzt endlich die Frage, die mich die ganze Zeit schon bewegt, »kommen diese Brandwunden? Was ist die Ursache?«

Sara zieht ihre Uniformbluse wieder an, knöpft sie zu, rückt ihr Halstuch zurecht und setzt die Schirmmütze auf. Der Oberfeldarzt atmet tief ein. »Sie sagen, dass es beim Kochen passiert oder beim Heizen. Hier wird Gas genutzt, aber in einer schlechten Mischung, das explodiert dann leicht.«

Ich denke an die Berichte, die ich zu Hause gelesen, an Fotos, die ich gesehen habe. Berichte von Frauen, die sich selbst anzünden, Frauen, die als Kinder oder junge Mädchen verheiratet werden, in eine Ehe gegeben, wie Vieh. Rechtlose Frauen, für die Selbstmord der letzte Ausweg aus einem unerträglichen Leben zu sein scheint. »Und«, frage ich jetzt, »kann es auch sein, dass …«

»Es können auch Selbstverbrennungen sein, ja«, sagt der Oberfeldarzt, noch bevor ich die Frage ausgesprochen habe. Er hat eine Härte in der Stimme, die vorher nicht da war, und das Wort ›Selbstverbrennung‹ schwebt im Raum.

Dann seufzt er. »Ich glaube aber nicht, dass es die Mehrzahl ist. Selbstverbrennungen kommen sicher auch vor. Aber hier wird auch mit Vorrichtungen gekocht und geheizt, die weit entfernt von normalen westlichen Sicherheitsstandards sind. Das ist auch bekannt. Und dass sich die Säuglinge oder die jungen Männer, von denen wir viele hier haben, selbst angezündet haben, ist unwahrscheinlich, oder?«

Es ist eine rhetorische Frage. Und er schweigt einen Moment, seufzt dann noch einmal. »Tatsache aber ist«, fährt er fort, »dass wir es nicht wissen. Wir wissen gar nichts.«

Wir verlassen den Behandlungsraum. Draußen sitzen, im schmalen Schatten an den Mauern, noch immer die Burkafrauen. Häufchen Mensch unter weißen Gewändern. Ich möchte wissen, denke ich und versuche hinter den weißen Gittern Augen zu sehen. Ich möchte wissen, welche Art Leben dort stattfindet: hinter den Gittern der Burkas und hinter den Mauern. Ob das möglich sein wird?

Keine der weiß verhüllten Frauen regt sich. Der Transportpanzer setzt sich in Bewegung, wir fahren zurück ins Lager.

KUNDUZ. DAS LAGER

Es gibt keine Fenster in einem TPZ. Statt der Straße, den Feldern, statt Afghanistan da draußen, sehe ich das Gesicht des Oberfeldarztes, der sitzt mir gegenüber, zwischen uns schaukelt irgendein von der Decke hängender Karabiner, keine Ahnung, wozu der gut ist. Die Straße, auf der wir unterwegs sind, ist gepflastert. Es ist die Hauptverkehrsstraße, sie verbindet die Stadt Kunduz mit Pul-i-Khumri, der Hauptstadt der Nachbarprovinz Baghlan. Irgendwo, weit vor Pul-i-Khumri, werden wir links abbiegen und die gepflasterte Straße verlassen, dann schüttelt uns der TPZ ernsthaft durch, denn dann geht es hinauf aufs Hochplateau, zum Lager. Sarah, die neben dem Oberfeldarzt sitzt, seufzt. »So geht das den ganzen Einsatz lang«, sagt sie erklärend, als sie meinen fragenden Blick sieht. »Wir fahren PRT – Krankenhaus – PRT. Flüchtlingslager – PRT – Flüchtlingslager. Ich würde gern mehr von Afghanistan sehen.«

Der Oberfeldarzt nickt und sagt nichts, was sollte er auch sagen. Es ist eben so. Dabei ist der Wunsch, mehr von diesem Land zu sehen, durchaus verständlich. Was da draußen für uns im Augenblick nicht sichtbar vorbeizieht, ist schön. Grüne Felder säumen diese Straße, irgendwo werden Menschen bei der Feldarbeit sein, irgendwo steht wahrscheinlich auch ein Esel, und ebenso wahrscheinlich spielen ein paar Kinder neben der Straße, die winken, wenn die zu unserem Zug gehörenden Wölfe vorbeifahren. Und die in den Wölfen sitzenden Soldaten lächeln wohl zurück.

Kunduz ist eine Provinz mit sechs Distrikten, und es ist der »Brotkorb« Afghanistans. Hoch im Norden, wo Kunduz endet, endet auch Afghanistan und grenzt an Tadschikistan.

Die Hauptstadt hier ist Kunduz-City, umgeben von Bergen, nicht so majestätisch wie der Hindukusch um Kabul, nicht schneebedeckt, sondern sandfarben: Qara Batir im Westen und Ambar Koh im Osten. Wenn die Sonne hoch steht, im heißglühenden Sommer, dann sind sie manchmal kaum zu sehen, dann verschwinden die Berge vor dem Hintergrund des fast weißen Himmels.

Viehzucht und Landwirtschaft sind die Haupteinnahmequellen. Spielt das Wetter mit, können hier drei Ernten im Jahr erzielt werden: Baumwolle, Weizen, Zuckerrüben, Mais und Melonen, die besten in ganz Afghanistan. Und Opium natürlich.

Kunduz ist eine grüne Provinz, jedenfalls zu manchen Jahreszeiten. Dass Afghanistan »grün« sein kann, erstaunt, man erwartet Wüste, nichts weiter. Aber, auch wenn ich noch nicht lange hier bin, das eine ist bereits klar: Afghanistan ist vieles, was man nicht erwartet hat.

»Wie lange bleibst du hier?«, fragt Sara jetzt, Smalltalk mit Soldatin.

»Ein Jahr«, antworte ich, und sie schaut so, wie fast alle schauen, wenn meine Aufenthaltsdauer erwähnt wird.

»Mir wäre das zu lang«, meint Sara, der TPZ fährt über eine Bodenwelle und schüttelt uns durch.

»Wäre ich Soldat und dürfte nicht oder kaum aus dem Lager raus«, antworte ich und halte mich fest, »wäre es mir auch zu lang.«

Sie nickt verstehend, und ich denke zurück an meine Ankunft hier: an den Kunduz-Schock nach dem internationalem Kabul. An den ersten Blick auf die Provinz Kunduz. Und das Gefühl, die Zeit sei stehengeblieben. Oder wiederhole sich hier ewig.

Knapp eine Stunde dauerte der Flug von Kabul damals,

dann setzte die Transall der Bundeswehr auf, die Rampe senkte sich langsam nach unten, und ein Schwall Backofenluft drang ins Flugzeug ein: Kunduz ist deutlich heißer als Kabul. Der erste Blick hinaus. Das also ist der Flugplatz von Kunduz. Ein Brachfeld. Eine Einöde. Das einzige Flugzeug war das, aus dem ich ausgestiegen war. Das einzige Flugzeug hier ist immer das, aus dem man aus- oder einsteigt.

Am Rand des Feldes, das sich ›Flughafen‹ nennt, lagen Panzerwracks, aus erloschenen Scheinwerfern schaut ein Toyota in die Gegend. Das Flughafengebäude hatte auch schon mal bessere Tage gesehen, Putz blätterte ab, an der Wand prangte ein Schild *International Airport Kunduz*. Aus dem Schatten blinzelte ein Afghane zu mir herüber, und vor einem verrotteten Zaun standen zwei alte russische Hubschrauber, verrostet, angeblich aber noch flugtauglich. Überreste der Kriege Afghanistans.

Durch die Luft schwebten braune, wespenähnliche Insekten. Sie flogen unaufgeregt, zogen ihre überproportional lange Beine fast elegant hinter sich her. Über alldem die heiß brennende Sonne. Und eine Zeit, die stillzustehen schien.

Dann wurde ich abgeholt, und es ging ins Lager, mit dem Mungo über einen breiten Feldweg mit Schlaglöchern. Mungos erinnern entfernt an Matchboxautos, sind seltsam schmal. Der Mungo war ursprünglich das Einsatzfahrzeug der Fallschirmjäger, die Fahrerkabine ist gepanzert, der Boden minensicher.

Draußen liegt flache Landschaft, so weit das Auge reicht. Panzerwracks, Kriegsüberreste. Kunduz ist Provinz.

Kabul dagegen war international, voller westlicher Entwicklungshelfer, voller Mitarbeiter von internationalen Organisationen und voller Journalisten. Kabul bot westliches Leben vor der Kulisse eines Entwicklungslandes. Hier, in

Kunduz leben deutsche Soldaten und Afghanen, dazu eine Handvoll deutscher Entwicklungshelfer: Das ist alles. Wenn es eine Möglichkeit gibt, denke ich, mehr über dieses Land zu erfahren, dann hier. Ich unterliege keinem militärischen Zwang, keinem Dresscode und nur wenigen Vorschriften: Ich darf ›raus‹ aus dem Lager. Ich darf mit den Soldaten mitfahren, und ich kann allein unterwegs sein.

Beides werde ich so oft wie möglich tun, beschließe ich jetzt und schalte zurück von Erinnerung auf Gegenwart, bin wieder in diesem vor sich hin rumpelnden TPZ. Der rollt jetzt ruhiger, was bedeutet: Wir haben das Militärlager auf seinem Hochplateau erreicht. Kurz vor dem Lager ist die Straße wieder gepflastert. Man fährt dann auf eine Schranke zu, dort steht ein afghanischer Wachposten in dunkelolivfarbener Uniform, Waffe auf dem Rücken. Neben ihm ein Schild: *Show your ID-Card!*«

Dahinter befindet sich eine weitere Schranke neben einem Wachhäuschen, Mauern aus Hescos erheben sich, Stacheldraht darauf. Und oben an der Hesco-Mauer, ebenfalls von Stacheldraht umrahmt, prangt ein Schild: zwei ineinander verschlungene Hände und darunter: *Welcome to PRT Kunduz.*

Fällt denn nur mir der Widerspruch auf zwischen der militärischen Befestigung, die ein deutliches »Bleib weg« signalisiert, und dem freundlichen Willkommensgruß?

Ein zweiter afghanischer Wachposten winkt uns durch Schranke Nummer zwei, und damit sind wir ›drinnen‹. Rechts ist ein Parkplatz, auf dem ein paar Militärwagen stehen, links stehen Gebäude in Beige mit blauen Gittern: Der Stab, die ›Schaltzentrale‹ des PRT. Hier hat der Kommandant sein Büro, ebenso der Chef des Stabes, hier befinden sich die ›Joc‹, die Einsatzzentrale und nebenan die Büros des Auswärtigen Amts.

Das PRT Kunduz ist kein Feldlager. Es ist eine Einsatz-liegenschaft, und das ist ein riesiger Unterschied. Feldlager bestehen aus Containern und sogenannten Raummodulen und sind für kurzfristigere Einsätze gedacht. Sie können schnell auf- und wieder abgebaut werden. Einsatzliegen-schaften dagegen sind in Festbauweise errichtet, also richtige Gebäude für langfristige Einsätze. Die Deutsche Gesellschaft für Technische Zusammenarbeit, GTZ, hat das Lager Kun-duz gebaut. Es ist großzügig angelegt, es gibt breite Straßen, es gibt Platz. Vor dem Parkplatz wehen Fahnen im Wind: Nato, ISAF, Bundesrepublik Deutschland und die Fahnen der im PRT anwesenden Nationen. Weiter hinten steht ein Turm auf einem kieselbedeckten großen Platz, geradeaus ist das ockergelbe Rettungszentrum zu sehen. Rechts davon geht die Lagerstraße ab, an der die Wohnblöcke errichtet wurden. Zimmer gruppieren sich um einen mit Rosen bepflanzten Innenhof, liebevoll bewässert von afghanischen Ortskräften. Dahinter sind Hescos zu erkennen sowie zwei langgestreckte Gebäude, rechts ist die Feldküche, links der Gefechtsstand. Vor dem Stabsgebäude wächst Gras, und es gibt Rosenstöcke, an einer Wand lehnt ein Fahrrad.

Das also ist das PRT Kunduz. Außer den Unterkunfts-blöcken gibt es noch andere Einrichtungen für den täglichen Bedarf: Da sind beispielsweise der Zahlmeister, in dessen Container man Geld abholen kann, den ›Verticker‹ genann-ten Laden im Lager, der den Grundbedarf des Soldaten decken soll. Es gibt die Feldpost und eben das Rettungszen-trum. Die ›Gottesburg‹, in der ein Pfarrer oder Priester re-sidiert. Die Betreuungseinrichtung ›Lummerland‹ – eine mit Sofas und Kicker ausgestattete Kneipe. In Holzhausen finden sich noch weitere Unterkünfte etwas außerhalb – sofern man bei der Größe dieses Lagers von ›außerhalb‹ reden kann. Das

PRT Kunduz ist ein Dorf. Ein deutsches Dorf in Afghanistan, und es macht einen durch und durch ordentlichen und deutschen Eindruck.

»Wo sollen wir dich rauslassen?«, fragt der Oberfeldarzt, was nur ein Zeichen von Höflichkeit ist, denn das Lager ist klein genug, dass ich von keinem Ort länger als fünf Minuten zu meinem Büro oder meiner Unterkunft brauche.

»Am Rettungszentrum wäre prima«, antworte ich, und der TPZ brummt zum Rettungszentrum, wo er sowieso hingehört, und außerdem liegt es gleich bei den Wohnblocks. Der zweite Block, Block Bravo, ist zu diesem Zeitpunkt der Frauenblock: Alles, was weiblich ist, wird hier untergebracht. Und da nicht viel weiblich ist, werden einige Stuben auch von den »zivilen Anteilen im PRT«, also weiblichen Zivilistinnen, bewohnt. Neben mir lebt hier noch eine Mitarbeiterin des Auswärtigen Amts und die Repräsentantin der USA. Bravo zwo ist meine neue Adresse, mein Jungmädchenapartment im Dornröschenschloss.

Der TPZ hält, und die Türen werden geöffnet. Ich springe raus, verabschiede mich: vom Oberfeldarzt und von Sara, winke den anderen Rettungsassistenten zu, die vor dem Eingang zum Rettungszentrum in der Sonne sitzen und eine Zigarette rauchen, die winken zurück. Und wer ebenfalls zurückwinkt, wenn auch deutlich schüchterner, ist ein afghanischer Junge. Er mag elf, zwölf Jahre alt sein, und an seinem Bein schaukelt ein Urinbeutel. Obwohl ich erst seit kurzem hier bin, habe ich ihn schon oft gesehen, denn jeden Tag steht er zu irgendeiner Stunde vor dem ockergelben Krankenhaus.

»Wer ist das eigentlich«, frage ich jetzt, deute mit der Kinnspitze in seine Richtung. Der Oberfeldarzt folgt meinem Blick und seufzt leise.

»Das ist Abdul«, antwortet er dann, »einer unserer Langzeitpatienten.« Der Kleine lächelt, lungert in der Sonne herum. »Er müsste in Deutschland operiert werden, aber das ist alles nicht so einfach.«

Die Frage nach dem ›Warum‹ liegt mir auf der Zunge, aber das muss warten. Hinter mir wird mit Geschepper der TPZ abgeladen, jemand steckt seinen Kopf durch die Tür und fragt, ob der Oberfeldarzt schon zurück sei. Der Oberfeldarzt ist nicht nur Oberfeldarzt, sondern auch Chef der Sanitätskompanie und BSO – was ›Beratender Sanitätsoffizier‹ heißt – und daher immer gefragt, wenn etwas entschieden werden muss. Wie jetzt offenbar. Er nickt mir noch einmal zu und verschwindet im Rettungszentrum. Abduls Geschichte muss warten. Ich winke ihm noch einmal zu und mache mich auf den Weg nach Bravo zwo.

KUNDUZ. DIE STADT

In der Ecke hängt ein Fernseher. Eine aufgeregte Kommentatorenstimme ruft irgendetwas, schraubt sich in immer höhere Tonlagen, aber das wird kein Tor, egal wie laut oder hoch geschrien wird – der Ball fliegt über die Latte hinweg, und die Kommentatorenstimme sackt ab in abgrundtiefe Enttäuschung. Drei afghanische Augenpaare, die bis jetzt gebannt auf den Bildschirm starrten, wenden sich wieder ihren Tischnachbarn und Tellern zu. Und mir. Fußball löst weltweit Begeisterung aus, auch in einem afghanischen Kabap-Imbiss. Zumindest manchmal, und so kann ich wenigstens hin und wieder unbeobachtet essen. Trotzdem kontrolliere ich beständig, ob mein Tuch noch die Haare bedeckt und mir nicht etwa auf die Schultern gerutscht ist.

Es ist mein erster Ausflug in die Stadt. Mit einem der afghanistanüblichen Toyotas wurde ich am Parkplatz vor dem PRT abgeholt. Jetzt sitze ich mit Zahman, einem unserer Mitarbeiter, in einem afghanischen Restaurant, werde freundlich angestarrt und esse.

Und der Kabap ist fantastisch. Lammfleisch, in Stücke geschnitten und auf Spieße gesteckt, brutzeln auf einem Grill, der draußen vor dem Laden aufgestellt ist, dahinter steht ein Afghane in landesüblicher Tracht – das Hemd unter der Weste war irgendwann mal weiß – mit ordentlich geschlungenem Turban und sorgfältig gestutztem Bart. Plaudert mit dem Mann an der Kasse und fächelt Luft an die Glut, damit die Hitze gleichmäßig bleibt. Serviert werden die Spieße mit afghanischem Brot: Naan ist eine Art Fladenbrot, kreisrund, aber kleiner als das bekannte türkische Fladenbrot – und es schmeckt deutlich besser. Zahman erteilt mir die erste Lektion in afghanischer Lebensart: Du reißt ein Stück vom Brot ab, klappst es um das Fleisch auf dem Spieß und ziehst es damit ab, streust ein wenig Pfeffer darüber. Schälchen mit scharfem Pfeffer stehen auf allen Tischen neben den allgegenwärtigen Kleenexbehältern. Dazu gibt es Tee aus Thermoskannen, die ebenfalls überall im Lokal stehen. Tee ist kostenlos. Kauend blicke ich mich um. Es ist dunkel in diesem Laden, drei Tische sind besetzt, in der Ecke brüllt der Fernseher, keine Ahnung, wer da spielt.

Ob ich Fußball mag, fragt Zahman und erzählt dann, dass Fußball sehr populär ist in Afghanistan, ebenso wie Kricket und Volleyball. Letzteres wird vor allem an den Mädchenschulen gespielt. Er selbst, erzählt er weiter, spielt in der Fußballmannschaft von Kunduz, früher zusammen mit seinem besten Freund, jetzt darf der aber nicht mehr. Seine Frau hat ihm das Spielen verboten, weil er zu wenig Zeit für die Familie habe. Frauen eben, Zahman seufzt, ein Lächeln in den Augenwinkeln. Und seine Frau hat nichts dagegen? Nein, antwortet Zahman, die sei ganz froh, wenn sie hin und wieder mal Zeit für sich habe.

Ja, denke ich bei mir, dieses Gespräch findet tatsächlich in Afghanistan statt, mit einem afghanischen Ehemann, auch wenn es sich anhört, als führte ich es in Deutschland.

Draußen zieht derweil afghanisches Leben vorbei. Der Imbiss befindet sich an der Hauptverkehrsstraße, der einzigen asphaltierten Straße von Kunduz. Diese Straße führt vorbei am Hochplateau, auf dem das PRT liegt, und am Kunduz Provincial Hospital, bis in die Stadt. Sie zu asphaltieren war eine der ersten Handlungen der GTZ, als mit dem Einsatz der Bundeswehr auch die zivilen Helfer herkamen. Zuvor versank Kunduz im Sommer im Staub, im Winter im Matsch. Das tut der Rest der Stadt immer noch, zumindest die Hauptverkehrsader aber ist nicht mehr jahreszeitenabhängig. Ein Stück die Straße hinunter befindet sich dann der Kreisel. Kreisverkehr ist typisch in afghanischen Städten, und ebenso typisch ist das Plakat, das dort hängt: Ein Bildnis des ermordeten Nationalhelden Ahmad Shah Massouds blickt mit seinen sanften braunen Augen auf den Verkehr hinab.

Und sehen das reine Chaos.

Autos fahren kreuz und quer, hupen altmodische Pferdekarren ebenso erbarmungslos aus dem Weg wie die kleinen, prächtig verzierten blauen Rikschas. Farbflecke im vorherrschenden Braun und Grau. Rot-weiße Absperrgitter grenzen die Straße vom Bürgersteig ab, daran entlang verläuft ein Graben. Das ist das hier übliche Abwassersystem. Ansonsten ist Afghanistan ein Land der Mauern. Kunduz bildet da keine Ausnahme. Kein Haus, das nicht durch Mauern geschützt ist, sandfarbene Mauern mit Wellblechtoren, in Grün, Rot, Grau.

Fußgänger drängeln sich auf den Bürgersteigen oder überqueren die Straße: Frauen in Burka, Männer in traditionellen Gewändern oder westlichen Anzügen, mit Turban oder Pakol, der Kopfbedeckung, die durch Shah Massoud berühmt wurde.

»You want to go?«, fragt Zahman, als ich bei der vierten Ladung Kabap-Spieße erschöpft abwinke, und ich nicke. Wir zahlen und machen uns auf den Weg, weiter in die Stadt hinein.

Um die 97 000 Einwohner, heißt es, leben in der Stadt Kunduz. Damit ist es angeblich die viertgrößte Stadt in Afghanistan. Ob das so stimmt, ist unklar. Eventuell hat Kunduz mehr oder auch weniger Einwohner, eventuell haben auch andere Städte mehr oder weniger Einwohner. Offizielle Angaben sind hier nichts, worauf man sich verlassen kann.

Die Anzahl der Städte, die kleiner sind als Kunduz, ist jedenfalls deutlich größer als die der größeren.

Wir erreichen den Bazar, die Innenstadt. Wohin zuerst schauen? Wir kommen an einem Friseur vorbei, dann an einem Motorrad- und Autohändler und an einer Apotheke. Gucken ins Schaufenster einer Bäckerei, sehen zu, wie Naan gebacken und verkauft wird. Frauen in wehenden weißen oder blauen Burkas huschen vorbei, erledigen ihre Einkäufe. An einem Gemüsewagen steht eine Frau, aus den Tiefen des blauen Synthetikstoffs schlüpft eine schmale, sehr gepflegte Hand, sorgfältigst in Form gefeilte, rot bemalte Fingernägel kommen zum Vorschein. Zart betastet sie Äpfel, Melonen. Ich sehe fasziniert zu. Mit einer eleganten Bewegung reicht die Hand Geld an den Händler, nimmt eine rosafarbene Tüte und verschwindet wieder im blauen Stoff. Und ich könnte schwören, dass sie mir heimlich zugewinkt hat.

Weiter drüben hängen an einem Tuchladen Schals und Schleier zu Dutzenden, schwerer Stoff und zarte Gaze, bunt gemustert oder einfarbig, in gedeckten oder knalligen Farben, manche mit goldenen oder silbernen Pailletten bestickt, Farben und Muster wehen im Wind. Drinnen stapeln sich Stoffballen: rot, grün, gold verziert, gemustert. Irgendwo schütten Bauarbeiter Steine aus einer Schubkarre, der Boden wird neu asphaltiert. Kunduz ist eine geschäftige Stadt. Fliegende Händler bieten Boulani an, eine Art Crêpe mit Kartoffeln oder Spinat gefüllt, oder Sambusa, beide ›S‹ im Namen sind so scharf wie der Pfeffer in den mit Hackfleisch gefüllten und krossgebackenen Teigdreiecken. Dazwischen stehen weitere Obst- und Gemüsehändler, und die Wagen biegen sich unter ihrer Last. Der Blumenkohl ist circa viermal so groß wie der, den ich aus Deutschland kenne. An den Straßenrändern sitzen Schuster und besohlen Schuhe, Schreiber bieten ihre Dienste an. Weiter hinten arbeitet ein Friseur unter freiem Himmel, zieht einen ordentlichen Scheitel auf einem Kundenkopf.

Wir biegen ab. Gehen in eine der überdachten Seitengassen des Bazars, dann in die Gewürzstraße, die Elektrogeschäftsstraße, die Juwelierstraße. Überall herrscht Gedrängel, Kinder sausen an uns vorbei, starren mich an, lachen, Männer gucken etwas gesetzter, aber sie gucken. Und ich gucke auch und weiß kaum, wohin zuerst. Und durch all das Gewühl und Gedrängel lotst mich Zahman, bis die Geschäfte weniger werden, wir die Straße wieder erreichen und schließlich vor einem roten Wellblechtor stehen. Das öffnet er, ruft etwas, sieht mich auffordernd an – und ich setze den Fuß über die Schwelle, bin zum ersten Mal zu Besuch bei einer afghanischen Familie.

Wir stehen in einem Hof. Da ist ein Brunnen, Wäscheleinen sind aufgespannt, an einem Baum hängt ein Vogelkäfig, dahinter liegt ein kleines, graues Gebäude mit einer Veranda. Davor steht eine junge Frau in roten Pluderhosen und einem ebenfalls roten langen Oberteil, Stickereien säumen den Halsausschnitt. Auch das Tuch, das locker um ihren Kopf geschlungen ist, leuchtet im gleichen Granatrot. Sie hat ein glattes, junges Gesicht, helle Haut und unerwartet helle Augen, die ebenso gespannt und erwartungsvoll gucken wie meine.

Ihre Hände stecken noch in einer Plastikschüssel, in der sie gerade Geschirr abgewaschen hat. Sie blickt in meine Richtung, und ihre ganze Körperhaltung drückt Aufregung, Nervosität, Spannung aus. Mir geht es genauso. Ich gehe auf sie zu, stakse wie ein ungelenkes Fohlen über den Hof, lächle vorsichtig. Und sie lächelt zurück. Sie hebt die Hand, und es bleibt unklar, ob sie meine drücken will oder vielleicht ihr Tuch zurechtrücken oder eine Haarsträhne hinters Ohr schieben möchte. In diesem Moment jedenfalls vergisst sie, dass die andere Hand noch in der Plastikschüssel ruht, eine unbedachte Bewegung reißt die Schüssel von der Veranda, und die Szene beschleunigt enorm: Erschrocken ruft sie irgendetwas, ich mache zwei rasche Schritte nach vorn, strecke die Arme aus, um irgendetwas zu retten, und die Schüssel – natürlich – fällt mit lautem Krach zu Boden. Wasser spritzt über unsere Schuhe und Hosenbeine.

Da stehen wir und gucken uns erschrocken an, Rufe erklingen aus dem Haus, und wir stehen wie erstarrt. Dann fängt sie an zu lachen, ich auch, die Spannung löst sich. Wir stammen aus fremden Kulturen und wissen beide nicht recht, wie wir miteinander umgehen sollen, wir haben keine Gebrauchsanleitung füreinander. Aber zerbrochenes Geschirr ist überall zerbrochenes Geschirr, und so sammeln wir es, kichernd und vorsichtige Blicke tauschend, auf und gehen – nachdem ich auf der Veranda meine Schuhe von den Füßen geschüttelt habe – ins Haus hinein.

Ein Raum. Weiße, verputzte Wände, dicke Teppiche auf dem Boden, Kissen an den Wänden. In der Mitte ein runder Ofen, das Fenster ist mit einer geblümten Gardine zugehängt. In der Ecke stehen ein Schrank, eine Kommode, darauf ein Fernseher, es läuft CNN. Weiter hinten führt eine Tür in drei weitere Räume, Schlafzimmer, und die Küche. Acht Menschen leben hier: Zahman, seine Frau und ihre Tochter, Hamena, die Granatrote, die immer noch verstohlen kichert, sobald sich unsere Blicke treffen, und Amina, die als Gegensatz zu ihrer traditionell gekleideten Schwester ein weites, rosafarbenes Mickey-Mouse-Sweatshirt über weißen, weiten Stoffhosen trägt. Dann gibt es noch zwei unverheiratete Brüder, die gerade nicht anwesend sind, und die Matriarchin der Familie, Shanaz, die Mutter.

Sie nimmt meine Hände in ihre und zieht mich neben sich. Hamena stellt Teegläser bereit und füllt meines aus der wahrscheinlich mehrere Liter fassenden Thermoskanne. Amina stellt einen Teller voller Nüsse und Süßigkeiten in die Mitte des Kreises, den wir mit den Kissen auf dem Boden bilden. Die Kleinste, Zahmans zwei Jahre alte Tochter, schaut uns aus großen, dick mit Kajal umrandeten Augen an und krabbelt dann auf mich zu, um genauer zu betrachten, was es mit mir auf sich hat.

Shanaz schält eine Orange, zieht die Zweijährige an den Füßen zu sich, die gluckst vor Vergnügen und sperrt den Schnabel auf für Orangenstückchen. Gleiches tut der herbeihüpfende Vogel, dem wohl der Vogelkäfig draußen gehört.

Shanaz, die etwa sechzigjährige Tadschikin mit dem faltigen Gesicht, thront im Schneidersitz auf ihrem Kissen, schiebt eine noch immer dunkle Haarsträhne hinter den Schleier und füttert Kind und Vogel abwechselnd. Hin und wieder wirft sie einen Satz in die Unterhaltung zwischen mir und den Schwestern, Hamena übersetzt. Zwischendrin kräht die Kleine, der Vogel krächzt, und ein Mobiltelefon piepst. Es ist das völlig normale Leben einer afghanischen Familie, und doch steht immer die Frage da: Wie normal ist diese Normalität? Hamena und Amina sind beide Anfang zwanzig und noch nicht verheiratet. In Afghanistan ist das ungewöhnlich. Habe ich jedenfalls gedacht. Aber vielleicht ist das wieder ein Vorurteil, gespeist aus der Annahme, dass in Afghanistan alles furchtbar sein muss. Vor allem für Frauen. Vielleicht sind in Wahrheit Kinderehen auch in Afghanistan Einzelfälle.

Hamena und Amina jedenfalls sollen selbstverständlich zunächst ihre Ausbildung beenden. Beide besuchen noch die High School in Kunduz. Mit Anfang zwanzig wäre das in vielen Teilen der Welt unüblich, nur eben in Afghanistan nicht, denn für Mädchen wurde der Schulbesuch durch die Taliban unmöglich gemacht. »Und das«, sagt Amina, die Jüngere, und zupft an ihrem Mickey-Mouse-Sweatshirt, »war wirklich tödlich langweilig.« Sie rümpft die feine Nase. »Wir haben nur zu Hause rumgesessen.«

Ihre lebhaften dunklen Augen huschen durch das Zimmer, unbestimmt, ohne Fokus auf irgendetwas. Hamena blickt zu Boden, ebenso wie Shanaz. Und die Körpersprache drückt aus, was sie nicht sagen: dass es natürlich nicht nur ›langweilig‹ war. Sondern dass es tödlich hätte sein können.

Eingesperrt zu Hause. Schul- oder Universitätsausbildung ebenso gestrichen wie das Ausüben eines Berufes. Verlassen des Hauses nur in Begleitung eines Mannes, und trotzdem war man nicht sicher auf der Straße, konnte angehalten, geschlagen, mitgenommen werden von den Taliban. Außerdem die Angst um die Söhne und Brüder. Eine Denunziation hätte gereicht, um in einem Gefängnis zu verschwinden, für wer weiß wie lange. Vielleicht für immer.

Der jetzige Alltag ist neu, gerade dabei, Normalität zu werden. Hamena geht vormittags zur Schule, Amina nachmittags. Hamena mag Englisch am liebsten, Amina Geschichte und persische Literatur. Hamena will Lehrerin werden, Englischlehrerin, Amina Polizistin.

»Wir werden sehen«, sagt Shanaz und lächelt. Denn heiraten sollen beide natürlich auch. Und dann wird der Ehemann entscheiden. Allerdings wird Shanaz das Thema vor der Eheschließung ansprechen und sich zusichern lassen, dass beiden Mädchen Arbeit erlaubt wird, wenn sie es wollen und wenn sie Arbeit finden.

Ich hätte noch tausend Fragen. Fragen nach Männern, Jungen, Verliebtheit. Fragen nach den harmlosen Flirts, die in meiner Gesellschaft als normal angesehen werden. Fragen, ob es den Wunsch nach mehr Selbstbestimmung gibt. Oder den Wunsch, einfach mal auszugehen. Über den Bazar zu schlendern, eine Freundin zu besuchen.

Aber unverheiratete Frauen gehen nicht aus in Afghanistan. Hamenas und Animas Leben spielt sich zwischen dem Schulunterricht und diesem Raum ab, zwischen Küchenarbeit, Hausaufgaben und Fernsehen. Hin und wieder gibt es mal einen Gang über den Markt, verhüllt unter einer Burka.

Ich, so viel steht außer Frage, würde wahnsinnig werden, aber ich bin nicht der Maßstab, mein Leben, mein westliches Leben, ist nicht allgemeingültig.

Der Besuch hier, der erste Blick hinter die Mauern, eröffnet viele neue Fragen. Aber sie müssen warten. Afghanistan ist ein Land, für das man Zeit braucht. Beziehungen wachsen langsam, Vertrauen muss man sich verdienen. Afghanistan ist ein langsames Land.

CIMIC IN WARSAJ

Die Eingewöhnung im Lager gelingt mir erstaunlich schnell. Dabei ist hier gerade vieles in Bewegung, und nicht nur für mich ist alles neu.

Wir befinden uns gerade im Kontingentswechsel, die ›alten‹ Soldaten gehen, die ›neuen‹ kommen. Es ist ein logistischer Kraftakt: Um die 3000 Soldaten werden in Kunduz, Mazar-i-Sharif, Feyzabad und Kabul, den drei Einsatzstandorten im Norden Afghanistans, plus der Hauptstadt, eingesammelt und nach Termez geflogen, dem »Umsteigebahnhof der Bundeswehr« in Usbekistan. Termez ist eine Zeltstadt, in der man nichts tun kann außer warten. Warten auf den Airbus, der einen nach Deutschland bringt, oder die Transall, die einen an den jeweiligen Standort in Afghanistan fliegt. Nach Feyza, Mazar oder Kabul – oder eben nach Kunduz.

Vielleicht sind Soldaten, die Kunduz noch nicht kennen, beim Anblick des Lagers so erstaunt, wie ich es war. Vielleicht haben sie Container erwartet und Zelte und stehen jetzt vor sandfarbenen Atrien mit Rosengärten. Es ist Kunduz vorgeworfen worden, es sei gar kein Einsatz-, es sei eher ein Ferienort: ›Bad Kunduz‹.

Dabei fährt, wer Ferien macht, sicher nicht freiwillig im Truppenverband nach Afghanistan. Sondern mit der Familie nach Italien, Spanien oder Frankreich

Eingewöhnen jedenfalls müssen sich Soldaten ebenso wie ich, und es ist vor allem erstaunlich, in welch kurzer Zeit das passiert. Zunächst ist alles neu, aufregend, auch beängstigend: Es ist schließlich Afghanistan. Dann setzt Gewöhnung ein: Eigentlich ist es doch nur ein Feldlager, ein deutsches Dorf auf afghanischem Boden. Den Weg zur Truppenküche findet man mit schlafmüden Augen, wann die Post ankommen soll, weiß man, und dass sie oft trotzdem nicht ankommt, auch. Dass man die schmutzige Wäsche bei Ecolog, der Servicefirma der Bundeswehr, abgibt und wann man sie wieder abholen kann. Die Arbeit wird Routine, die Zwei-Dosen-Regelung wird ausgenutzt: Abends, nach neunzehn Uhr, sind zwei Dosen Bier erlaubt.

Für mich treten langsam Gesichter aus der uniformierten Masse hervor, werden bekannt. Jeder Tag beginnt mit dem Aufwachen in Bravo zwo, ich schlüpfe in den Bademantel, schnappe mir den Waschbeutel. Draußen blendet dann die Sonne. Anfang November ist es noch sonnig und warm, zumindest tagsüber. Auf der linken Seite, an weiteren Türen vorbei, ist die Toilette, rechts die Dusche. An der zwischen zwei Säulen gespannten Wäscheleine flattern ein paar feuchte Handtücher. An den Waschbecken im Waschraum werden mit enormer Konzentration Zähne geschrubbt. Sara lächelt mir mit Schaum vorm Mund im Spiegel zu. Noch ist sie da, aber in wenigen Tagen endet ihr Einsatz.

Zähne putzen, duschen, zurück ins Zimmer, anziehen und los. Am Eingang zur Feldküche stehen Soldaten, rauchen, grüßen. Jemand hält mir die Tür auf. Im Vorraum des Speisesaals werden die Hände noch mal an den dort montierten Waschbecken gewaschen – Hygiene ist wichtig in Afghanistan. Langsam schiebt sich die Reihe Flecktarn hinein: Ein Tablett nehmen, am Büffet Croissants erwischen, je nach Bedarf Käse, Wurst, Marmelade oder Obst auf die Teller laden, die Tasse mit Kaffee füllen. An langen Tischen sitzen Soldaten vor ihrem Frühstück: Es beginnt ein neuer Tag. Der Speisesaal ist voller Menschen, neben mir sticht ein Oberstleutnant seine Gabel in Salamischeiben und nickt mir zu.

»Guten Morgen«, grüße ich zurück, und nach ein wenig

Smalltalk über die Eingewöhnung, das Wetter und die Qualität des Kaffee stellt er die Frage, die die meisten Soldaten bewegt, wenn sie mich sehen: »Was tun Sie hier eigentlich?«

Ich beantworte sie, wie ich es immer tue. Dass ich bei der Nato angestellt bin und für die von der ISAF herausgegebene Zeitung für die Berichterstattung aus Kunduz zuständig bin. Nachdem ich ihm auch meine Tätigkeit für das Radio *Sada-e-Azadi* erklärt habe, gebe ich die Frage zurück: »Was genau tut eigentlich dieser Speisesaal voller Soldaten hier?«

Mein Gesprächspartner antwortet knapp und militärisch, wie er es wohl auch immer tut: »Wir führen einen Einsatz der International Assistance Force, übersetzt Internationale Sicherheitsbeistandstruppe, abgekürzt ISAF, durch. Wir handeln auf der Grundlage der Resolution 1386 des UN-Sicherheitsrates vom 20. Dezember 2001, die Zustimmung des Bundestags zum Bundeswehreinsatz erfolgte zwei Tage später am 22. Dezember 2001. Wir verfolgen den Zweck, die afghanische Regierung bei der Herstellung und Wahrung der Inneren Sicherheit zu unterstützen sowie bei der Wahrung der Menschenrechte und bei der Auslieferung humanitärer Hilfsgüter zu helfen. Für Menschenrechte und Innere Sicherheit ist wiederum der Wiederaufbau des Landes nötig.«

»Sie sind Oberstleutnant?«, frage ich. »Ja«, sagt er. Ich spiele mit dem Croissant auf meinem Teller und deute mit dem Kinn in den vollbesetzten Speisesaal. »Und was machen die nun wirklich alle hier?«

Er legt den Kopf leicht schief und überlegt. »Eigentlich«, sagt er dann, »sind wir alle nur hier, damit Cimic seine Arbeit machen kann.«

»Wirklich?«, frage ich überrascht, und er lacht, zuckt die Schultern. »Cimic ist schon eine Kernaufgabe des Auftrags.«

Cimic ist die Abkürzung für Civilian Military Cooperation, also zivil-militärische Zusammenarbeit. Zu Cimic gehört auch Major Guido M., der an einem der Tische nicht weit von uns entfernt sitzt und gerade in ein Brötchen beißt, dass es kracht.

Er sieht aus, wie einem Werbeprospekt der Bundeswehr entstiegen. Breitschultrig, schmalhüftig, soldatisch kurzgeschorenes Haar, das Gesicht gebräunt, um die Augen weiße Linien: Als habe er unter sengender Sonne ununterbrochen gelacht. Was durchaus möglich ist, denn der Major lacht viel. Und er ist viel draußen. Jetzt sitzt er, um das Bild soldatischer Lässigkeit perfekt zu machen, mit lang ausgestreckten Beinen und einem Ellenbogen über der Stuhllehne da, hört dem Oberstleutnant zu, mustert mich und willigt ein, mich zum Bergsee mitzunehmen. Nach Warsaj. Zur Begutachtung des Baugrunds für eine geplante Mädchenschule, der Verteilung von Winterkleidung, und nebenbei wird der Nachfolger des Majors eingewiesen. Zwei Tage, Übernachtung unter freiem Himmel. Feldbett und Winterschlafsack für mich hole er in der Mat-Gruppe, darum brauche ich mich nicht zu kümmern.

»Was ist die Mat-Gruppe?«, frage ich. Abkürzung für Material-Gruppe, wenn ich was brauche, kriege ich es da. Abfahrt morgen früh um vier. Noch Fragen?

»Nein«, sage ich.

Nur am nächsten Morgen, als der Wecker klingelt, mal wieder die Frage, warum ich mir das antue. Aber die ist schnell vergessen, als ich erst mal aus dem Bett raus bin und Bravo zwo verlasse.

Draußen ist nur ein Hauch von Dämmerung am Himmel. Verlassen liegt das Camp da; wer jetzt keinen Auftrag hat, schläft. Es ist nur die Ahnung eines neuen Tages, ein Tag in Wartestellung: stillstehende Zeit, mauvefarbener Himmel. Grillen zirpen.

Von der Dusche zurück, binde ich die Haare zusammen, schnüre meine Soldatenstiefel und schnappe den Rucksack, mache mich auf den Weg durch das nachtstille Camp. Sand knirscht unter den Stiefeln, ich trete so leise wie möglich auf: Stör die Ruhe nicht.

Am Stab stehen die Wölfe bereit. Diese Tour kann man nur mit Wölfen fahren, Dingos würden in den Bergen stecken bleiben. Guido ist dabei, die Abdeckung hochzubinden. Sein Kraftfahrer Harald steht dabei, nimmt mir den Rucksack ab und verstaut ihn im Wagen, irgendwo zwischen Wasservorrat, Kartons und militärisch aussehendem Gerät. Zwischen den beiden Vordersitzen stehen zwei G36, Sturmgewehre, wie in Habtachtstellung.

Etwas weiter weg raucht Dirk, der Oberleutnant, eine Zigarette, bei ihm stehen ›Major Meany‹ – ein völlig unpassender Spitzname, denn er ist sehr freundlich – und ihre beiden Hauptfeldwebel. Beide Teams sind neu im Lager und gerade erst angekommen, noch nie in Afghanistan gewesen. Sie werden auf dieser Fahrt eingewiesen. Außerdem gehören Angehörige der Schutzkompanie zu unserem Trupp, dazu Scharfschützen und die Sanität. Letztere muss bei Fahrten außerhalb des sogenannten Ein-Stunden-Radius immer dabei sein, damit medizinische Hilfe rasch gewährleistet ist. Falls etwas passiert.

Ich stehe mit müden Augen herum. Der Zugführer Schutz wirft seine Zigarette weg und nickt Guido zu. Am Himmel schiebt sich langsam ein erster Sonnenstrahl durch den Morgendunst.

»Sammeln zur Befehlsausgabe!«, heißt es dann, und alles schart sich um Guido und den Führer Schutz. Eine Karte wird ausgerollt, Guido erklärt, wo wir hinfahren, benennt die einzelnen Etappen der Strecke und was wir dort vorhaben. Dann teilt der Führer Schutz die Reihenfolge der Wölfe ein und verschwindet hinüber in den Stab 1 und die Joc, um uns abzumelden. Wir sitzen auf, Motoren werden angelassen, die Funkgeräte werden überprüft, dann kommt der Befehl: »Und ab!«, wir rollen los und sind unterwegs nach Warsaj.

Warsaj liegt weit im Osten und so hoch in den Bergen, dass diese Fahrt die letzte Gelegenheit vor dem Winter ist, um dort noch einmal ISAF-Präsenz zu zeigen. Sobald Schnee fällt, ist der Weg in diese Bergdörfer unpassierbar, sie sind dann von der Welt abgeschnitten.

Wir fahren durch das Gate, die afghanischen Guards grüßen, und in der Morgendämmerung rumpeln wir vom Hochplateau hinunter und durch Kunduz hindurch. Am Straßenrand brennen Feuer in Blechtonnen, Männer mit über die Schultern gelegten Decken wärmen sich die Hände, sehen uns nach. Irgendwo trägt ein alter Mann ein Bündel Holz am Straßenrand entlang. Es ist erst fünf Uhr, aber Kunduz ist früh auf den Beinen.

Schon kurz hinter der Stadt ändert sich die Landschaft, aus der städtischen Umgebung fahren wir hinein eine Wüste. Die Straße ist keine Straße mehr, sondern nur ein Weg, eine Piste, ich halte mich auf der Rückbank hinter Major Meany und Hauptfeld Thilo am Vordersitz fest und unternehme zahlreiche Versuche, die ständigen Stöße auszugleichen. Leider vergeblich.

Dazu die sengende Morgensonne. Ich ziehe mein Tuch hoch, knote es über Haare, Nase und Mund. In Sonnenstrahlen tanzt der Staub. Und auch überall sonst. Waschen wird erst wieder morgen Abend nach der Rückkehr ins PRT möglich sein. Wir fahren. Stunden. Wie beschreibt man das? Wir fahren, fahren und fahren. Die Gedanken verlieren sich im Nirgendwo. Das Nirgendwo wird hin und wieder unterbrochen von einer Zigarette. Da sind sandfarbene Berge, die im gleißenden Sonnenlicht flimmern und zum Horizont hin immer unwirklicher werden, bis sie kaum noch zu sehen sind vor dem weißen Himmel. Die Straße wird schlechter. Hin und wieder durchfahren wir ein Dorf: ein, zwei lehmfarbene Häuser, winkende Kinder am Straßenrand. Dann geht es weiter, durch Sand und Nichts. Irgendwann fällt die Straße zu unserer Linken ab. Aus den Wölfen heraus sehen wir in ein Tal voller Bäume. Baumkronen mit Blättern in allen Herbstfarben, es hat etwas Unwirkliches. Dann wieder: Wüste. Mittlerweile geht es stetig aufwärts, der Aufstieg in die Berge hat längst begonnen. In regelmäßigen Abständen halten wir an, Pinkel- oder Zigarettenpausen, dann geht es weiter über sandige Pisten. Hin und wieder wird eine Schafherde über die Straße getrieben, dann wartet der Konvoi. Afghanische Schafe haben die fettesten Hintern der Welt, sie wackeln vor uns her und um uns herum. Manchmal taucht ein einzelner Afghane auf, einen Esel vor sich hertreibend. Manchmal sitzt eine Frau in Burka darauf oder läuft hinterher. Wie lange laufen sie schon so in dieser Einöde, wenn wir schon Stunden fahren? Wo kommen sie her? Und wo wollen sie hin?

In einem größeren Dorf halten wir an. Lehmhütten säumen hier die Straße, Laden steht an Laden, unbehauene Baumstämme stützen die Dächer. Am Straßenrand parkt ein LKW, rund zwei Meter hoch beladen mit gelben Säcken. Unsere Wölfe halten ebenfalls am Straßenrand, wir stehen daneben, warten, verursachen einen Massenauflauf. Guido ist mit unserem Übersetzer dabei, Brot zu kaufen, Naan. Kinder kommen näher, gucken, lachen, rennen schreiend wieder weg. Frauen huschen in Burka vorbei, hinter ihnen bauscht sich der blaue Stoff auf. Männer grüßen freundlich. Man lächelt, man winkt uns zu. Ein ISAF-Konvoi ist hier in dieser abgeschiedenen Gegend ein Ereignis. Ich schieße ein paar Fotos, bin mir nicht sicher, ob das in Ordnung ist. Offenbar schon: Binnen Sekunden bin ich umringt von einer Horde lachender und schwatzender Kinder, werde von würdigen Männern per Handbewegung aufgefordert, sie zu fotografieren, man stellt sich vor mir in Positur, dankt dann für das Knipsen eines Fotos.

Wir fahren weiter, das duftende Brot in rosafarbenen Tüten auf dem Rücksitz. Und erreichen schließlich unser erstes Ziel auf dieser Fahrt: das Dorf Irakh. Hier soll eine Mädchenschule gebaut werden, die Gelder dafür wurden vom Auswärtigen Amt bereits bewilligt. Jetzt geht es darum, den Baugrund zu besichtigen und das Projekt abschließend mit den Lehrern und Dorfältesten zu besprechen. Das ist es, was Cimic tut. Cimic-Soldaten fahren durchs Land, besuchen Städte und Dörfer, besichtigen Schulen, Brunnen, Toilettenhäuser, Gesundheitscenter. Oder Ortschaften, wo es keine Schulen, Brunnen, Toilettenhäuser gibt. Cimic spricht mit Dorfältesten, Mullahs und District-Managern, schreibt auf, was da ist, in welchem Zustand es ist und was fehlt. Reicht Projektvorschläge ein mit entsprechender Bewertung, sucht Geldgeber – meist kommen die Gelder vom Auswärtigen Amt, das im PRT Kunduz eine Zweigstelle unterhält – stößt dann die Projekte an und überwacht die Arbeiten: regionaler Wiederaufbau.

Hier in Irakh geht es um eine Mädchenschule.

»Wir haben hier«, erklärt Guido mir, »bereits eine Schule gebaut, und kaum war die fertig, übernahmen sie die Jungs und schmissen die Mädchen raus. Die bekommen zwar weiter Unterricht, aber da drüben« – er deutet auf eine Wiese mit ein paar Bäumen – »unter freiem Himmel. Also bauen wir jetzt noch eine Mädchenschule.«

Wir stehen auf der Wiese, umringt von afghanischen Lehrern, und begutachten den geplanten Baugrund.

»Ja«, meint Dirk, dessen blaue Augen die Landschaft taxieren – eine schattige Wiese, Bäume, ein Fluss – er wird das Projekt als Nachfolger von Guido übernehmen, »ja, das wird gehen.« Im zivilen Leben ist er Bauingenieur.

Unterdessen huschen unter den Bäumen, versteckt im Schatten, die Mädchen zum Unterricht. Ich schlendere näher heran. Gekicher bricht aus, und Gesichter werden abgewendet, hinter Tüchern verborgen. Aber gleich lugt irgendwo wieder ein vorsichtiges Auge hervor, gefolgt von einer Nasenspitze, schließlich siegt die Neugier, und der ganze Schwarm zwitschert in hellstem Dari.

Ich bin in die Englischstunde geplatzt. Die Mädchen sitzen auf Plastikdecken unter den Bäumen, und an einen Baum ist eine Tafel gelehnt, darauf die Worte: »Well come«.

Über vierhundert Mädchen, erklärt der Lehrer, werden hier unterrichtet, vormittags und nachmittags. Manche von ihnen haben einen Schulweg von ein- bis anderthalb Stunden, aber es ist die einzige Mädchenschule im Umkreis. Und es ist auch schon fast der letzte Unterricht im Jahr: Bald schließt die Schule, erst im März macht sie wieder auf. In Afghanistan dauert das Schuljahr von März bis November oder Dezember. Das Klima ist der Grund: im Winter ist es zu kalt für Unterricht in ungeheizten Räumen und erst recht im Freien.

Wir haben alles erledigt und verabschieden uns. Die Mädchen winken, als wir abfahren. Die Jungen laufen noch ein Stück hinter uns her, versuchen, an den Wölfen dranzubleiben, natürlich vergeblich.

Wir bahnen uns weiter unseren Weg durchs Geröll. Über Serpentinen und im Schneckentempo geht es jetzt wirklich hinauf in die Berge. Der Weg windet sich in einer schmalen Spur aufwärts, rechter Hand geht es Gott weiß wie viele Meter steil nach unten. Wir kleben am Berg. Und natürlich kommt uns jetzt ein anderes Fahrzeug entgegen.

»Zurück zur Ausweichstelle« knarrt es aus dem Funkgerät. Fluchend drückt Thilo den Rückwärtsgang rein, und die Kolonne kriecht zurück. Neben uns gähnt der Abgrund. Ich bemühe mich, stur geradeaus zu blicken. Wir erreichen die Ausweichstelle, und ein Karren, gezogen von einem Esel und mal wieder turmhoch mit gelben Plastiksäcken beladen, zieht an uns vorbei. Ein lächelnder Afghane hebt dankend die Hand. Mir klopft das Herz noch immer bis zum Hals.

Wir fahren weiter. Passieren den Bergsee, an dem wir später übernachten werden, lassen ihn jetzt aber links liegen und fahren weiter in ein noch abgelegeneres Bergdorf. Hier ist sie wirklich zu Ende, die Welt. Schwer zu glauben, dass sich überhaupt mal ein Auto hierherverirrt, ganz zu schweigen von einer ISAF-Kolonne. Entsprechend neugierig werden wir wieder mal umringt: von Männern mit Mütze oder Turban auf dem Kopf und von Kindern mit hennagefärbten Haaren. Irgendwo grasen ein paar Esel und Ziegen, weiter hinten sehen wir Lehmhütten, dazwischen picken Hühner. Frauen sind nicht zu sehen. Sie verstecken sich bei der Ankunft von Soldaten, fremden Männern, irgendwo im Dorf. Guido spricht mit dem Mullah des Ortes, sagt, dass er Kisten voller Winterkleidung dabeihabe und sie dem Mullah für die Bewohner geben wolle. Der ist hocherfreut. Die Soldaten laden die Kisten ab, die afghanischen Männer helfen. Ich spaziere ein wenig herum. Aus einem Fenster, hinter einem Vorhang, blinzelt mir plötzlich ein Frauenauge zu, aber nach einer Sekunde ist es wieder verschwunden, nur der rote Vorhang schwingt noch. Mehr von der versteckten Welt der Frauen bekomme auch ich hier nicht zu sehen.

Die Kisten voller Kleidung werden weggetragen. Überschwenglich bedankt sich der Mullah, schüttelt Guidos Hand. Guido ist es sichtlich unangenehm.

»Was ist los?«, frage ich, als wir wieder eingestiegen sind und weiterfahren.

In seinem Gesicht zuckt eine Augenbraue.

»Es sind schließlich nur gebrauchte Wintersachen«, sagt er, »und ich weiß, dass das hier in diesen Bergdörfern Leben retten kann. Trotzdem. Du fühlst dich wie der gönnerhafte Onkel aus Amerika. Diese Leute hier sind ja keine Bettler. Aber wenn du so verteilst, dann behandelst du sie so.«

Es gibt uns beiden einen Stich, wenn uns Wohlstandsmenschen durch diese Dankbarkeit klargemacht wird, was für ein reiches, verschwenderisches Leben wir führen.

Tatsächlich sind solche Sachspenden nicht beliebt. Die Kosten des Transports aus Deutschland übersteigen bei weitem den Wert der Kleidung. Davon abgesehen: Für das, was diese Kleider auf einem Flohmarkt in Deutschland noch einbringen würden, könnte man hier ein Vielfaches davon kaufen. Mehr verteilen. Und die einheimische Wirtschaft unterstützen. Aber wir haben diese Sachspenden jetzt nun einmal, und dann werden sie auch verteilt. Natürlich.

Auf einer Wiese am Bergsee, übersät mit Findlingen, wird dann das Lager für die Nacht aufgeschlagen.

Die Wölfe fahren auf, bilden einen Kreis, jeder hält genug Abstand zum vorderen Fahrzeug, um im Gefahrenfall sofort ausfahren zu können, ohne umständliches Rangieren.

Und inmitten der Berge, majestätisch und abwesend, liegt in ihrem Schatten der See. Das Wasser erscheint fast schwarz, hier, denke ich, kommt kaum je ein Sonnenstrahl hin. Es hat etwas Verschwiegenes. Nichts verrät, welche Geheimnisse dieser See birgt.

Feldbetten werden aufgestellt, man hält sich innerhalb des Rundes der Wölfe beieinander.

»Hier«, sagt Guido, »gibt es keinen anderen Weg rein oder raus. Wenn wir hier überfallen werden …«, er zieht die Augenbraue hoch, unterbricht sich selbst. »Luftunterstützung«, fährt er dann fort, »bräuchte mindestens zwei Stunden, bis sie hier ist.«

Die Wahrscheinlichkeit für einen Überfall ist allerdings gering, das Gebiet gilt als ISAF-freundlich. Außerdem hilft es nichts, ich bin nun mal hier und werde die Nacht in einem Schlafsack auf einem Feldbett der Bundeswehr verbringen. Unter afghanischem Sternenhimmel.

Steine werden aufgetürmt, ein Feuer angezündet, ein Gitter darübergelegt und Grillfleisch darauf verteilt, und es dauert nicht lang, bis das Fleisch fertig ist, wir können essen. Guido verteilt Bier.

»Ist es denn schon neunzehn Uhr?«, fragt jemand, und jemand anders antwortet: »Irgendwo auf der Welt ist immer neunzehn Uhr.«

Wir sitzen und reden, das Holz knackt im Feuer, Schatten huschen über Soldatengesichter. Alle ebenso dreckig wie meins. Über uns entfaltet sich ein Sternenhimmel von unfassbarer Pracht. Ich versuche zu begreifen, dass ich hier bin, in Afghanistan, an einem Bergsee. Auf einem Feldbett unter freiem Himmel. Sechsunddreißig Jahre, denke ich, habe ich ein fast normales Leben geführt. Lächle in die samtene Dunkelheit. Denke an die Bilder des Tages: die Mädchen in der Schule, die Fahrt durch endlose Wüste, ›Well come‹ am Baum. Afghanistan. So fühlt sich Glück an.

Früh am nächsten Morgen machen wir uns dann auf den

Rückweg ins Camp. Rumpeln zurück, stundenlang, durch die Berge und über Pisten, durch Schlaglöcher und Staubwolken. Wir erreichen Kunduz, als es schon dunkel wird. Guido winkt ab, als ich Feldbett und Winterschlafsack vom Wolf abladen will, er wird sich kümmern. Ich fühle mich wie gerädert und immer noch glücklich. Kurzer Zwischenstopp im Büro. Dort wartet ein großes Paket, die Post war offenbar da. Ich lasse es stehen, ich bin zu müde, ich will eine Dusche, afghanischen Staub von mir waschen und dann ins Bett.

Aus diesem Plan jedoch wird nichts, denn Afghanistan ist nicht nur ein Sternenhimmel am Bergsee.

Ich schalte gerade das Licht aus, als draußen eine Lautsprecherstimme losgeht: »Achtung!«, schallt es: »Alarm, Alarm. Ich wiederhole: Alarm.«

Draußen trommeln Soldatenstiefel am Fenster entlang, Stimmengewirr ist zu hören. Und dann wieder: »Achtung. Alarm, Alarm.«

Noch einen Augenblick lausche ich der Stimme, den Schritten, diesen Geräuschen die von Aufregung, Spannung und Hektik künden, dann greife ich eine Jacke, schlüpfe in die vor Dreck stehenden Jeans, weil saubere aus dem Schrank holen zu lange dauern würde, angele nach meinen Schuhen und verlasse Bravo zwo.

Draußen im Atrium sehe ich Soldaten mit schusssicherer Weste, Helm und Waffe in der Hand, auf dem Weg irgendwohin, dazu ruft es weiter: »Ich wiederhole: Alarm, Alarm.«

Ich habe keine Ahnung, wo ich hinmuss. Muss ich überhaupt irgendwohin? Im HQ in Kabul hat man mir in den ersten Tagen ein Newcomer-Briefing verpasst, Informationen gegeben über die unterschiedlichen Alarme, wie sie sich anhören, was sie bedeuten und was ich jeweils zu tun habe. Hier habe ich keine Ahnung.

Ich schnappe mir den erstbesten Soldaten. Sage »Entschuldigung« und überlege, wie angebracht solche Höflichkeit im Falle eines Angriffs ist. »Könnten Sie mir kurz erklären –«, fahre ich fort und stoppe. Erklären, aber was eigentlich? Was genau hier vor sich geht? Was ich, Zivilistin im PRT Kunduz, jetzt tun soll?

Genau das, aber wie formuliere ich diese Frage, ohne zu dämlich zu klingen?

»Könnten Sie mir kurz erklären, wo ich im Alarmfall, also jetzt, hinmuss?«

Immer noch Soldatenstiefel, die über den Weg trommeln, Stimmen, durcheinanderlaufende Menschen und »Alarm, Alarm« aus den Lautsprechern. Und dazu: Dunkelheit, wenn man vom Mond und den Sternen, die hier viel heller leuchten als zu Hause, absieht. Das PRT ist nachts verdunkelt, Raketen soll kein Ziel geboten werden. Keine Laterne, kein Lichtschein aus Büros oder Wohnstuben, nur afghanischer Sternenhimmel ist erlaubt. Im Normalfall nimmt man es damit nicht so genau, wenn Alarm ist, schon.

Der Soldat vor mir schaut mich an. Lehnt sein Gewehr an die Wand und zieht aus der Hosentasche eine laminierte Taschenkarte.

»Moment«, sagt er und beginnt, mir die Alarminstruktionen vorzulesen. Um uns herum rennen Menschen, außerhalb des Atriums trampeln Stiefel, irgendetwas ist passiert, mir wird vorgelesen. Ist das absurd oder normal?

»Bei Alarm nimmt der Soldat seine Waffe und stellt die Verteidigungsbereitschaft her«, er hält inne und schaut mich mit prüfendem Blick an. »Eine Waffe haben Sie wahrscheinlich nicht«, sagt er.

Richtig, nicke ich, und dann, weil mir hier offenbar nicht geholfen werden kann, verabschiede ich mich freundlich, beschließe, mich in mein Büro durchzuschlagen. Wild entschlossen spaziere ich los.

Angekommen, sehe ich Lichtschein im größten Raum, dort sitzen alle Soldaten, mit Weste, Waffe, Helm. Die Bürogebäude sind raketensicher und fungieren daher als Bunker. Zwar wären die Wohnblocks auch raketensicher, aber die Anwesenheit muss festgestellt werden.

Ich setze mich dazu, lehne mich an einen Schreibtisch, beobachte. Witze werden gemacht, Sprüche geklopft, gemault, weil man deutlich lieber im Bett liegen würde, morgen ist ein ganz normaler Tag, kein Dienst wird später beginnen, egal wie lange dieser Alarm dauern wird, wie lang wir hier sitzen werden. Die belgischen Soldaten treffen ein. Werfen die Helme auf den Tisch.

»Da waren wir wieder nicht erfolgreich«, ruft Piet mit seinem typischen belgischen Akzent. »Verflucht, das ist unser Job, positive Beeinflussung der afghanischen Zivilbevölkerung im Sinne von ISAF!«

Er stößt mich mit dem Ellenbogen an und strahlt. »Und wieso klappt das nicht?«

»Erklär du's mir«, sage ich. »Und dann sag mir doch noch, was dieser Alarm zu bedeuten hat?«

Piet zuckt die Schultern, er weiß es auch nicht. Es dauert, ehe wir es schließlich erfahren: Anlass war der Beschuss einer Joint Patrol, einer Patrouille unserer Soldaten, die zusammen mit den »Schützlingen« der afghanischen Armee unterwegs waren. Hier im PRT bilden die deutschen Soldaten das afghanische Militär aus. Zwei Afghanen sind verletzt worden, nicht schlimm, zum Glück. Entwarnung allerdings gibt es noch nicht, darauf warten wir weiter. »We are ISAF«, brüllt Piet los. »Please don't shoot at us!«

Er grinst, holt sich einen Stuhl.

»Hast ja morgen wieder eine Chance, Piet!«, ruft jemand von weiter hinten.

»Ja, und die wird genutzt!«

Sprüche und Witze fliegen jetzt hin und her. Der eigentliche Grund dafür ist Nervosität, die Angst, es könnte doch einmal ernst werden. Den treffen, der neben einem steht. Oder einen selbst. Beim nächsten oder übernächsten Mal.

Irgendwann kommt schließlich die Entwarnung.

FARZANA

Ich liebe dich«, sage ich in den Telefonhörer, kicke Packpapier in die Mitte des Raumes und betrachte zärtlich den Karton, den ich am Tag zuvor in meinem Büro fand und jetzt erst ausgepackt habe.

»Heiß, innig und für immer.«

In Kabul lacht Susanne. »Ich dachte einfach, du kannst sie gebrauchen.«

»Und wie ich das kann!«

Vor mir steht eine Kaffeepadmaschine, die Susanne mit der Feldpost aus Kabul geschickt hat. »Tausend Dank dafür, das gibt dem Aufstehen ein völlig neues Gesicht.«

»Wie geht es dir sonst so?«, fragt Susanne, »hast du dich halbwegs eingelebt?«

»Ja«, antworte ich, »halbwegs.«

›Halbwegs‹, weil es schwer ist, sich an manches zu gewöhnen. Da ist die Tatsache, dass ich ein Büro mit zwei Mitarbeitern führe, aber von meinen Arbeitgebern mit nur einem Laptop ausgestattet worden bin. Arbeitet einer, sitzen die beiden anderen herum. Dazu haben wir weder Drucker noch Scanner. Ich muss jeden Monat eine Anwesenheitsbestätigung für meine beiden Mitarbeiter nach Kabul schicken, unterschrieben und per E-Mail. Das Ausfüllen, Ausdrucken, Einscannen der Unterlagen führt mich dabei regelmäßig auf einen Spaziergang durch die anliegenden Büros, mit USB-Stick in der Hand und der Frage, ob man mir etwas ausdrucken oder einscannen könnte.

Auf die dringende Nachfrage, wann ich mit einem zweiten Computer und einem Drucker rechnen könne, heißt es aus Kabul, man arbeite daran. Seit drei Monaten.

Die internationalen Mitarbeiter in Kabul kennen diese Schwierigkeiten. Ebenso bekannt ist das Problem, dass das Einsatzende eines Bundeswehrangehörigen immer kommt, wenn man sich gerade zusammengerauft hat. Mit dem Nachfolger beginnen dann sämtliche Diskussionen wieder von vorn. Man steckt im Morast dieser ständig wechselnden Soldaten fest, kommt nicht vorwärts. In den Bürocontainern der CJPOTF in Kabul hängt ein Schild: *Nato. Meaning: the incompetent leading the unwillingly to do the not necessary.* Direkt darunter hat jemand mit Bleistift: *Nato. Never Action, Talking Only.* geschrieben.

Man kann sich darüber aufregen, aber irgendwann seufzt man nur noch: ›Welcome to Afghanistan‹, und sucht sich jemanden, um etwas trinken zu gehen.

Am Telefon in Kabul schweigt Susanne. Sagt dann: »Ich glaube, du solltest mal wieder herkommen. Ziviles Leben erleben. Außerdem vermissen wir dich.«

»Liebend gern«, sage ich.

»Du könntest den Drucker als Vorwand nehmen.«

»Ist der etwa da?«

Susanne schnaubt. »Quatsch. Ich sagte doch: als Vorwand.«

»Du hast recht«, sage ich. »Was mir gerade fehlt, ist ein wenig ziviler Mädchentalk.«

»Dann komm her.«

Ich lache. »So bald es geht, aber heute werde ich zivilen Mädchentalk haben. Allerdings auf Dari.«

»Wie das?«

»Ich fahre zu einem Frauenprojekt hier. Ganz viel Mädchentalk. Hoffe ich zumindest.«

»Dann viel Spaß!«, sagt Susanne.

CWK steht an der Mauer, die das Grundstück umschließt.

Die Buchstaben stehen für Cooperation Women Kunduz. CWK ist das Frauenprojekt von Kunduz: Nähfabrik, Schule, Kindergarten. Später in diesem Jahr wird auch noch eine Gärtnerei dazukommen. CWK liegt nicht allzu weit vom PRT entfernt am Stadtrand. Die sandige und natürlich ungepflasterte Straße direkt vor der Mauer ist breit und ruhig. Ich klopfe am Wellblechtor an, dabei klopft, zugegeben, auch mein Herz. Afghanische Frauen sind immer noch Wesen vom anderen Stern, mein Kopf ist voller Vorurteile, ich setze ›afghanische Frauen‹ gleich mit Zwangsheirat, Hausarbeit, Unterordnung.

Das Wellblechtor öffnet sich nach einem prüfenden Blick durch den Sehschlitz, ich spaziere hinein. Gepflegter Rasen, asphaltierte Wege. Ein Klettergerüst und ein Sandkasten, nach links führt der Weg zur Nähfabrik und dem dazugehörigen Laden, rechts davon ist die Schule, und dahinter liegen die Wohngebäude. Rosen stehen in Beeten. Und alles ist voller Menschen, es macht den Eindruck einer gepflegten Gartenparty. Frauen in Kostümen, Frauen in langen Hosen. Männer, die in der Wärme eines afghanischen Nachmittags die Jacketts ausgezogen haben. Mädchen laufen herum, einige in der schwarzen Schuluniform mit dem weißen Kopftuch, andere in Sportzeug, ebenfalls langärmelig und schwarzweiß. Über die Wiese neben dem Schulgebäude ist ein Netz gespannt, denn heute findet hier ein Mädchen-Volleyballturnier statt.

Mahbouba begrüßt mich, sie ist die Leiterin. Eine stattliche Frau in grauem langem Rock und passender Jacke, mit weißem Kopftuch, zarte Spitze am Rand. Businesskostüm mit Schleier. Sie führt mich herum, stellt mich vor: ihre Tochter, eine Lehrerin, eine weitere Lehrerin, dann der Leiter der Mediothek in Kunduz, einer seiner Mitarbeiter, ich schüttele Hände, begrüße, nicke, lächle, der Direktor der Shirkhan-High-School, der Bibliothekar dieser Schule und so weiter.

Und dann fällt es mir auf: Wo sind die Burkas? Männer und Frauen stehen beisammen auf diesem Rasen, sitzen in der Sonne, und niemand ist mit dem weißen oder blauen Ganzkörperschleier verhüllt, nur Kopftücher werden getragen, und die auch nur lässig. Im braunen Kostüm steht eine Frau ein paar Schritte entfernt, mit einem lebendigen Gesicht und konzentrierten tiefen, dunklen Augen: Augen wie Brunnen. Locker zusammengebundenes Haar, während sie redet, streicht sie immer wieder eine widerspenstige Locke hinters Ohr. Das leicht übers Haar gelegte Tuch rutscht auf ihre Schultern, sie schenkt dem keine Aufmerksamkeit, setzt ihr Gespräch mit dem distinguiert wirkenden Mann von der Provinzverwaltung einfach fort. Gestikuliert dabei, lacht, nimmt keinerlei Notiz von ihrem unbedeckten Kopf. Fällt ihm ins Wort.

Es ist an mir zu starren.

Unterdessen beginnt das Volleyball-Turnier. Die Mädchen, um die vierzehn, fünfzehn Jahre alt, spielen sich den Ball zu. Binnen kürzester Zeit wird das Spiel hart, fast aggressiv, man will gewinnen und hat doch Spaß. Fäuste und Hände prallen gegen das Leder des Balls, und an verschiedenen Ecken des Feldes wird gejubelt, je nachdem, welche Mannschaft einen Punkt erzielt hat, auf dem Spielfeld fallen sich die Mädchen in die Arme. Und alles lacht, lächelt, blinzelt in die Sonne. All das ist meilenweit entfernt von den zwangsverheirateten, geknechteten Frauen meiner Afghanistan-Alpträume.

Vor dem Volleyballfeld sitzt eine Gruppe vielleicht vier-, fünfjähriger Kinder. Eine Kleine mit braunem, zu Affenschaukeln gebundenem Haar, ärgert ihren Sitznachbarn.

Auf dem Spielfeld knallt eine Mädchenhand gegen das Leder des Balls, ein weiterer Punkt geht an die Mädchen der Business School der CWK. Die Frau im braunen Kostüm stößt ihrem Nachbarn den Ellenbogen in die Seite, ruft etwas, stößt ihn noch mal an, als sich die CWK-Mädchen jubelnd in den Armen liegen: Das Spiel ist gewonnen.

Die Nähfabrik, erzählt Mahbouba, die Leiterin mit der stolzen Nase und dem kleinen Muttermal im Gesicht später, war der Anfang von alldem.

Wir sitzen mittlerweile in der guten Stube, im großen Salon des Wohngebäudes. Der Boden ist mit afghanischen Teppichen dick ausgelegt, in der Mitte des Raumes steht ein Ofen, an den Wänden stehen Couchtische vor niedrigen Sofas, auf einem davon sitzen wir. An den Wänden hängen Pinnwände und Fotos. Weiter hinten im Raum steht ein Schreibtisch, darauf ein Computer. Hier stehen Sofas anstelle von Sitzkissen, damit ist der Raum schon nicht mehr typisch afghanisch, sondern nähert sich westlichem Standard. Das ist kein Wunder, CWK hat viel mit Westlern zu tun. Die Nähfabrik selbst startete als Projekt der Caritas. Die schaffte die Nähmaschinen her und unterstützte die Fabrik drei Jahre lang finanziell.

»You want to see?«, fragt Mahbouba, und natürlich will ich sehen, also verlassen wir das Wohngebäude und gehen, vorbei am Klettergerüst, hinüber zur Schneiderei.

Es ist ein langes, graues Gebäude, Neonlampen an der Decke, Linoleum auf dem Fußboden, eine Produktionshalle eben. An Nähmaschinen, Zuschneidetischen und Bügelmaschinen stehen oder sitzen die Frauen.

Wie viele arbeiten hier, frage ich, und Mahbouba lässt den Adlerblick schweifen, als müsse sie erst zählen.

Dreißig bis vierzig, meint sie dann, und neben mir kichert jemand.

»That's an afghan number«, sagt die Frau im braunen Kostüm mit den konzentrierten Brunnenaugen, die plötzlich neben uns auftaucht: Das ist eine afghanische Zahl.

»And whatever anyone tells you, there are just three afghan numbers: no, some and many.« In Afghanistan gebe es nur drei Zahlen: keine, einige und viele.

Ihre Stimme ist ein wenig rauh. In ihren Augen blitzt es, als sie mir die Hand reicht – eine europäische Geste.

Und so lerne ich, in einer Schneiderei zwischen traditioneller und moderner afghanischer Kleidung, zwischen Kinderkleidern, Schals und Tüchern, Röcken, Hosen und Kleidern in unterschiedlichsten Produktionsstadien, Farzana kennen.

Dreißig bis vierzig Frauen, erklärt Mahbouba jetzt weiter. Die meisten sind verwitwet, haben keine Familien mehr. ›Verwitwet‹ bedeutet in Afghanistan nicht nur, dass der Mann tot ist. Es bedeutet, dass es keine oder nur noch Restbestände der Familie gibt: keinen Vater mehr, keinen älteren Bruder oder Schwager. Die Frauen, die hier an den Nähmaschinen sitzen, haben niemanden, der für ein Einkommen sorgen, der Geld verdienen könnte. Sie müssen es selbst tun, um für sich und ihre Kinder aufzukommen – und Arbeitsplätze gibt es bei weitem nicht genug in Afghanistan. Schon gar keine Arbeitsplätze für Frauen.

Mahbouba zeigt weitere Kleidungsstücke. Auffällig sind die aufwendigen Stickereien, die fast jeden Ausschnitt, jeden Ärmel, jeden Saum zieren. Wir gehen weiter. An einer Garderobe hängen orangefarbene Sicherheitswesten. Die, erfahre ich, sind für die Polizei. Die deutschen Polizisten aus dem PRT lassen hier Uniformen für die afghanischen Kollegen anfertigen und eben auch diese Westen für die Verkehrspolizisten. Ein Auftrag für die UN, T-Shirts, ist gerade erledigt worden, die deutsche Militärpolizei denkt über Schutzwesten nach. Es sind diese Aufträge für die internationale Gemeinschaft, mit denen sich die Nähfabrik jetzt finanziert, seit sich die Caritas aus dem Projekt zurückgezogen hat.

Wir verlassen die Näherei und gehen zurück, wieder am Klettergerüst vorbei. An dem baumelt jetzt ein vielleicht fünfjähriges Mädchen kopfüber, die Beine über einer der Stangen eingehakt, die Arme hängen zum Boden. Auf ihrem Gesicht macht sich ein strahlendes Lachen breit, und die langen braunen Zöpfe baumeln herab. Der Kindergarten ist ein wichtiger Bestandteil des Projekts Nähfabrik. Es gab genug Arbeiterinnen, aber die Arbeiterinnen hatten Kinder und niemanden, der auf die Kinder aufpasste. So wurde der Kindergarten eingerichtet. Mahbouba erzählt es, als sei es das Selbstverständlichste von der Welt.

Ich überlege, wie viele Unternehmen in Deutschland einfach so einen Kindergarten einrichten, weil sie die Notwendigkeit dafür sehen. Farzana blitzt mich aus ihren dunklen, brunnentiefen Augen an, als wüsste sie genau, was ich denke.

Wir betreten den Kindergarten. Auf der Stelle bricht ein jubelndes, fröhliches Chaos aus, ich drohe in einem kugelnden Kinderhaufen zu verschwinden, dann jedoch organisiert die Kindergärtnerin eine etwas ordentlichere Reihe, und es wird ein Lied gesungen. Zur Begrüßung. Dann noch eins, weil es offensichtlich Spaß macht, aber dann reicht es anscheinend auch, und im Augenblick als Lied Nummer zwei beendet ist, wuselt alles wieder durcheinander. Man spielt zusammen, brüllt sich an und verträgt sich wieder. Das also ist die Coorperation Women Kunduz: die Nähfabrik, die verwitweten und alleinstehenden Frauen die Möglichkeit gibt, ihren Lebensunterhalt zu verdienen. Dann kam als Konsequenz der Kindergarten dazu, um die Kinder der Arbeiterinnen zu betreuen. Daraus entstand dann die Highschool, die den älteren Mädchen die Möglichkeit bietet, einen Schulabschluss zu machen. Inzwischen sind

Kunduz ist eine grüne Provinz und gilt als der »Brotkorb Afghanistans«

Beim Karottenhändler auf dem Bazar in Kunduz

Rikschas warten am Bazar von Kunduz auf Fahrgäste

Einkaufen im Gemischtwarenladen – fast jeder Händler verkauft auch Drachen

Diese Jungen arbeiten in einer der vielen Keksfabriken in Kunduz. Hier wird noch auf altmodische Weise produziert

Auf dem Vogelmarkt in Kabuls Altstadt werden neben Singvögeln auch Haushaltsgegenstände verkauft

»Afghanistan needs you« ist die Schlagzeile der Zeitung Sada-e-Azadi, die hier in Imam Sahib von einem traditionell und einem modern gekleideten Afghanen gelesen wird. Und tatsächlich braucht Afghanistan beides, Tradition und Moderne

Zeitungsausgabe am Hindukusch …

… und die Zeitung wird auch gleich gelesen

Eine typisch afghanische Englischstunde in einem typisch afghanischen »Klassenzimmer«

Warten auf die Ärzte – auch diese Mädchen leben im Flüchtlingslager

Bei der Hochzeit in Katachel singen diese Mädchen laut mit

Hausmusik bei einer afghanischen Hochzeit

Traditioneller Handschmuck – eine Soldatin bekommt die Handflächen mit Henna bemalt

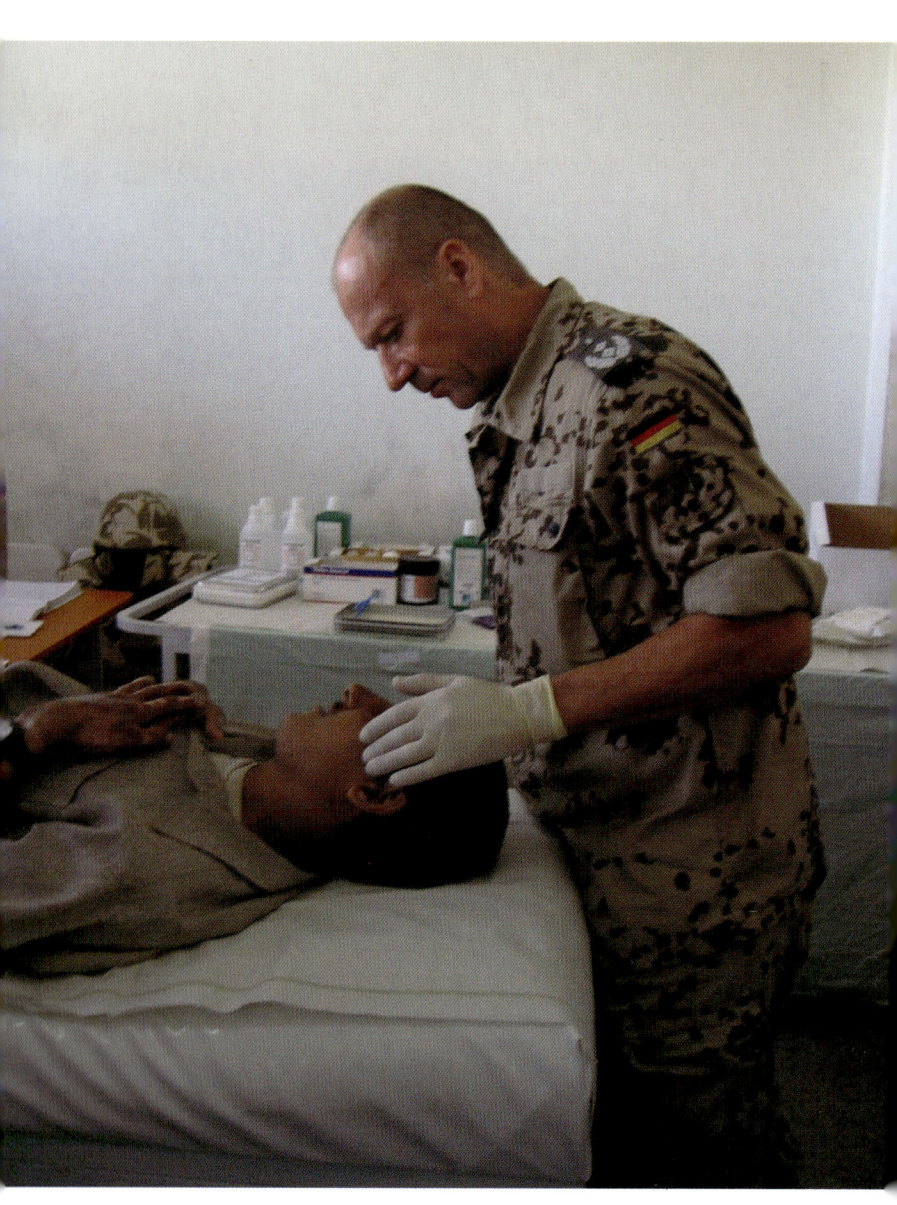

Die Sanität verarztet Brandopfer im Kunduz Provincial Hospital

Computer- und Englischkurse geplant, um auch erwachsenen Frauen Weiterbildungsmöglichkeiten zur Verfügung zu stellen.

Das ist Afghanistan: Man beginnt etwas, stellt fest, dass man dazu etwas anderes braucht, um dann zu bemerken, dass wieder etwas Neues nötig ist. Schneeballprinzip. Nie kommt man an ein Ende, immer geht es weiter.

Wir spazieren zurück zum Wohngebäude. In Mahboubas Salon mit den Sofas versammeln sich jetzt die in der CWK aktiven Frauen von Kunduz. Es sind Journalistinnen, Lehrerinnen von den Highschools und vom pädagogischen Institut, eine Führungsmitarbeiterin der Schneiderei. Die Begrüßung erfolgt auf Afghanisch. Wangenküsschen, rechts-links-rechts, nur rechts, nur links oder rechts-links. Es gibt kein erkennbares Muster. Ich schüttele Hände, werde rechts-links-rechts geküsst oder auch nur rechts oder eben nur links. Oder wie auch immer. Wenn es eine tiefere Bedeutung gibt, bleibt sie mir wohl verschlossen. Ich könnte fragen, aber die Frage ›Wieso hast du mich nur zweimal geküsst und alle anderen viermal‹ klingt einfach idiotisch, selbst wenn ich sie nur in Gedanken und nicht laut stelle. Als wäre ich beleidigt, als fühlte ich mich zurückgesetzt, nicht gleichwertig behandelt. Und ist das vielleicht auch so?

Dieses simple Begrüßungsritual, die Anzahl von Wangenküssen, zeigt, wie wenig ich weiß, wie wenig ich instinktiv verstehe, wie sehr ich umdenken muss. In Deutschland ist ›Gleichheit‹ ein Wert. Gleiche Chancen für alle, Gleichbehandlung als Grundrecht. Hier ist sie das nicht. Afghanistan ist eine hierarchische Gesellschaft, Gleichheit ist kein Wert, sondern eine merkwürdige Idee. Hier hat jeder den Wert, den er verdient. Jamilla küsst mich rechts-links-rechts. Roona serviert Tee.

Und dann folgt die Aufgabe des ›Kennenlernens‹, und da sie sich alle untereinander kennen, nur ich ›neu‹ bin, stehe ich im Fokus der Aufmerksamkeit und bin einem Trommelwirbel von Fragen ausgesetzt. Ob ich Kinder habe? Ob ich verheiratet bin? Und wie alt ich sei? Jede meiner Antworten wird mit Erstaunen angehört, wirklich jede. Mein an und für sich normales Prenzlauer-Berg-Leben ist hier völlig unverständlich. Manchmal schäme ich mich fast. Ich bin Kind eines gemäßigten Klimas in jeder Hinsicht, Kind einer Wohlstandsgesellschaft. Wäre ich hier geboren, ich wäre bereits Großmutter, vielleicht schon verwitwet, ich hätte eventuell ein Kind verloren. Ich würde für fünfzig Cent am Tag Kleidung nähen und würde damit schon zu den Privilegierten zählen, zu denen, die Geld verdienen. Sähe ich in einen Spiegel, wäre da ein zerfurchtes Gesicht.

Stattdessen schreibe ich E-Mails nach Hause, in denen ich um eine neue Nagelschere bitte, ärgere mich über das Nichtvorhandensein eines Druckers und pflege das Gesicht mit einer Creme, die über fünfzig Euro kostet. Fünfzig Euro ist das Durchschnittsgehalt eines Lehrers in Afghanistan. Im Monat.

Das sind Relationen, da schluckt man. Und sieht sich selbst als verzogene Wohlstandsgöre. Andererseits, denke ich und fange Farzanas Blick auf, wäre auch niemandem damit geholfen, würde ich ab morgen Falten kultivieren.

Die Befragung geht weiter, wendet sich aber von mir ab, allgemeineren Themen zu. Roona schenkt Tee nach.

Ob es stimme, dass wir in Europa Freunde haben dürfen, bevor wir heiraten? Und ob es ebenfalls richtig sei, dass wir mit diesen Freunden leben dürfen, ohne sie zu heiraten? Ja, sage ich, das stimmt. Und wer hilft uns, einen Ehemann auszusuchen?

Niemand, sage ich, das machen wir allein. Schweigen in der Runde. Und ich habe ein wenig das Gefühl, als seien manche Blicke mitleidig.

Wie können sie das sein?

Afghanische Frauen lernen ihren Ehemann erst bei der Hochzeit kennen. Das ist alles, was ich von afghanischen Ehen weiß. Und es ist mir so fremd, dass ich es nicht glauben kann. Und trotzdem kaum zu fragen wage, weil ich nicht als die arrogante Westlerin dastehen möchte, keinen Wert angreifen will und einfach eine Hemmschwelle verspüre. Also hole ich tief Luft, bevor ich die Frage stelle. Ja, wird genickt, die Hochzeit werde von den Familien vereinbart. Manchmal jedoch kenne man den Bewerber schon. Wisse zumindest, wer es sei, oder habe wenigstens ein Foto gezeigt bekommen.

Das Leben mit einem Mann verbringen, von dem ich nur ein Foto kenne, denke ich. Von dem ich nichts weiß. Nicht weiß, wie seine Stimme klingt, wie er sich bewegt, wie er mich berühren wird, ob er sanftmütig, schwerfällig oder jähzornig ist. Und das, was mir Schauer den Rücken hinunterlaufen lässt, ist nicht mal, dass das die gängige Praxis ist, sondern wie selbstverständlich und normal das all diese Frauen finden.

»Wo bleibt, was wir Liebe nennen«, frage ich.

»Liebe«, antwortet Farzana, »ist hier keine Bedingung für die Eheschließung, sondern ihre Folge. Ich habe meinen Mann bei der Hochzeit zum ersten Mal gesehen, und er mich. Wir haben geheiratet. Und seitdem wächst die Liebe. Das ist immer so.«

Ich schaue in ihre brunnentiefen Augen. Zusammen leben, sich versprechen, sich beizustehen. Die Heirat als eine Entscheidung, die zur Liebe führt.

»Und was«, frage ich, »wenn sich dein Mann entscheidet, eine zweite Frau zu nehmen?«

Da verzieht sie das Gesicht. »Darüber denke ich lieber nicht nach«, sagt sie. Und alle anwesenden Frauen nicken.

»Aber«, fragt sie dann und ihr Kinn deutet angriffslustig auf mich, »was machst du, wenn dein Freund sich entscheidet, eine andere Frau zu nehmen?«

Ich blicke nach unten, frage mich, ob ich die Antwort im Teppichmuster finde. Ja, was tue ich dann? Ich kann ihn rausschmeißen, Schluss machen. Und sonst?

»Darüber denke ich lieber auch nicht nach«, sage ich, und alle lächeln wissend.

Wie unterschiedlich sind wir wirklich?

»Wie kommt es«, fragt Farzana, »dass in Europa so viele Ehen geschieden werden?«

Vielleicht einfach, weil wir uns scheiden lassen können. Vielleicht auch, weil wir uns in unserer Kultur immer öfter gar nicht für einen Menschen entscheiden, sondern für den Überschwang eines Gefühls, und wenn das Gefühl sich ändert, ziehen wir weiter. Hier geht das nicht. Man ist gezwungen, den Menschen zu sehen und anzunehmen.

Sie alle, wie sie hier sitzen, sind keine ungebildeten, geknechteten und unter die Burka geprügelten Frauen. Sie haben gute Berufe, und insofern Emanzipation hier möglich ist, erscheinen sie emanzipiert. Aber sie begreifen sich auch als Teil einer Kultur, die größten Wert auf Familienbande legt. Wenn es Schwierigkeiten in der Ehe gibt, dann müssen diese geklärt werden, einfach gehen gibt es nicht. Sie verstehen sich als Teil eines Ganzen. Einer Familie – und die ist in Afghanistan wichtig. Hier herrscht die Großfamilie, Einzelkämpfer, wie wir sie in den Single-Hauptstädten Europas haben, gehen hier unter. Das, was wir Liebe nennen, ist dabei nicht so wichtig. Die kommt später. Und wenn nicht, scheint es auch nicht so schlimm zu sein.

Ich würde verrückt werden, müsste ich so leben. Aber bedeutet das automatisch, dass es falsch ist, so zu leben? Dass diese Frauen hier alle rückständig sind, dumm sind, keine Möglichkeit haben, herauszukommen, obwohl sie es verzweifelt wollen?

Schließlich steht Zohra, eine der Lehrerinnen, auf, verabschiedet sich – das Begrüßungsritual wiederholt sich jetzt als Abschiedsritual. Sie nimmt meine Hand in ihre, schüttelt sie, küsst rechts-links und wendet sich der nächsten zu. Zum Schluss nimmt sie die Burka und legt sie an, der gefältelte blaue Stoff fällt an ihr herunter, bedeckt jeden Quadratzentimeter ihres Körpers, bis zu den Füßen.

Ich schaue zu Farzana hinüber. Ihr Kopftuch ist schon wieder auf die Schultern gerutscht. Sie fängt meinen Blick auf, schaut dann zu Zohra, die sich mit einem letzten Winken verabschiedet und durch die Tür verschwindet, blickt dann wieder zu mir. Wieso habe ich ständig das Gefühl, diese Frau weiß, was ich denke? Sie steht auf, setzt sich neben mich, nimmt meine Hand.

»Warum nur«, sagt sie leise und lächelt mich an, »tragen all diese Frauen diesen idiotischen Ganzkörperschleier, warum lassen sie sich von den Männern dazu zwingen und leben nicht nach ihrem eigenen Willen?«

Ich frage mich, ob ich mich verhört habe. »Entschuldigung?«

»Hast du dich das nicht gerade gefragt? Warum all diese Frauen diesen blöden Schleier tragen, sich Vorschriften machen lassen und nicht einfach selbstbestimmt leben, und wie schrecklich das alles ist, dass sie leben wie die Opferschafe?«

»Nein«, ich rufe es fast, und sage dann leiser: »Jedenfalls hab ich es mich nicht ganz so gefragt.«

»Sondern?« sie hebt herausfordernd die Augenbrauen, die brunnentiefen Augen funkeln. Ich hole tief Luft.

»Okay«, sage ich. »Also. In Kabul habe ich schon Frauen ohne Burka gesehen, und ja, ich frage mich, warum ich hier keine einzige unverschleiert sehe. Gleichzeitig wundere ich mich darüber, dass ihr hier heute, obwohl Männer anwesend waren, keine getragen habt, und ich frage mich grundsätzlich, ob afghanische Frauen von ihren Männern unter die Burka gezwungen werden. Aber nach dem, was ich bisher erlebt habe, kann ich das eigentlich nur schwer glauben. Und ich verstehe es nicht.«

Farzana schaut mich an. »Schwierig, nicht wahr?«, fragt sie jetzt sehr sanft.

»Ja«, antworte ich und frage dann: »Woher kennst du das?«

»Ich war in Dänemark während der Talibanzeit«, sagt sie, »mein Mann und ich sind über Indien geflohen. Ich war in Sicherheit, während meine ganze Familie hier war und ich nichts von ihnen wusste. Vor zwei Jahren sind wir hierher zurückgekehrt, weil ich das gern wollte. Was meinst du, wie schwierig die Umgewöhnung war – von hier nach dort, von dort nach hier.«

»Was war das Schlimmste?«

»Kann ich nicht sagen«, sagt sie und zuckt die Schultern, um uns herum summen weitere Gespräche, rasches Dari rauscht vorbei, in einer Ecke lacht Mahbouba.

»Meine Familie hat mir gefehlt«, meint Farzana, »alle Menschen um mich herum. In Kopenhagen lebten wir allein in einer Wohnung, das war seltsam. Die Menschen waren ganz anders. Und alle hielten mich für eine dumme und bedauernswerte Migrantin, ich hatte das Gefühl, in deren Vorstellung dürfte ich nicht mal lesen und schreiben können. Und dass ich stolz war auf mein Land, das hat erst recht niemand verstanden. Ebenso wenig, wie irgendjemand verstanden hat, dass es schwierig war, ohne Burka auf die Straße zu gehen.«

»Wieso war das schwierig?«, frage ich und hoffe, dass sie meine Neugier als das auffasst, was sie ist: als Interesse – und nicht als das was sie zuvor beschrieben hat: als westliches Vorurteil, als nicht verstehen können, weil man in Wahrheit nicht verstehen will.

»Ich fühlte mich wie nackt ohne die Burka«, erinnert sich Farzana. »Alle schienen mich anzustarren. Wie geht es dir denn, wenn du hier über den Markt läufst?«

»Alle starren mich an«, gebe ich zu, »und übrigens ist das oben im Militärcamp auch kaum anders.«

Wir gucken uns an und lächeln.

»Siehst du«, sagt sie und dann: »So was braucht einfach Zeit. Die jüngeren und die Frauen mittleren Alters hier kennen nur die Burka, sie haben nie ohne gelebt, sie haben Russenbesatzung, Bürgerkrieg und Taliban mitgemacht. Das legt man alles nicht in ein paar Jahren ab. Vor allem nicht, wenn alle anderen weiter die Burka tragen und die Zukunft noch so unsicher ist. In großen Städten wie Kabul ist das ein bisschen anders, da lockert sich das schon ein wenig, fällt nicht mehr so auf. Hier dauert es einfach noch. Es braucht Zeit.«

Sie lacht und zuckt die Schultern.

Und ich würde am liebsten sofort und auf der Stelle tausend weitere Fragen stellen: Ob sie lieber in Afghanistan oder Dänemark gelebt hat, was das Gute an beiden Ländern ist und vor allem, was sie ändern wollte und wo und wie sie gerne leben würde, wenn sie es frei entscheiden könnte. Aber es ist noch zu früh für diese Fragen. Wir haben uns gerade erst kennengelernt. Auch Vertrauen braucht Zeit.

Wir tauschen Telefonnummern aus, Farzana und ich, dann mache ich mich nach einer ausgiebigen Verabschiedungszeremonie auf den Heimweg.

Unterwegs zum PRT versuche ich, meine Gedanken zu sortieren, mein Kopf ist zum Bersten gefüllt. Die Frauen genießen die Sicherheit und Familienbindung einer Großfamilie, aber ihre Selbstbestimmung liegt bei null. Die Hochzeit ist eine Familienangelegenheit, an und für sich handelt es sich um eine Vertragsverhandlung zwischen zwei Familien. Dabei wird der Brautpreis festgesetzt, zu zahlen von der Familie des Mannes an die des Mädchens, die muss dafür zur Aussteuer beitragen. Bräute werden verkauft, und die Preise sind hoch, was mit ein Grund dafür ist, dass sich afghanische Männer selten scheiden lassen: Eine neue Ehe könnten sie sich kaum leisten. Und die afghanische Frau? Für die gibt es keine Scheidung.

Denke ich über all das nach, wird mir leicht übel. Überlege ich, was ich von afghanischen Frauen sehe, vom afghanischen Familienleben, zweifle ich wieder. Wie schlecht oder wie gut ist das, was hier passiert? Und wie anmaßend bin ich eigentlich, meine Wertmaßstäbe an eine andere Kultur anzulegen und zu sagen: Alles, was ihr hier macht, ist falsch?

Es ist die Frage, die ich mir immer wieder stelle: Wie komme ich dazu, jemandem meine Werte aufzudrücken, nur weil ich automatisch davon ausgehe, dass meine besser sind als die des anderen?

Mein Fahrer und ich erreichen das Lager. Es ist beinahe dunkel, und es beginnt leicht zu regnen. Kalt ist es auch; sobald die Sonne weg ist, merkt man: Der Winter ist da, er hat sich nur noch nicht durchgesetzt.

PARTY IM PRT

Ich steige aus dem Toyota aus, der Parkplatz für zivile Fahrzeuge liegt außerhalb des Lagers. Selbstverständlich aber hat mich die Wache drinnen bereits jetzt auf den Bildschirmen. Vorbei am ersten afghanischen Guard, ich zeige meine ID-Card. Der zweite grüßt ebenso freundlich wie der erste, Hand aufs Herz, leichte Verneigung, »Salam!«. An Absperrungen und Mauern vorbei geht es zur Schleuse, wie immer schweift mein Blick zum Schild: *Welcome to PRT Kunduz*, freundliche Farben, garniert mit Stacheldraht. Hinter der Mauer, drinnen im Lager, reflektieren die Schirme der Laternen, die niemals angezündet werden, nachts herrscht Verdunkelung.

Biete Raketen kein Ziel.

An der Außentür muss ich klingeln, warten. Links eine Mauer mit Stacheldraht, rechts Hescos, vor mir die verschlossene Tür. Dann summt der Türöffner, ich werfe mich gegen die Tür, stemme sie mit der Schulter auf.

Drinnen erwartet mich der diensthabende Soldat hinter Panzerglas. Die Scheibe trennt den Kontrollraum mit seinen Computern, Bildschirmen und Schaltpulten vom Einlassbereich mit seinen weißen Wänden und der Bank an der Seite. Auf dem grauen Linoleumfußboden quietschen meine Turmschuhe, ich grüße, zeige die ID, der Hauptgefreite drinnen drückt irgendeinen Knopf, wieder summt ein Türöffner. Die zweite Tür öffnet sich, ich trete ins Lager ein.

Unter meinen Füßen knirscht der Kies, links dringt ein Lichtschein aus den Unterkünften der afghanischen Wachen. Drei Tage am Stück sind sie im PRT, dann wird gewechselt. Abends spielen sie manchmal Volleyball vor ihren Unterkünften.

Geradeaus stehen ein paar hölzerne Tische und rohe Balken, die sich in den Himmel strecken, Überreste von Flohmarktständen. Tatsächlich findet hier freitags der ›Local Market‹ statt: Konzessionierte afghanische Händler verkaufen billigen Lapislazulischmuck, verzierte Holzkästchen und Kisten, die wahrscheinlich aus Pakistan stammen, außerdem Teppiche, Decken. Alles überteuert.

Vor dem Rettungszentrum rauchen zwei Sanitäter eine Zigarette, Leuchtpunkte in der Dunkelheit. Und dann ist da eine Bewegung in meinen Augenwinkeln, ein Schatten. Dann ein Geräusch, ein Flüstern, ein leises Lachen, ein Rascheln. Auf der Hinterseite des Wohnblocks klettert jemand aus einem Fenster. Springt. Landet auf knirschendem Kies. Sieht sich um und schleicht, so leise wie möglich, zur Straße. Späht nach rechts und links, stopft Haare unter eine Bundeswehrkopfbedeckung, verschwindet in der Dunkelheit. Weiter vorne wird ein Fenster geschlossen.

Auf der anderen Seite gibt's Türen, denke ich, aber das ist wohl bekannt. Es ist klar, dass jemand, der aus dem Fenster klettert, nicht gesehen werden will. Die Fensterkletterei war das Ende eines romantischen Rendezvous, ein Pärchen hat ›sturmfreie Bude‹ gehabt und es genutzt. Schulterzuckend beschließe ich, dass mich die Fensterkletterei nichts angeht. Für heute habe ich außerdem genug von Heimlichkeiten und Gerüchten, die es zu vermeiden gilt, von Männergesellschaften und Frauenproblemen. Nur, dass man den Mann-Frau-Rollenspielchen nicht entkommen kann.

Umziehen, Haare bürsten, Lippen nachziehen – im Lager ist heute Party. Nicht, dass umziehen oder schminken wirklich notwendig wäre. Im PRT Kunduz ist jede Frau schön, egal, wie sie aussieht. Es gibt eine Bundeswehr-Anekdote, die zwar nicht bestätigt ist, die sich aber hartnäckig hält – und die treffender kaum sein könnte: Ein Bundeswehr-Heimflug von Termez, Usbekistan, nach Köln. Kurz vor der Landung auf dem Militärflughafen Köln-Wahn soll sich der Pilot folgendermaßen über Bordlautsprecher geäußert haben: »Wir landen in Kürze in Köln, lokale Zeit: Achtzehn Uhr fünfzehn, das Wetter ist mit neunzehn Grad angenehm und trocken. Meine Herren, willkommen zu Hause. Meine Damen, stellen Sie sich darauf ein: In fünf Minuten sind Sie wieder hässlich.«

Und gleichgültig ob wahr oder nicht, es ist etwas dran. Und zeigt, wie Männergesellschaften eben sind.

Der Partylärm ist schon von weitem zu hören. Im Bereich dann erblicke ich eine beigefarbene Masse, Soldaten in Flecktarn stehen im Licht der aufgestellten Scheinwerfer mit Bier oder Pappbecher herum. Die Menge lacht, brüllt, unterhält sich. Weiter hinten wird getanzt, auf einer Bank stehen drei Soldatinnen und schwenken die Arme in einer La-Ola-Welle, mehrere Soldaten wackeln vor ihnen mit den Hüften.

Im PRT wird jede Frau umschwärmt. Selbst das hässlichste Entlein badet in Aufmerksamkeit. Manchmal ist das angenehm, manchmal lästig, eines aber gilt immer: Diese Aufmerksamkeit hat nichts mit deinen tatsächlichen Vorzügen zu tun. Sie richtet sich auf ein einziges Merkmal: Du bist Frau. Mehr ist nicht nötig.

Das Lagerleben bestätigt so zunächst die Theorie, dass ein extrem verknapptes Angebot die Nachfrage erhöht. Rund fünfhundert Soldaten leben im Lager, zwanzig bis dreißig davon sind weiblich. Dazu kommen drei Zivilistinnen: die Repräsentantin der USA, eine Mitarbeiterin des Auswärtigen Amts und ich.

Ich schiebe und drängle mich durch trinkende, lachende Soldaten, nicke, lächle, winke in unterschiedlichste Richtungen, Bässe dröhnen. Ich kämpfe mich zum Tresen durch und bekomme von irgendwoher einen Becher Wein in die Hand gedrückt.

»Hier«, sagt Stephan, Angehöriger der Feldjäger, und prostet mir zu, »trink was, du guckst viel zu ernst.«

»Ich denke nach«, antworte ich, »danke.«

»Gerne. Worüber denkst du nach?«

»Über Affären.«

»Affären. Hast du da an jemand Bestimmten gedacht?«

Ich werde knallrot. Er fängt an zu lachen. Ich suche nach Worten, Erklärungen und bin ziemlich sicher, dass mein »Nein, also, ich meinte etwas anderes«-Gestammel nicht wirklich überzeugend wirkt.

Männergesellschaft eben.

Und die Party geht weiter. Menschen treiben hin und her, wie von Wellen getragen, treffen sich, reden, stoßen an, werden voneinander weg- und wieder aufeinander zugetrieben. Musik zuckt durch die Luft, man schreit sich an und nennt das Unterhaltung. Irgendwann tauchen die belgischen Kameraden auf und tanzen auf den Tischen, mit nichts als Netzshirts über den Uniformhosen. Das, denke ich, ist das Zeichen für einen weiteren Becher Wein und lasse mich zum Tresen treiben.

Kurze Zeit später stehe ich draußen, neben dem zivilen Leiter des PRT und unserem neuen Oberst, auch der Chef des Stabes gehört zur Runde: die Führungsriege des PRT nippt versammelt an ihren Plastikbechern. Drinnen tobt die Soldatenparty, hier herrscht gepflegte Cocktailkonversation. Das hellblaue Businesshemd des zivilen Leiters, die heimliche Uniform der Diplomatie, verstärkt den Eindruck eines Stehempfangs im Einsatz. Der neue Oberst ist erst vor wenigen Tagen im Lager angekommen und steht in einer für ihn typischen Haltung da: die Hände auf dem Rücken, den Oberkörper leicht nach vorn gebeugt. Der Kontrast zwischen diesen beiden Männern könnte größer nicht sein. Knappste Formulierungen und Bewegungen beim einen; geschliffene, weit ausholende Diplomatensätze, untermalt von ebensolcher Gestik, beim anderen. Dahinter strahlt ein Weihnachtsbaum im Licht elektrischer Kerzen.

Ich beobachte, puste Atemwolken in die Luft. Trete von einem Fuß auf den anderen und formuliere in Gedanken einen Vorwand zum Verschwinden.

Das Gespräch dreht sich derweil um Literatur, schwenkt dann in Richtung Politik, Regierungsformen im Allgemeinen, Demokratie im Besonderen.

»Ja«, ruft plötzlich der Oberst, mit einer Stimme, der man die dreißig selbstgedrehten Zigaretten pro Tag anhört, »dazu muss mein Unteroffizier was sagen.«

Er winkt. Und zu uns tritt ein weiterer Soldat.

Wahrscheinlich ist er der Einzige, der komplett nüchtern ist. Und das auch schon immer war. Er macht den Eindruck eines Menschen, der die Kontrolle nur kontrolliert verlieren kann. Er ist groß, hat die gleiche, leicht gebeugte Haltung wie der Oberst. Blaue Augen, schon ausgeprägte Falten an den Augenwinkeln, dabei ist er noch jung. Auch wenn er aussieht, als sei er nie jung gewesen.

Ein Name wird genannt, wohl seiner, aber ich verstehe ihn nicht oder vergesse ihn gleich wieder. Das einzig Auffällige an ihm ist seine Unauffälligkeit: ein Chamäleon mit Außenseiteraugen.

Der Oberst wirft seinem Soldaten das Stichwort ›Demokratie‹ zu, das Auswärtige Amt strafft die Schultern und macht sich kampfbereit. Die Außenseiteraugen richten sich gen Boden, kurz, dann beginnt er zu sprechen. Und man sieht ihm an, dass er das nicht will. Er steht im Scheinwerferlicht der Aufmerksamkeit unserer kleinen Gruppe und wirkt, als störe ihn das: Da steht eine unwillig in den Vordergrund geschobene Hintergrundfigur.

Er hält eine Dose Orangensaft in der einen, eine Zigarette in der anderen Hand und sieht doch aus, als steckten beide Hände zu Fäusten geballt in den Taschen.

Ich mache irgendeine Bemerkung, hake ein im Gespräch. Unbestimmtes Mitleid gebiert eine seltsame Art von Komplizenschaft.

Er schaut mich an, ich ihn. Dann dreht die Welt die Lautstärke wieder auf, und die Zeit zieht an auf 60 Schläge pro Minute.

Das Auswärtige Amt fängt an zu lachen, ich auch, der Oberst schaut sinnend in seinen leeren Becher. Das Gespräch ebbt ab. Und ich nutze die Gelegenheit, eise mich aus der Runde los und verschwinde in Richtung Tresen, wo die Party unvermindert in Lautstärke, Begeisterung und Alkohol tobt und man mir den Becher auffüllt. Stephan steht nach wie vor an der Bar.

»Und«, fragt er, »fündig geworden bei der Affäre?«

»Wird mir das den Rest meines Aufenthalts hier anhängen?«, frage ich.

»So lange wie du bin ich nicht hier.«

»In dem Fall, ein Glück. Und eine Affäre schaffe ich mir frühestens auf meiner nächsten zivilen Party an. Dann, wenn es ein ausgewogeneres Verhältnis zwischen Männern und Frauen gibt und die Partygäste so gekleidet sind, dass ich nicht ganz so herausteche.«

»Hört sich so an, als müsstest du darauf noch eine ganze Weile warten.«

Neben uns fängt eine Gruppe Soldaten lauthals an mitzusingen. Der Song, der gerade gespielt wird, heißt »Zehn nackte Frisösen«.

»Das«, sage ich mit einem Seitenblick, »kommt mir gerade nicht wie ein wirklich großes Opfer vor. Ich werde es ganz sicher überleben.«

Der Militärpolizist nickt sinnend. »Bleibt es bei morgen«, fragt er dann, und ich bejahe. Geplant ist eine Fahrt nach Taloqan, dort findet ein Seminar im Rahmen der Ausbildung der afghanischen Polizei statt.

Ich verabschiede mich. Auf dem Weg zu meinem Dornröschenschloss komme ich an den PRT-Führern vorbei, nicke einen Guten-Abend-Gruß. Ich leuchte mit der Taschenlampe meinen Weg am Rettungszentrum vorbei, hinter mir wird die Musik leiser. Es ist stockdunkel. Über mir afghanischer Sternenhimmel. Am Eingang zu Block B ein Schatten, dort steht ein Pärchen, eng aneinandergeschmiegt.

POLIZEIAUSBILDUNG. TALOQAN

Guten Morgen.«
»Morgen.« Ich verlangsame meinen Schritt nicht, ich habe es eilig. Er steht an der Infotafel vor der Feldküche, dort, wo der Presseoffizier regelmäßig Zeitungsartikel aushängt.

Ich muss zum Parkplatz.

»Entschuldigung«, sagt er und lässt das Wort in der Luft hängen, wie eine Frage.

»Ja?«, sage ich und stoppe in der Bewegung. Bin eigentlich schon an ihm vorbei, wende mich höchstens eine Viertelumdrehung zu ihm um. Mein Innehalten ist vorläufig.

»Ich wollte nur nachfragen. Wegen deines Jobs.«

»Ja?«

»Ja. So ganz klar ist mir nicht, was …, also, was du hier machst.«

»Dir und 499 anderen«, knurre ich und stürze mich ein weiteres Mal in Erklärungen. Er steht vor mir, und ich weiß immer noch nicht, wie er heißt: Augen blau, Haare aschblond, Flecktarn.

»Es ist so«, sagt er, »ich habe eine Freundin, also eine Bekannte.« Schweigen. »Die wäre da sicherlich interessiert und …«

»Klar«, sage ich. »Gib ihr meine E-Mail-Adresse, wenn sie was wissen will, kann sie mich gern anschreiben.

»Ja. Danke.«

Ich schultere Tasche und Fotoausrüstung und wende mich ab.

»Moment!«

»Ja?«

»Wie ist deine E-Mail-Adresse?«

»Komm bei mir im Büro vorbei, dann gebe ich sie dir. Du weißt, wo mein Büro ist?«

»Ja.«

»Okay, bis dann.«

»Ja.«

Er grüßt, ich stecke die Hände in die Jackentaschen und setzte meinen Weg fort; am Parkplatz wartet Albrecht, um mit mir nach Taloqan zu fahren.

Taloqan ist die Hauptstadt von Takhar und Takhar die Nachbarprovinz von Kunduz. Die Fahrt wird komfortabel, die Straße ist asphaltiert. Ein steinernes Band windet sich durch die Landschaft, die aussieht wie gemalt. Albrechts gepanzerter Jeep brummt zufrieden vorwärts. Rechts und links von uns erheben sich Berge. Brauner Fels hebt sich scharf gegen die klare Luft ab. Sieht aus wie Sand, gefrorener Sand. Links leuchtet eine Polarlandschaft. Schneebedeckte Gipfel krönen die braunen Massive, strahlen gegen den Himmel.

Vor uns fährt ein Toyota, dem wir keine weitere Beachtung schenken. Einfach ein anderes Auto vor uns auf einer Straße in Afghanistan. Dann fährt der Wagen bei rund 70 Stundenkilometern über eine Bodenwelle, der Kofferraum springt auf – und vier afghanische Kindergesichter lächeln uns zu.

»Weißt du«, ich wende mich an den Man in braunen Hosen, gelbem Hemd und grüner Jacke, der neben mir sitzt und das Auto fährt, »vielleicht sollten wir die Leute hier irgendwann mal grundsätzlich schulen in puncto ›Sicherheit im Straßenverkehr für mich und andere‹.«

»Ja«, sagt der Braun-grün-Uniformierte trocken. »Darüber könnte man tatsächlich mal nachdenken.«

Albrecht ist einer von derzeit zwei deutschen Polizisten im PRT. Deutschland ist hauptverantwortlich für den Aufbau der afghanischen Polizei – neben dem Aufbau der afghanischen Armee ist das eine der wichtigsten, wenn nicht die wichtigste Aufgabe beim Wiederaufbau des Landes. Wenn ISAF jemals Erfolg haben will, wenn Afghanistan je ein Land werden soll, das sich selbst vor Terroristen und anderen äußeren oder inneren Bedrohungen schützen kann, dann braucht es funktionierende Sicherheitskräfte. Sicherheit ist die Grundvoraussetzung für jedes funktionierende Staats- und Gemeinschaftswesen. Daher ist Sicherheit einer der Schwerpunkte des sogenannten Nation building. Alles Weitere baut darauf auf. Ziviler Aufbau kann nur funktionieren, wenn gewährleistet ist, dass das Erreichte nicht sofort wieder von Banden, Terroristen oder sonstigen Kriminellen zerstört wird. Deutschland hat diese Kernaufgabe, den Aufbau von Polizei und Armee, auf Bitten der Vereinten Nationen und der afghanischen Regierung übernommen. Was sich aber auf dem Papier so einfach anhört, ist in Wahrheit ein hochkompliziertes Zusammenspiel unterschiedlicher Kräfte.

Da gibt es die private US-Sicherheitsfirma Dyncorps, die Polizeikräfte in zweimonatigen Grundkursen schult. Unterstützt wird sie dabei von sogenannten Police Mentoring Teams der amerikanischen Armee, die eine beratende und unterstützende Funktion ausüben.

Dieses Konzept ist erfolgreich. In den zwei Monaten Ausbildung bekommen die afghanischen Jung-Polizisten neben praktischen Fertigkeiten auch Theorie beigebracht. Menschenrechte, Frauenrechte, Lektionen über Methoden zur Deeskalation und die Rolle des Polizisten in der Gesellschaft.

Während sich die USA um die unteren Dienstgrade kümmern, liegt die Aufgabe, die Führungskräfte auszubilden, in deutscher Hand. Zuständig ist das Bundesinnenministerium. Das entsandte Polizisten nach Kabul, richtete dort das German Police Project Office ein und schickte weitere Polizisten in die Provinzen; diese German Police Project Teams sollen dort die afghanischen Kollegen ausrüsten und ausbilden. Im PRT Kunduz befinden sich zur Jahreswende 2006/07 zwei Polizisten. Zuständig sind sie für die gesamte Provinz.

Albrecht setzt den Blinker, gibt Gas und überholt.

Wir fahren hinein nach Taloqan. Die Stadt erlangte vor einigen Jahren traurige Berühmtheit: Hier wurde am 9. September 2001 Ahmad Shah Massoud von arabischen Selbstmordattentätern getötet. Massoud, der Löwe des Pandschirtals, der der russischen Besatzungsarmee ebenso erbitterten und erfolgreichen Widerstand leistete wie später den Taliban, schaut noch heute aus seinen sanften Augen von Plakaten an fast jeder Straßenkreuzung. Und es stellt sich immer noch die Frage, wie das Land heute aussähe, wäre Massoud, der Volksheld Afghanistans, noch am Leben.

Taloqan liegt in einem fruchtbaren Tal an einem breiten Fluss. Wir fahren über die Brücke hinein, der Blick schweift über die braunen Fluten. »Was ist das denn?«, rufe ich und fasse Albrecht am Arm. »Was?«, fragt er.

»Na da!«, rufe ich.

Da steht, stoisch den Blick nach vorn gerichtet, ohne sich zu bewegen und ohne einen erkennbaren Grund, ein afghanischer Mann im Fluss. Das Wasser reicht ihm bis über die Knie. Er trägt die graue Uniform, ist also Angehöriger der afghanischen Polizei.

»Keine Ahnung«, meint Albrecht. »Können wir runterfahren«, frage ich, »ich möchte wissen, was er da macht.« Albrecht schüttelt den Kopf. »Ich kann hier nicht halten«, sagt er, »und wenn ich da runterfahre, kommen wir nie wieder hoch.«

Er fädelt sich ein in den Verkehr auf der Hauptstraße Taloqans. Hinter uns verschwinden der Fluss und der Mann, dafür umfängt uns der normal chaotische Verkehr einer afghanischen Stadt. In drei Spuren fahren Autos, hupen sich gegenseitig an, Frauen in Burka laufen eilig über den Bürgersteig, den ich nur so nenne, weil man einen Weg neben einer Straße eben ›Bürgersteig‹ nennt. Am Kreisverkehr lächelt natürlich Massoud von seinem Plakat herab, außerdem müssen wir warten, eine Schafherde überquert die Fahrbahn.

Dann erreichen wir das Polizeihauptquartier, und ein afghanischer Polizist zieht die rot-weiße Schranke hoch, wir fahren hindurch. Die Bundeswehr ist schon da, Dingos und Wölfe sind auf dem Hof geparkt. Wir stellen unseren Wagen daneben, steigen aus, sehen uns um. Unverputzte, weiß-grauschmutzige Gebäude umgeben uns, außer dem Uniformierten am Tor ist niemand zu sehen. Albrecht und ich trennen uns. Während er zum Ausbildungsraum der afghanischen Soldaten eine schiefe Treppe hochsteigt, biege ich links ab und betrete ein abseits gelegenes Gebäude. Es unterscheidet sich äußerlich in nichts von den anderen, in Wahrheit aber ist es außergewöhnlich: Hier hat Nuria ihr Büro.

Es ist ein ziemlich schmuckloser Raum: drei Schreibtische, in der Ecke ein Schrank, dessen Tür ständig aufgeht. Kaltklamme Luft, es ist eben Winter, und eine Heizung gibt es nicht. Aber es gibt Computer auf den Schreibtischen. Und das Lächeln in Nurias Gesicht.

Sie ist eine mittelgroße Frau mit weichen Gesichtszügen, sie wirkt fröhlich, anschmiegsam, zart und ein bisschen scheu. Und sie hat einen harten Job.

Nuria leitet die Family Response Unit, auch Anti-violence-against-women-Unit genannt.

»Wer hierherkommt«, sagt Nuria, »hat normalerweise ein Problem.« Die Family Response Unit ist die Anlaufstelle für Frauen in Schwierigkeiten.

»Frauen mit prügelnden Ehemännern«, sagt Nuria und gießt Tee auf, »Frauen, deren Töchter zwangsverheiratet werden sollen. Mädchen, die den ihnen zugedachten Ehemann nicht haben wollen. Frauen, deren Schwiegermütter sie misshandeln, und Frauen, deren Männer sich scheiden lassen wollen. Die kommen zu uns. Möchtest du Zucker zum Tee?«

»Nein«, sage ich, »danke.«

Wenn sich ein solcher Fall ereignet, erzählt Nuria, beginnen die Gespräche. Eine andere Waffe als Gespräche hat sie nicht. Gespräche mit dem Opfer, Gespräche mit der Familie. Mit Ehemann, Geschwistern, Eltern, Schwiegereltern.

»Ich muss herausfinden, wer auf der Seite der Frau steht«, erklärt Nuria, »ich muss die Kräfte innerhalb der Familie kennen. Erst dann kann ich versuchen, dieses Kräfteverhältnis zu verändern.«

So wie kürzlich bei einem Ehepaar. Der Mann wollte die Scheidung, die Frau nicht. »Die Mutter des Ehemannes war klar auf der Seite ihrer Schwiegertochter. Sie war absolut gegen die Scheidung und eine Neuverheiratung ihres Sohnes. Sie war eine ganz starke Verbündete. Denn dadurch konnten wir ihn an seine islamischen Pflichten erinnern an die Rechte seiner Frau und die Liebe, die er seiner Mutter schuldet. Und konnten ihn überzeugen.«

Nuria schenkt Tee nach. Schiebt ein paar Papiere auf ihrem Schreibtisch hin und her.

»Wir brauchen hier einfach Kompromisslösungen, Kompromisse, die alle tragen können und mit denen alle einverstanden sind«, meint Nuria, »oder zumindest möglichst viele. Ich muss herausfinden, wie weit sich die Leute aufeinander zubewegen können und wollen. Nur so geht es. Die Familie ist hier einfach wichtiger als der Einzelne. Und Gespräche und Verhandlungen sind ja auch afghanische Tradition. Wir setzen uns immer, trinken Tee und beraten.«

Ihre Kolleginnen nicken.

Fünfzehn Fälle haben Nuria und ihre Mitarbeiterinnen in dem einen Jahr seit Gründung der Einheit klären können. Die Gründe für Gewalt gegen Frauen, meint sie, seien vor allem die schlechte wirtschaftliche Situation, gepaart mit Unwissenheit.

»Wir brauchen eine bessere Ausbildung für Frauen«, sagt sie, »Lesen, Schreiben und Aufklärung über ihre Rechte, die sie auch nach dem Islam haben. Und vor allem brauchen wir Arbeitsplätze für Frauen.«

Ein Telefon klingelt. Nuria nimmt den Hörer ab. Sie müsse weg, sagt sie dann. Wir stehen auf, sie nimmt die Burka aus dem Schrank, dessen Tür schon wieder offen steht.

»Frauenrechte«, sagt sie dann noch, und es klingt resigniert, so als erkläre sie etwas zum tausendsten Mal, »weißt du, ihr könnt über Frauenrechte predigen und sie einfordern, bis ihr schwarz werdet. Aber erst, wenn die Frauen Arbeit haben, eigenes Geld verdienen, dann kann auch ihre Unabhängigkeit wachsen.«

Sie wirft die Burka über, der Gesichtsschleier bauscht sich über ihrer Stirn auf. Draußen grüßt sie zwei vorüberschlendernde Soldaten, geht an den Dingos und den dort stehenden Bundeswehrsoldaten vorbei. Durchs Fenster sehe ich noch, wie sie erst kurz vor der Schranke den Gesichtsschleier in einer beiläufigen Bewegung nach unten schlägt, ohne den Schritt zu verlangsamen. Der Soldat an der Schranke salutiert. Ich spaziere zurück in den Hof. Vor einem der schmutzig weißen Gebäude steht Albrecht mit Stephan von der Militärpolizei und zwei weiteren Soldaten. Ich stelle mich dazu.

»Spannend?«, fragt er, und ich nicke.

Ja, spannend, aber auch immer wieder schwierig, immer wieder unverständlich. Wie viel Kompromiss ist nötig, wie viel Familie ist gut, und wie viel besser ist ein individualistisch geprägtes Leben wie meins gegenüber dem familiär geprägten hier? Und stelle ich diese Frage überhaupt richtig? Ist es vielleicht so, dass ich mich gar nicht mit einer afghanischen Frau vergleichen kann, gar nicht in der Lage bin zu verstehen, weil wir nun mal aus zu unterschiedlichen Kulturen stammen?

Ein weiterer Soldat kommt zu uns in den Hof. »Wir machen weiter«, sagt er.

Ich betrete also das nächste Gebäude, es geht schiefe Treppenstufen nach oben, unverputzte Wände über dem Geländer. Ich hauche in meine Handflächen.

»Kalt?«, fragt Stephan, und ich nicke. »Wie kommt es, dass es im Winter in ungeheizten Räumen, wie hier, immer noch kälter zu sein scheint als draußen?«

»Keine Ahnung«, sagt er, reicht mir seine Handschuhe und öffnet eine Tür.

Dahinter: rund dreißig afghanische Polizisten, acht bis zehn Bundeswehrsoldaten und zwei afghanische Dolmetscher. An einer Wand hängt eine Landkarte, vor der steht der Provost Marshal, der Chef der deutschen Feldjäger, und erklärt. Dreißig Augenpaare sind auf ihn gerichtet. Es herrscht angestrengte Konzentration – die aber ins Leere zu laufen scheint.

»Es ist extrem wichtig«, doziert der Provost vorne, »denn ansonsten geht wertvolle Zeit verloren. Darum müssen Sie, wenn Ihnen zum Beispiel ein Verkehrsunfall gemeldet wird, genaue Informationen abfragen. Gibt es Verletzte? Wie viele Verletzte? Muss die Straße abgesperrt werden? Das entscheiden Sie hier und schicken dann von hier aus die Einheiten los.«

Alles nickt. Und so geht es weiter. Der Provost Marshal, breitschultrig, stämmig, energisch und in Flecktarn, erklärt, und die afghanischen Offiziere in ihren grauen Uniformen und den Uniformmützen vor sich auf den Tischen nicken. Warum, frage ich mich, wirken afghanische Frauen eigentlich fast immer energischer, kraftvoller als die Männer? Die Männer scheinen es einem immer recht machen zu wollen. Viele Frauen wirken in sich ruhender, daher selbstbewusster, zielstrebiger.

Ich kann, denke ich, all das niemandem zu Hause erklären.

Dann ist Pause, und ich erwische den Provost Marshal dabei, wie er im Hof entnervt Steinchen durch die Gegend kickt.

»Die verstehen das nicht«, sagt er, »können sie auch nicht. Die können nicht mal Karten lesen, und wie ein Funkgerät funktioniert, wissen sie auch nicht. Und statt da anzusetzen und sie intensiv und regelmäßig auszubilden, mache ich hier einen drei Stunden dauernden Workshop und erzähle ihnen, sie sollen nachfragen, wie viele Verletzte es gibt, damit sie genug Rettungswagen zu einer Unfallstelle schicken können. Wobei die Frage eigentlich wäre, welche Rettungswagen?«

Er guckt wütend, und ein weiterer Kiesel kriegt seine Wut ab und fliegt durch die Luft. Weiter hinten werden Schießen, Zielen und Sichern geübt. Das klappt besser. Schießen können sie hier.

»Was ist eigentlich die Idee dieser Veranstaltung«, frage ich, und der Provost funkelt mich an, als sei ich schuld, und zwar an allem.

»Wir haben den Raum ausgestattet«, knurrt er.

In dem Raum befinden sich ein Teppich, ein Tisch und ein Funkgerät. Der Provost kickt ein letztes Steinchen weg, zuckt die Schultern und geht wieder ins Haus. Zu einem Lehrgang für die Polizei, den er für ziemlich nutzlos hält.

Kernaufgabe, denke ich. Die Ausbildung von Polizei und Armee ist eine Kernaufgabe. Beides ist wichtig, um die Sicherheit im Land zu gewährleisten. Man muss sich auf die Polizei verlassen können – und das kann man hier zu oft nicht. Vor kurzem gab es Gerüchte, dass Polizisten an Kontrollpunkten im Süden Geld gefordert hätten, eine Art Maut, Wegezoll. Wegelagerei wäre das bessere Wort. Es stellt sich die Frage, ob das nur im Süden passiert. Es stellt sich auch die Frage, wie nachvollziehbar diese Art von Raubrittertum ist. Das Gehalt eines Polizisten liegt bei circa hundert Euro monatlich. Verzweifelt wenig für einen Job, bei dem man regelmäßig sein Leben riskiert. Wen wundert es da, dass man korrumpierbar ist? Ein Drogenbaron, ein Warlord zahlt das Vielfache für ein kurzes Schließen der Augen. Also schaut man weg. Vor allem, wenn man weiß, dass die Alternative dazu eine Kugel ist, die einem in den Fuß geschossen wird. Oder in den Bauch. So wird ein Klima der Angst geschaffen, der Unsicherheit, des Nichtwissens, was der nächste Tag bringt.

Und es war exakt dieses Klima, das dazu führte, dass die Taliban hier zunächst leichtes Spiel hatten. Nach Jahren des Kriegs wäre jeder, der Sicherheit versprach, freudig begrüßt worden. Man hört es heute noch, manchmal. Leise. »Unter den Taliban war es wenigstens sicher und ruhig.« Nur, dass diese Ruhe die eines Friedhofs war.

Oben stellt sich der Provost Marshal wieder vor seine Karte.

Je länger ich hier bin, desto mehr erkenne ich: Der gute

Wille ist da. Wir bilden aus, und vor allem rüsten wir aus. Uniformen, Decken, Öfen. Die Polizeistationen an den Straßen Nordafghanistans sind nicht mehr als vier Wände und ein Dach.

Wir tun viel und trotzdem zu wenig. Und nicht koordiniert und kontinuierlich genug, das ist der Eindruck, der alles überschattet. Fahrausbildung, Grundausbildung, sinnvoll aufeinander aufbauend, das täte not. Aber das passiert nicht. Stattdessen passiert zu viel Stückwerk. Es ist erneut das Problem, dass die Kontingente alle vier Monate wechseln, dass jeder etwas anderes für wichtig hält, etwas anderes macht, und am Ende kommt viel zu wenig dabei heraus. Oder gar nichts.

Dazu kommt ein Personalproblem, das Bundesinnenministerium hat zu wenige Leute entsandt. Deswegen wurde das Bundesverteidigungsministerium um Hilfe gebeten, und die Bundeswehr richtet nun ein zusätzliches »Feldjägerausbildungskommando ANP« für die Afghan National Police ein. Dieses Kommando sitzt in Mazar-i-Sharif, reist von dort aus herum und bildet Polizisten aus.

Und wieder stellt sich die Frage, ob das ausreicht: Wie oft können die Feldjäger aus Mazar schon in Kunduz, Takhar oder gar Feyzabad sein, das im Winter wegen der Witterungsbedingungen manchmal wochenlang von der Außenwelt abgeschnitten ist? Nicht oft genug und nicht regelmäßig genug. Gebraucht aber wird genau das: eine ständige, kontinuierliche Ausbildung.

Genau die ist nicht gegeben. Wenn man aber zu wenig Geld und Personal in diese Kernaufgabe steckt, dann ist die Gefahr groß, dass das, was man an Geld aufbringt, nur verschwendet wird und im afghanischen Sand und Korruptionssumpf verschwindet. ›Too little, too late‹ ist das Gefährlichste, was wir hier machen können.

Ich gehe wieder nach oben in den Unterrichtsraum. Dort dankt der Polizeichef von Taloqan gerade in einer herzlichen Rede dem PRT für seine Mühe. Dann werden die von uns vorbereiteten Zertifikate ausgeteilt, sie bescheinigen die erfolgreiche Teilnahme am Kurs. Mit einem gequälten Lächeln im Gesicht steht der Provost Marshal da. Der Polizeichef drückt erst ihm die Hand, dann Albrecht, dann mir. Bedankt sich noch einmal wortreich: für die Ausbildung, die Ausstattung; dafür, dass wir überhaupt hier sind.

Ich nutze noch die Gelegenheit, nach dem Polizisten zu fragen, den wir heute Morgen im Fluss stehen sahen. Ja, antwortet der mit Ordensbändern behängte Polizeichef und schiebt die Hände ins Koppel. Das war eine Disziplinarmaßnahme. Inzwischen allerdings hätte man ihm erlaubt, aus dem Wasser rauszukommen.

Der Fluss liegt ruhig, als wir zurückfahren.

»Weißt du«, meint Albrecht, »es hört sich grässlich an, aber letztlich ...«

»Ich weiß«, unterbreche ich. »Was soll man sonst an Disziplinarstrafen verhängen? Geldstrafen können sie nicht bezahlen, oder die Familien würden hungern. Und rauswerfen geht auch nicht, mit ein wenig Pech laufen sie dann –«

»Direkt zu den Taliban.«

»Ja. Nicht aus politischen oder religiösen Gründen, sondern einfach, um Geld zu verdienen, satt zu werden, durchzukommen.«

WEIHNACHTEN, SILVESTER, EID

Die Blätter der Rosenbüsche im Innenhof von Block B sind mittlerweile gefroren. Nachts ist es eisig. Tagsüber nur kalt. Das Jungmädchenapartment ist nur rund dreihundert Meter Luftlinie von meinem Büro entfernt, trotzdem ziehe ich für diesen Weg den Anorak an, der Reißverschluss wird bis unters Kinn zugezogen, die Mütze über die Ohren gerollt, der Schal um den Hals gewickelt. Handschuhe nicht vergessen. Und trotzdem nehme ich dann meist den Weg durch das Rettungszentrum, anstatt außen herumzugehen. Außen herum wäre kürzer. Aber das Rettungszentrum ist beheizt.

Vor dem ockergelben Gebäude, dem einzigen Farbfleck hier, steht ein Weihnachtsbaum. Hinter den Glastüren im Innern ist auch die Anmeldung schon weihnachtlich geschmückt. Abdul, der afghanische Junge mit dem Rotzlöffelgesicht und dem Urinbeutel, lungert jetzt nicht mehr vor dem Rettungszentrum herum, sondern in der Eingangshalle. Ich gehe durch den blitzsauberen, mit Linoleum ausgelegten Gang, wie immer steht Raschim da, der freundliche Putzmann des Rettungszentrums, in blassgrünem Hemd und ebenso blassgrüner Hose und wischt den Boden, sieht auf, legt die rechte Hand auf die Brust und neigt den Kopf.

Und weiter hinten brüllt jemand.

Raschim lächelt in sich hinein, als er meinen ratlosen Blick sieht, ist das der Oberfeldarzt? Noch etwas weiter hinten, da wo der Gang nach rechts zum Sprechzimmer des Truppenarztes und zu den Patientenbetten abbiegt und nach links zu den Büros von Spieß, Einsatzoffizier und Kompaniechef führt, steht Sandor, der Chirurg. Er hat die Hände auf dem Rücken gefaltet, wippt auf den Fußballen, hält den großen Kopf leicht schräg und schickt mir ein Guten-Morgen-Lächeln entgegen. Ohne Zweifel ist es der Kompaniechef, der so brüllt.

»Sandor«, frage ich, »was ist los?«

Er zieht die Augenbrauen hoch und wiegt den Kopf von einer Seite zur anderen.

»Abdul«, sagt er.

»Abdul? Abdul ist vorne, wie immer, warum sollte der Oberfeldarzt seinetwegen so brüllen?«

»Der Chef«, sagt Sandor, »telefoniert mit dem Staatssekretär. In Berlin.«

»Ah«, mache ich. Wir stehen nebeneinander, der runde Chirurg mit den sanften, dunklen Augen und ich mit meinen drei Lagen Klamotten, wie Brüderchen und Schwesterchen, halten uns gedanklich an den Händen und lauschen. Der Oberfeldarzt brüllt mit seinem weichen, sächsischen Dialekt, der so gar nicht zu seinem wütenden Tonfall passt.

Abduls Geschichte begann rund zwei Jahre zuvor. Irgendwo in Kunduz wurde der damals Zehnjährige von einem Auto angefahren und durch die Luft geschleudert. Verkehrsunfälle kommen häufig vor in Afghanistan. Es gibt kaum Verkehrsregeln, und die, die es gibt, werden nur beachtet, wenn ein Verkehrspolizist in der Nähe ist. Die Autos sind oft bis zur Schmerzgrenze beladen, sie haben keine Scheinwerfer und nur kaputte Bremsen – oder umgekehrt. Kaum jemand besitzt einen Führerschein. Man kann fahren, wenn man fahren kann. Auch, wenn man gerade erst mit der Nase übers Lenkrad schaut.

Abdul wurde ins Kunduz Provincial Hospital gebracht, dort diagnostizierten Ärzte eine Beckenfraktur. Der Junge bekam einen Gips und wurde, kaum, dass es ihm besserging, entlassen.

Nur ging es ihm nicht lange besser. Denn die Beckenfraktur war nicht alles. Abdul hatte außerdem einen Harnröhrenabriss mit einer folgenden Verengung der Harnröhre erlitten. Der Junge konnte nicht mehr normal aufs Klo gehen, er wurde seinen Urin nicht mehr los. Die Nieren aber arbeiteten normal weiter. Abduls Körper begann, sich selbst zu vergiften.

Im Kunduz Provincial Hospital bekam der Junge einen Katheter. Und das war's. Eine Operation war in Afghanistan undenkbar. Abduls Leben war gerettet, seine Zukunft versaut.

Der Katheter entzündete sich. Oft. Andauernd. Kein Wunder in einem Land mit schlechten hygienischen Bedingungen. Also wurde Abdul wieder ins Kunduz Provincial gebracht. Oft. Andauernd. Aber irgendwann entdeckten ihn dort die Ärzte der Bundeswehr bei einem ihrer regelmäßigen Besuche. Und nahmen den Jungen mit.

Im Rettungszentrum des PRT konnte man das grundlegende Problem diagnostizieren, aber nicht lösen – einen auf Kinderchirurgie spezialisierten Urologen gibt es normalerweise nicht im Einsatz. So ging man gegen die ständigen Entzündungen des Katheters vor und arbeitete daran, den Jungen zur Operation nach Deutschland auszufliegen. Der Oberfeldarzt ist der zweite Sanitäts-Kompaniechef, der sich daran die Zähne auszubeißen beginnt, und es scheint, als habe er die Geduld gerade gründlich verloren.

Wir hören noch einen letzten Satz, dann wird ein Hörer aufgelegt und eine Tür zugeknallt, und mit langen Schritten kommt der Oberfeldarzt aus seinem Büro.

»Schönen Tag«, wünscht Sandor und verschwindet in Richtung Patientenbetten und Truppenarzt-Sprechzimmer.

»Das nennt man Feigheit vor dem Feind«, murmele ich.

Fünf Minuten später sitze ich mit dem Oberfeldarzt beim Kaffee in der Betreuungseinrichtung der Sanität, dem B-Zelt hinter dem Rettungszentrum.

»Die gehen mir dermaßen auf den Geist«, flucht der Oberfeldarzt. »Wenn du das Visum endlich bekommen hast, fehlt die militärische Mitfluggenehmigung, und wenn du die endlich hast, ist das Visum schon wieder ungültig. Das ist doch alles ein Witz.« »Aber ein ganz schön schlechter«, meint Sandor, der sich wieder herausgetraut hat.

»Ein furchtbar schlechter. Der Junge ist seit zwei Jahren krank, der kann überhaupt kein normales Leben mehr führen. Fußball spielen, Drachensteigen lassen, sich mit Kameraden prügeln – mit Urinbeutel geht nichts davon.«

»Wie lange ist er jetzt eigentlich hier«, frage ich, »ich weiß nur, dass er schon hier war, als ich ankam.«

»Vier Monate«, sagt der Oberfeldarzt und rührt seinen Kaffee um. »Der Knirps sitzt seit vier Monaten hier. Und wartet. Und wir kriegen es nicht auf die Reihe, das Kind ins Flugzeug zu setzen!«

»Was war denn jetzt eigentlich das Problem?«

»Ob der Junge anschließend in eine Pflegefamilie muss. Und wer das bezahlt. Das weiß ich doch nicht, es hängt alles davon ab, wie die Operation verläuft.«

»Und?«

»Ja, das müsse eben erst geklärt werden, und man müsse auch drauf achten, dass der Junge nicht Asyl beantragt in Deutschland.« Der Oberfeldarzt stößt einen herzhaften Fluch aus.

»Idiotisch«, meint Sandor. »Ich finde immer noch, wir sollten überlegen, ihn in Mazar-i-Sharif zu operieren.«

»Wie das?«, frage ich, »ich denke, es gibt den passenden Arzt nicht?«

»Wenn der Prophet nicht zum Berg kommt …«, meint Sandor träumerisch. »Wenn wir den Jungen nicht nach Deutschland kriegen, dann können wir vielleicht den richtigen Arzt für ihn in den Einsatz holen.«

Der Oberfeldarzt zuckt die Schultern und steht auf. »Darüber muss sich jetzt mein Nachfolger Gedanken machen. Ich soll ja schon seit Tagen nicht mehr hier sein.«

Der Oberfeldarzt ist »Abflieger«, sein Einsatz ist zu Ende. Nur konnte er wegen des Wetters noch nicht ausgeflogen werden.

»Wann ist denn der nächste Versuch für den Flug?«, frage ich.

»Morgen«, sagt er, sieht meinen zweifelnden Blick und meint, jetzt schon wieder lächelnd: »Das ist wie mit unserem Abdul: Irgendwann wird's schon klappen.«

Irgendwann wird es tatsächlich klappen, irgendwann klappt es immer. Seit einer Woche ist kein Flugzeug mehr hereingekommen. In diesem Nebel können die Flugzeuge nicht landen und fliegen deswegen regelmäßig nach Termez in Usbekistan zurück. Seit drei Tagen sammeln sich die Heimkehrer an der Betreuungseinrichtung Lummerland und fahren nach Verabschiedung und Händedruck zum Flugfeld. Dort stehen sie dann und warten. Hat man Pech, wie an den letzten Tagen, dann kommt irgendwann die Info, der Flieger sei in Termez gar nicht erst losgeflogen. Oder er brummt über die Köpfe hinweg und dreht dann wieder ab. Das Wetter, der verdammte Nebel! Dann heißt es für die Abflieger zurück ins Lager, während die Ablösung weiter in Termez festsitzt. Man wartet. Irgendwann wird es schon klappen.

Und Weihnachten naht. Weihnachten im Lager. Die letzten Weihnachtsbäume werden aufgestellt, und der ›Befehl zur Durchführung einer Veranstaltung geselliger Art‹ wird genehmigt. So nämlich nennt man bei der Bundeswehr eine Party. Das Lager rückt zusammen. Mein Büronachbar Dirk läuft einen Tag lang mit einem Brief in der Hand durch die Gegend. Am Abend hält er ihn mir vor die Nase: »Das hat meine Tochter gemalt.«

Man merkt, wie weh das tut, und weiß nicht, was man sagen soll. Also sagt man nichts. Und öffnet stattdessen eine Flasche Wein.

Die Handyrechnungen aller Soldaten steigen sprunghaft in die Höhe in dieser Zeit. Alex, die Ärztin, mit der ich mich anfreunde, lächelt auf ihre trockene Art und spricht vom ›DLC‹, Abkürzung für ›Daily Love Call‹.

In der Küche beginnen die Vorbereitungen fürs Festessen; wir mögen zwar fünftausend Kilometer von zu Hause entfernt sein und auf Familien und Freunde verzichten, auf Gans mit Rotkohl und Klößen aber nicht. Und zwei Tage vor Weihnachten gibt es auch hier einen Weihnachtsmarkt mit Glühwein und einem Weihnachtsmann, gespielt von einem belgischen Minenentschärfer, dessen Figur ihn für die Rolle prädestiniert. Er verteilt Weihnachtsmützen, und nun steckt das ganze Lager in Flecktarn mit roter Mütze.

Und ganz knapp vor Weihnachten kommt dann auch endlich die sehnlich erwartete Weihnachtspost, denn die saß ja auch fest: kein Flugwetter, keine Post. Jetzt aber ist sie da, die letzten Container wurden über Land gebracht, die Feldpost-Soldaten sind gefragte Leute und verzichten auf Glühwein und Weihnachtsmarkt und legen eine Nachtschicht ein. Die Materialgruppe und die Instandsetzung bauen Scheinwerfer auf, die das Areal rund um den Container der Feldpost tag-hell erleuchten: Weihnachtspost setzt auch die Verdunkelung außer Kraft. Die Pakete werden sortiert: Schutz, Sanität, Cimic, Küche, OpInfo, Feldjäger und so weiter. Beim Sortieren stehen mehr Freiwillige parat, als gebraucht werden, hier hilft jeder mit. Damit sie noch rechtzeitig ausgegeben werden können, die Briefe, die Pakete, die Grüße von zu Hause.

Man sieht verdächtig viele rote Augen. Aber das kann auch an der Kälte liegen.

Und dann ist der Weihnachtsabend da, und kompanieweise wird gegessen, auch die Gänse sind rechtzeitig angekommen. Der Pfarrer hält den Gottesdienst. Anschließend sitzt man noch ein Weilchen zusammen. Trinkt Glühwein, redet. Nicht viel. »Gemütliches Beisammensein«, sagt die Bundeswehr, »befohlene Fröhlichkeit«, schnaubt ein Soldat.

Man sitzt zusammen, dann knacken die Funkgeräte. Weihnachten oder nicht, es ist und bleibt Einsatz. Eine Anschlagswarnung liegt vor, für heute oder morgen. Der Oberst will vorerst nicht alarmieren, denn das würde bedeuten, dass wir die Schutzräume aufsuchen müssten. Das will er nicht, nicht an Weihnachten.

Er appelliert jedoch an alle, nicht zu viel zu trinken. Das tut dann auch keiner. Den meisten ist nach frühem Schlaf, Weihnachten wegschlafen, wer kann, geht früh ins Bett. Anschlagswarnung hin oder her.

Am nächsten Tag findet eine Patrouille die auf uns gerichteten Raketenabschuss-Stellungen.

Davon abgesehen, herrscht wieder normales Lagerleben, wenn auch der Arbeitsaufwand geringer ist in dieser Zeit zwischen den Jahren. Wie wohl überall.

Im Büro redigiere ich einen Text. Wie in Redaktionen zum Jahreswechsel üblich, geht es um einen Rückblick, hier eben in der Art: Was hat das PRT im vergangenen Jahr geleistet?

Da ist die Rede von Wasserdämmen, Brunnen, Mädchenschulen, ein Elektrizitätswerk wurde repariert, und Straßen sind asphaltiert worden. Es klopft an meiner Tür. »Störe ich?« Aschblond, des Obersts Hauptfeldwebel, ich weiß seinen Namen noch immer nicht – Aschblond steckt den Kopf hinein.

»Nein, komm rein, aber mach die Tür bitte schnell wieder zu.«

Er tut's.

»Willst du Kaffee?«

Er nickt.

Solche Besuche kommen häufiger vor, sie sind nichts Besonderes. Kaffee nimmt er mit Milch und Zucker, dann plaudert man sich warm. Er fragt nach einer Fotografie an meiner Wand, eine Straßenszene aus Afghanistan, letztens beim Besuch in Taloqan aufgenommen. Von dort wandert das Gespräch weiter zur allgemeinen Lage, zum Leben im Lager und so weiter. Wir streifen die Zeitungen, die im Lummerland zu haben sind, dann Bücher und schließlich Politik; er erwähnt einen Film, den er gern haben würde, ein Dokumentarfilm über den Viktoriasee und den Nilbarsch.

»Ich kann ihn dir bestellen«, biete ich an und deute zum Computer, er nimmt das Angebot dankend an – Kaffeestündchen mit Soldat.

Unaufgeregt geht auch das Jahr zu Ende. Routineaufgaben, Routinefahrten. Und dann kommt Silvester. War Weihnachten geprägt von Melancholie, so ist Silvester eine ausgelassene Party. Sie findet im Lummerland statt, wo man den wuchtigen hölzernen Tresen mit Lichterketten dekoriert hat, die altväterlichen Sofas und Sessel sind rausgeflogen, für diese Nacht irgendwo untergestellt, und die Trennwand zum Spieleraum nebenan ist geöffnet, dort sind die Kicker verschwunden, und auf den Tischen sind Bierdosen zu Pyramiden aufgebaut. An der Decke drehen sich zwei Discokugeln, und die Musik ist laut. Die Zwei-Dosen-Regelung wird eben-

131

so wenig eingehalten wie die ›Um 23 Uhr ist Ende‹-Regel. Es ist Silvester, Jahresende. Hinter dem Tresen stehen drei Soldaten und schenken aus, was da ist, vor dem Tresen wird getanzt. Ich winke der Polizei zu, Albrecht stampft zur Musik auf der Stelle, wie ein Feuerwehrpferd. Neben mich schiebt sich ein Mensch in Flecktarn, nun, das ist keine Überraschung, aber als er mich anschaut, ist es doch eine. Ich bin sicher, dass ich diese grauen Augen noch nie zuvor gesehen habe. Dafür weiß ich nicht mehr, welcher der vor mir aufgereihten Pappbecher meiner war, aber eigentlich ist das auch egal. Der neue Oberfeldarzt kommt auf ein paar Worte herüber, die ich nur mit Nicken und Lächeln beantworten kann, wegen der Lautstärke – ich hoffe, das Nicken passt. Sandor lacht sich über irgendetwas kaputt, und jemand stellt einen neuen Pappbecher vor mich hin. Die Musik wird noch etwas lauter, die Tanzenden werden wilder; und irgendwann bin ich in ein Gespräch mit dem Besitzer der hübschen grauen Augen verwickelt.

Der ist groß, breitschultrig, dunkelhaarig, und ich muss es zugeben, ein Bild von Mann. Und nur kurz in Kunduz, stationiert ist er in Mazar-i-Sharif.

»Blöd, gerade über Silvester weg zu sein, oder?«, frage ich, und er nimmt einen Schluck aus seinem Becher und schaut mir tief in die Augen.

»Nein«, sagt er, »nicht wirklich.«

»Nein?«, frage ich, lächle und wickle mir eine Haarsträhne um den Finger.

»Nein«, sagt er, tiefer Blick, dunkle Stimme. Wir befinden uns, stelle ich fest, in einem Flirt.

Um uns herum tobt die Party. Er fährt fort, mich anzuschauen, irgendwann dann sagt er: »Dass mir so etwas ausgerechnet hier passieren muss!«

›Ausgerechnet hier‹ soll mir klarmachen, dass das hier nicht nur ernst, sondern dass es die ganz große Liebe ist. Ich transportiere, was mir an Gefühl möglich ist in meinen Antwortblick und überlege gleichzeitig, ob diese Masche oft funktioniert. Und dann, ob sie wirklich auch bei mir funktionieren soll.

Gerade will ich – nach einem lächelnden Blick auf den Fußboden und dem danach fälligen Augenaufschlag – etwas sagen, als der Jahreswechsel ernsthaft beginnt: Silvester. Es ist fast Mitternacht. Schluss mit Blicken, wie immer und überall wird das neue Jahr eingezählt, und hat man es geschafft, rückwärts von zehn bis null zu kommen, wird geschrien und gejubelt, und irgendwer schmeißt mit Papptellern, dazu umarmt man sich, wünscht »Frohes neues Jahr«, je nach Alkoholisierungsgrad brüllt man auch ein wenig oder springt hoch und boxt in die Luft.

Am Tresen wird an der Stereoanlage herumgeschaltet, und dann ertönt Herbert Grönemeyer, und der singt: *Männer.* Und fünfhundert Soldaten singen mit.

Ich fange an zu lachen, und der hübsche, große Mann legt die Hand neben meine, es entsteht die leichteste aller möglichen Berührungen, von der aus kann man fortfahren.

»Frohes neues Jahr«, sagt da jemand neben mir. Ich drehe mich um. Aschblond hält mir die Hand entgegen, ich nehme sie, und er wiederholt: »Ein frohes neues Jahr.«

»Ebenso«, antworte ich und wende mich nach kurzem Lächeln wieder ab, um noch ein, zwei vollkommen unwichtige Sätze und dafür umso bedeutungsschwerere Blicke mit meinem schönen Soldaten auszutauschen. Bis der große, grauäugige Mann vom Einsatzort Mazar-i-Sharif fragt, ob es nicht furchtbar stickig hier drin sei und ich nicht auch frische Luft bräuchte.

»Nein«, sage ich, »aber ich komme trotzdem mit raus.«
Und gleite vom Barhocker, folge ihm. Draußen ist es kalt und
dunkel, und morgen wird es Gerüchte geben.

Was soll's.

DER WEISE VON KUNDUZ

Nicht nur im PRT, auch in Kunduz wird in diesen Tagen gefeiert. Der Anlass ist Eid, das Ende des Fastenmonats Ramadan. Eid fällt in diesem Jahr auf unseren Jahreswechsel.

Zu Eid kauft man neue Kleider, und wer es sich leisten kann, schlachtet ein Schaf oder Kalb und verteilt das Fleisch an die Armen. Freunde, entfernte Familienangehörige, Bekannte statten einander Besuche ab, zu Hause werden Gäste empfangen.

Ein Sprichwort besagt, wenn sich zwei einander unbekannte Afghanen aus unterschiedlichen Landesteilen treffen, haben sie innerhalb von zehn Minuten herausgefunden, wie sie miteinander verwandt sind. Man könnte hinzufügen, dass die beiden, falls sie tatsächlich nicht verwandt sein sollten, zumindest gemeinsame oder miteinander verwandte Freunde haben.

Es ist ein grauer Tag, als ich mich am Tag nach Silvester auf den Weg hinunter in die Stadt mache. Ein grauer Tag, und ich habe Kopfschmerzen, aber das ist egal, es ist Eid.

Der erste Besuch gilt natürlich Zahman, Shanaz, Hamena, Amina und ihrer Familie. Von dort geht es weiter zu Zahmans bestem Freund, dann zum Bruder des Freundes. Dort kommt ein Nachbar hinzu, und dem gilt dann der nächste Besuch. Beim Nachbarn des besten Freundes des Bruders werde ich von einem weiteren unserer afghanischen Dolmetscher abgeholt, und nach dem Zwischenstopp bei ihm lande ich beim Polizeichef von Kunduz.

Dort treffe ich Albrecht, der sitzt inmitten würdiger Afghanen und versucht, sich im Schneidersitz wohl zu fühlen: Seine Knie durchstoßen fast die Uniformhose.

Und überall wird gegessen.

Wären Tische üblich in Afghanistan, sie würden in der Mitte durchbrechen unter all den Tellern, Töpfen, Teegläsern, Platten, dem Obst, Fleisch, Salat, den Coladosen und den Süßigkeiten. So aber steht die ganze Herrlichkeit auf bunten Plastiktischdecken am Boden, wir sitzen drum herum, essen, reden und trinken. Beim Aufbruch fragt Albrecht, ob er mich mit ins PRT nehmen soll, aber ich habe noch einen Besuch vor: bei Farzana und dem ›Weisen von Kunduz‹.

Es ist eine ruhigere Gegend der Stadt, in die ich jetzt eindringe, es ist das alte Kunduz. Irgendwo endet die Straße, dann geht es zu Fuß weiter. Lehmmauer an Lehmmauer, Haus an Haus, dazwischen nur enge, schmale Wege. Kein Auto würde hier durchpassen. Der Weg ist schlammig, ich hüpfe über Pfützen. Hin und wieder schaut ein Gesicht durch einen Türspalt, einmal eilt ein Mann den Weg entlang, fast berühren sich unsere Schultern, als wir einander passieren. Ansonsten ist da niemand, es ist eine Stille aus hellen Lehmmauern, grauem Licht und geschlossenen Toren.

Und dann bin ich da. Eines der Tore öffnet sich. Dahinter: mehrere kleinere Gebäude, irgendwo ist eine Wäscheleine gespannt. Linker Hand stehen zwei Bäume, davor ein Brunnen, und vor dem picken ein paar Hühner im Staub. Das geschlachtete Eid-Kalb ist nicht in Sicht, wahrscheinlich wurde es schon längst verteilt an weniger glückliche Familienmitglieder, an Freunde und Fremde.

Und am Brunnen steht Farzana, schaut auf und kommt auf mich zu. Umarmt mich und schüttelt mir die Hand, führt mich ins Haus.

Kurz darauf sitze ich wieder in einem afghanischen Wohnzimmer, und wie selbstverständlich nimmt Farzana neben mir Platz. Direkt neben einem Mann. Die ansonsten so strenge Trennung von Männern und Frauen wurde aufgehoben.

Sofort frage ich mich, ob das ein Zeichen für Wertschätzung meiner westlichen Gewohnheiten ist oder ob es das Gegenteil bedeutet. Vielleicht ist es aber auch einfach nur normal, und vielleicht mache ich mir einfach zu viele Gedanken.

Es ist eine ›verwestlichte‹ Familie, in der ich zu Besuch bin. Das Familienoberhaupt, Agaje Mohammad, sitzt mir gegenüber. Er ist groß, hager und zerbrechlich, seine Haut wirkt wie verwittertes Elfenbein. Das Haar ist schlohweiß und streng gescheitelt, er trägt einen Anzug mit westlichem Hemd, Manschettenknöpfen und Anzugweste. Seine Bewegungen sind vorsichtig, langsam. So spricht er auch. Seine Augen müssen einmal sehr dunkel gewesen sein. Jetzt, im Alter, verblassen die Farben. Aber sie sind hellwach und funkelnd. Wie Farzanas. Sie hat dieselben Augen. Nur jünger.

Der Agaje wurde 1921 geboren. Wer so alt ist in Afghanistan, hat viel gesehen, viel erlebt. Der Agaje ist hier in Kunduz geboren und aufgewachsen. Heute, sagt er, erkenne er die Stadt kaum wieder. Es sei eine neue Stadt, mit neuen Gebäuden, überall werde gebaut, und Straßen seien asphaltiert.

»Früher« sagt er, »war Kunduz eine alte Stadt mit alten Gebäuden, versunken in einer immerwährenden Staubwolke. Heute sind die Straßen breiter, und es gibt Autos. Früher waren da nur Pferdekarren und Rikschas. Die aber sahen genauso aus wie heute: kleine blaue Wägelchen mit roten und gelben Verzierungen, nach hinten offen und von Fahrrädern gezogen.

»Ich weiß«, sage ich, »ich wollte so gern mal mit einer von diesen Rikschas fahren!«

»Dann machen wir das«, sagt Farzana, »die werden sowieso fast immer von jungen Mädchen und Frauen benutzt, das ist fast Tradition.«

»Aber erst im Frühling«, meint der Agaje. »Wenn das Licht wieder da ist.« Er schaut einen Moment ins Leere. »Im Winter vermisse ich das Licht. In Kabul habe ich das Licht auch vermisst. Nichts ist wie das Licht von Kunduz.«

»Nur die Melonen«, meint Farzana und schiebt mir einen Teller entgegen, »dagegen sind sogar diese Granatäpfel ...« Sie verzieht den Mund und macht eine abfällige Handbewegung, bricht in Gelächter aus.

»Es ist eine große Stadt heute«, sagt der Agaje, der ihr nicht zugehört zu haben scheint, seine Augen blicken nach innen, sehen Erinnerungen. »Es ist ganz anders als früher. Kunduz war ein Städtchen. Jetzt gibt es Straßen, es gibt Läden, Leute ziehen hierher. Das ist alles sehr gut. Es gibt Schulen. Schulen sind das Wichtigste überhaupt. Das war das Schlimmste an den Taliban, dass sie die Schulen geschlossen haben. Und das Beste an den ausländischen Truppen ist, dass sie wieder Schulen bauen.«

Der Agaje selbst hat immer gelernt oder gelehrt. Oder beides gleichzeitig. In den vierziger Jahren war er Student an der Columbia University in New York.

»Das war ein Kulturschock«, sagt er und beginnt, auf eine bedächtige Art zu lachen. »Afghanistan war durchaus modern damals, aber es war doch ein modernes islamisches Land. In Amerika war alles anders.«

»Kulturschocks liegen in der Familie«, flüstert Farzana neben mir.

Der Agaje beendete sein Studium. Kam zurück nach Afghanistan, ging nach Kabul, arbeitete dort im Bildungsministerium und heiratete. Er lehrte, er schrieb Bücher. Dann kamen die Russen. Und gingen wieder.

»Man kämpfte sich so durch«, sagt der Agaje. Es begannen die Mudjaheddin-Kämpfe. Der Agaje packte seine Familie auf einen Karren, spannte einen Esel davor und ging zurück nach Kunduz, in seinen Heimatort. Hoffend, dass es im Norden nicht so schlimm und dann auch bald vorbei sein würde.

»Krieg ist immer auch Hoffnung«, sagt der alte Mann. »Ein Zwischending aus Hoffnung und Furcht. Hoffnung, dass nichts passieren wird, Furcht, dass bald etwas passieren wird. Die Dankbarkeit, dass noch nichts passiert ist. Angst, dass sich das bald ändern wird.«

Man erreichte Kunduz, stieg vom Karren ab, packte aus, was man hatte retten können, und siedelte sich in der alten Heimatstadt an.

Und dann kamen die Taliban und machten die staubige Stadt im Norden zu einem ihrer Hauptstützpunkte.

»Wir hatten gegen die Russen gekämpft, weil sie nicht islamisch waren. Nun hatten wir die Taliban mit ihrer sehr strengen Auffassung des Islam. Und so ist Afghanistan nicht. So war Afghanistan nie. Wir waren und sind ein islamisches Land, aber wir wollen, dass unsere Kinder ausgebildet werden. Wir wollen unsere Mädchen zur Schule schicken. Und wir wollen, dass unsere Frauen arbeiten gehen können. All das ging unter den Taliban nicht.«

Der Agaje hat zwei Töchter. Und als die Taliban immer stärker wurden, als das Leben für die Familie immer unerträglicher wurde, als es Steinigungen gab und öffentliche Auspeitschungen – da traf er die wohl schwerste Entscheidung seines Lebens und schickte seine Töchter außer Landes.

»Wir hatten die Möglichkeit dazu«, sagt er, »viele konnten das Land nicht verlassen, denn das war eine Frage von Beziehungen und Geld. Aber egal ob man ein Visum bekam oder ob man mit Schleppern über die Grenze ging, beides war lebensgefährlich. Wir machten uns Sorgen wegen der Flucht, und wir wollten unsere Töchter nicht verlieren. Welche Eltern schicken schon freiwillig ihre Kinder weg? Aber sie hierzubehalten hätte bedeutet, ihnen keine Ausbildung, keine Freiheit geben zu können. Und das ist kein Leben.«

Und so verließen die Töchter Afghanistan.

»Die Familie«, sagt der Agaje, »ist ein hoher Wert im Islam. Sie ist wichtig. Wegen der Taliban sind Familien auseinandergebrochen. Auch meine jüngste Tochter ist im Ausland geblieben.« Er seufzt. »Ich hatte immer gehofft, dass ich mal mit all meinen Enkeln Ghorzay spielen kann. Oder Kharmaghzbozy.«

»Was ist das?«, frage ich.

»Das«, sagt er und wischt mit einer sehr bedächtigen Handbewegung Krümel vom Boden, »waren meine Lieblingsspiele als Junge. Beim Ghorzay kommt es darauf an, die Balance zu halten, man kriegt eine Hand an den Fuß gebunden und muss die anderen Mitspieler umstoßen. Gewonnen hat der, der als Letzter noch steht.«

»Und das andere?«

»Kharmaghzbozy? Das wird mit Walnüssen gespielt.«

»Es ist so ähnlich wie Boccia«, erklärt Farzana. »Man muss die Walnüsse so werfen, dass man möglichst nah rankommt an eine andere Walnuss. Wenn du das schaffst, gehört sie dir. Springt die Nuss weg –« Sie hebt die Hände und die Schultern in einer Geste, die klar besagt: Dann ist sie weg.

»Wir«, meint der Agaje und zwinkert mir zu, »haben als junge Burschen immer gesagt, Kharmaghzbozy ist eine gute Übung für das Umwerben von Frauen. Man muss sich vorsichtig an ein Mädchen heranpirschen. Und langsam. Sie soll gar nicht merken, dass man sich heranschleicht. Man darf ihr keinen Vorwand geben, wegzuspringen. Wie beim Kharmaghzbozy. Bist du zu schnell, springt die Walnuss weg, man hat verloren. Bist du zu langsam, liegt die Nuss zu weit entfernt, und jemand anders trifft sie, dann ist sie auch verloren.«

»Im Westen«, sagt Farzana, »neigen die Leute heute dazu, einfach hinzugehen und sie aufzuheben, die Nuss.«

»Ja«, sagt der Agaje. »Das geht auch, und dann hat man sie gewonnen, aber dann macht das Spiel keinen Spaß, man verliert die Lust daran. Dann hat man eben nur eine Walnuss gewonnen.«

Ich schaue vom einen zur anderen, vom jungen zum faltigen Gesicht. Und beide brechen in Gelächter aus.

»Nur weil wir Eheschließungen als Familiensache ansehen, heißt das nicht, dass wir keine Ahnung vom Flirten haben«, sagt der Agaje, und Farzana nickt mit gespieltem Ernst und ist kurz vorm Losprusten.

»Das würde ich nie behaupten«, sage ich.

Der Agaje zieht sich bald zurück. Ich kann auch nicht mehr lange bleiben, es ist fast dunkel, und ich habe noch einen weiten Weg vor mir. Draußen im Hof aber fragt Farzana, ob ich noch einen Kulturschock haben möchte.

»Was hast du vor?«, frage ich, und sie guckt spitzbübisch.

»Du hast heute so viel westliches Afghanentum mitbekommen, da brauchst du jetzt noch mal das Kontrastprogramm.«

Und damit schiebt sie mich in Richtung eines der hinteren Gebäude, öffnet eine Tür und ruft. Wenn sie Dari spricht, wird ihre Stimme automatisch härter, bestimmter, rauher, im Englischen dagegen klingt sie sanfter.

Aus den Tiefen eines Raums erklingt eine Antwort. Farzana schiebt mich über die Türschwelle hinein.

Wahrscheinlich wohnt hier ein Sohn des Agaje, ein Sohn mit seiner Frau, da es einen separaten Eingang gibt. Farzana zündet eine Petroleumlampe an, ich sehe mich um.

Und finde mich nach der modernen Gelehrtenwelt des Haupthauses in einer plüschigen Puppenstube wieder. Das Zimmer ist vollgestopft mit Stofftieren, an der Wand hängen Hochzeitsfotos: ein schlanker aufrechter Paschtune neben einer dicken und puppenhaft geschminkten Frau in einem weißen Kleid mit Volants, die ihre Körperfülle zusätzlich betonen.

Dann raschelt etwas, und ebendiese Frau betritt den Raum. Sie ist ebenso dick wie auf dem Foto, und sie fährt zurück, als sie mich sieht. Da stehen wir und schauen uns an, größere Unterschiede sind nur schwer denkbar. Ich: in Jeans, ungeschminkt, dünn. Sie: ausladend, kurvig, in ein Glitzerkleid gezwängt, mit wallenden Locken, auf die sie wahrscheinlich Stunden mit dem Lockenstab verwandt hat, und im Gesicht ein Make-up, das ähnlich viel Aufwand gekostet haben dürfte.

Farzana, das kleine Biest, kichert lautlos in sich hinein. Diese Frau und ich befinden uns an den entgegengesetzten Enden jeder denkbaren Skala. In meinen Augen ist sie ein fremdbestimmtes, puppenhaftes Geschöpf, das seinen Lebenszweck darin sieht, dem Mann zu dienen. In ihren Augen bin ich sicherlich ein vermännlichtes Wesen, das seine Weiblichkeit verleugnet. Was sie ansonsten noch von mir denken mag, wegen meines Lebens – allein und unverheiratet unter Soldaten –, will ich lieber nicht wissen.

Wir nicken uns zu und verabschieden uns ebenso lautlos und schnell. Nichts haben wir gemeinsam.

»Stolze Paschtunin«, flüstert Farzana. »Nur um dir zu zeigen, dass es Frauen gibt, die das wirklich so wollen.«

»Ich hab das nicht bezweifelt, Farzana«, sage ich.

»Stimmt.« Ihre Stimme klingt nachdenklich. »Hast du nicht.« Ich gucke in die Dunkelheit.

»Ich würde so nicht leben wollen. Und ich verstehe nicht, wie man so leben kann. Aber das heißt nicht, dass ich nicht langsam verstehe, dass es Menschen geben kann, die so leben wollen. Dafür sorgst du schon.«

Sie lächelt.

»Und«, fahre ich fort, »es ist auch komisch mitzukriegen, dass mein für mich so normales Leben für deine stolze Paschtunin der Horror wäre.«

Farzana zögert einen Moment, dann sagt sie: »Ich habe mir, bevor ich dich kennenlernte, auch nicht vorstellen können, wie eine Frau dort oben in diesem Militärlager leben kann.«

»Du hast dir vorgestellt, ich sei eine schreckliche Person, gib es zu«, sage ich und lache.

Sie lächelt, zustimmend, entschuldigend. »Und wie lebt es sich da oben in diesem Camp. Mit den Soldaten?«

Ich starre vor mich hin auf den Boden. Hinter uns fällt ein Lichtschein aus der Plüschpuppenstube.

»Eigentlich normaler, als ich es erwartet habe, bevor ich hierherkam. Und auch wieder ganz anders. Ich weiß nicht. Es sind eben sehr viele Männer um mich herum, und fast alle tragen Uniform.«

»Wir würden um den Ruf der Frau fürchten.«

»Ach, Farzana«, sage ich, »ich weiß gar nichts über meinen Ruf. Wahrscheinlich gibt es Gerüchte. Aber das muss mich nicht kümmern.«

»Das wäre hier anders. Hier müsste es dich kümmern.«

»Ja, ich weiß«, sage ich. »Und wie lebt es sich in den Frauentrakten eurer Häuser?«

»Auch ganz anders«, sagt sie. »Auch normaler. Manchmal bist du glücklich, manchmal unglücklich. Manchmal fühlst du dich unfrei und manchmal nicht. Manchmal willst du allein sein, und dann bist du wieder froh, dass Leute um dich herum sind.«

Da stehen wir und lächeln uns an.

»Bist du glücklich, dass du nach Afghanistan gekommen bist?«, fragt sie.

»Ja«, sage ich. »Bisher ist es anstrengend und nervig und komisch und vollkommen anders, als ich gedacht habe. Und es ist auch spannend und interessant. Und ja. Ja, ich bin glücklich.«

Sie lächelt und drückt mir die Hand.

»Und du?«, frage ich.

Und da nickt auch sie.

Wir verabreden uns für einen der nächsten Tage, dann will sie für mich übersetzen bei einem Gespräch mit den neu rekrutierten weiblichen Polizistinnen.

In der Abenddämmerung mache ich mich auf den Weg durch die kleinen Gassen zur Straße. Von dort fahre ich mit dem Auto hoch zum PRT. Auf dem Weg dorthin, bilde ich mir ein, sehe ich ein paar Jungen, sie knien auf dem Boden, Gesichter voller Konzentration, werfen Walnüsse.

»IN AFGHANISTAN
IST NIEMAND GLÜCKLICH«

Bagh-e-Shirkat ist ein Rückkehrerlager am Rand der Stadt. Hier ist alles sandfarben, es gibt kein einziges Haus aus Stein, nur Lehmwände. Die einzigen Farbflecke sind ein paar Büschel Gras am Fuß der Hausmauern und die Kleidung einiger Kinder, die dem Bundeswehrkonvoi zuwinken.

Der Konvoi ist hier bekannt; er kommt jede Woche. Jeden Freitag fährt die Sanität zur ärztlichen Grundversorgung nach Bagh-e-Shirkat. Freitags, weil dann ein Schulgebäude für die Untersuchung genutzt werden kann: Freitag ist in Afghanistan der wöchentliche Ruhetag, das Gebäude steht leer.

Zum Teil leben die Menschen hier schon seit Jahren. Flüchtlinge, die nach dem Sturz der Taliban zurückgekommen sind, aus Iran oder Pakistan, und für die es, zurück in der Heimat, keinen Platz mehr gab. Und die dann irgendwie hier gestrandet sind.

Die Fahrt dauert nicht lange, durch ein Labyrinth von Lehmmauern fahren wir auf den Hof der Schule. Hinter uns schließt sich das übliche Wellblechtor, und dahinter sammeln sich die, die zum Arzt wollen.

Drinnen bauen die Ärzte, Rettungsassistenten und Kraftfahrer auf, der Schutz bezieht Stellung. Der Reihe nach werden dann die Patienten eingelassen, in kleinen Gruppen, immer zwei oder drei – je nachdem, wie viele Ärzte da sind. Quietschend öffnet sich das Tor, nachdem der Schutz einen prüfenden soldatischen Blick durch die Sichtluke im Wellblech geworfen hat.

Draußen steht der Hausmeister der Schule und sorgt für

so etwas wie Ordnung. Ein mittelgroßer Mann mit Turban und Flecken auf dem Hemd, tiefen Falten im Gesicht und einer leeren Augenhöhle. Auch Zähne fehlen ihm. Man sieht es, wenn er lächelt. Wie alt mag er sein? Vierzig, fünfzig oder sechzig?

Soldaten vom Schutz überprüfen und durchsuchen die neu Hereingelassenen: Da stehen dann afghanische Männer mit über dem Kopf ausgestreckten Armen und werden mit Hilfe eines Metalldetektors überprüft, Frauen breiten unter den Burkas die Arme aus. Wenn alles in Ordnung ist, werden sie zu einem Tisch geführt, an dem zwei Rettungsassistenten sitzen. Sie geben ihre Namen an, werden nach den Geburtsdaten gefragt, die sie meist nicht wissen. Geburtsjahr? Unbekannt.

Der Schutz steht und sichert, die Langwaffe im Arm. Daneben hocken Frauen unter Burkas an der Lehmmauer und warten, Männer stehen daneben. Ein paar Kinder laufen herum. Schauen neugierig, spielen. Die heutige Attraktion ist ein Oberfeldwebel vom Schutz, der sich vor die Kinder kniet und aus einem Blatt Papier eine Schwalbe faltet. Dann geht er in Abflugpose, wirft das Ding, und es fliegt, und der ganze Kinderhaufen rennt johlend hinterher.

Im umfunktionierten Klassenzimmer der Schule schiebt der Oberfeldarzt ein paar Holzscheite in den kleinen Ofen. Den hat Cimic beim letzten Mal mitgebracht, damit der Raum wenigstens etwas beheizt werden kann. Der Holzvorrat liegt nebenan und ist schon deutlich zusammengeschrumpft.

Zwei Ärzte arbeiten im Klassenzimmer. Neben jedem sitzt einer der einheimischen Dolmetscher, zwei Rettungsassistenten führen eine Art Patientenkartei. Sie protokollieren die Besuche und notieren, was für ein Medikament gegeben wurde. Minimale Buchführung eines Arztes, hier aber ist sie fast unmöglich. Die Schwierigkeiten fangen schon damit an, dass die Patienten ihren Namen jedes Mal anders buchstabieren; selbst wenn sie schreiben können, kennen sie doch nur das arabische Alphabet.

Von draußen werden zwei Frauen hereingeführt. Eine alte Frau mit schmutzig weißem Schleier und einem scharf geschnittenen Gesicht, von Falten durchzogen. Kaum dass sie sitzt, beginnt sie in raschem, scharfem Dari aufzuzählen, was ihr fehlt. Die zweite Frau hat ein Kind bei sich, ein Mädchen, das an Magenkrämpfen leidet. Kurze Untersuchung, Medikamente, der Nächste bitte.

Die Ärzte arbeiten schnell. So schnell es geht, damit möglichst viele untersucht und behandelt werden können.

Die Bundeswehr bietet hier als einzige Organisation eine ärztliche Versorgung an; wer es nicht zum Bundeswehrarzt schafft, bekommt gar keinen Arzt zu sehen.

Aber wer besucht diese Sprechstunde mit freien Medikamenten und westlichem Wissen? Die medizinische Betreuung durch die Armeeärzte ist kostenlos. Aber wissen das die Leute hier? Und selbst wenn sie es wissen, könnten sie sich durchsetzen gegen jemanden, der sich zum Wächter aufspielt und Geld kassiert für einen Platz vorne in der Reihe? Oder überhaupt für einen Platz vor dem Tor?

Und wäre es so, und den Verdacht gibt es, was können wir dagegen tun? Einen Dolmetscher vor das Tor stellen. Der weiß auch nicht, wie krank jemand wirklich ist, und könnte außerdem ebenfalls korrupt sein. Und was passiert mit den Medikamenten, die hier ausgegeben werden? Werden sie von den Kranken eingenommen, oder werden sie vielleicht verkauft an die, die keinen Platz vor dem Tor bekommen haben?

All das wissen wir nicht. Und wüssten wir es, was sollten wir tun? Mit den Behandlungen aufhören? Niemandem mehr etwas geben? Das kann auch nicht die Lösung sein. Dann lieber weitermachen.

Solche Erlebnisse machen hart. Afghanistan erteilt einem eine Lehre in Darwinismus pur. Man überlebt nicht auf nette, höfliche und freundliche Weise.

Die Augenblicke mit diesen Gedanken sind jene, in denen ich ›Verdammtes, mieses Land‹ denke.

Die nächste Gruppe braucht länger, bis sie vom Rettungs-assistenten zum Klassenzimmer gebracht wird. Grund dafür ist ein alter Mann. Er geht über seinen Stock gebeugt, die Hand am Stock zittert. Er ist sehr alt. Sein Bart ist weiß und reicht ihm bis auf die Brust. Er trägt einen blauen Khamez, das lange, traditionelle Hemd. Keine Socken in den Schuhen. Allerdings habe ich hier noch nie Socken gesehen, und immerhin hat er Schuhe. Das ist auch nicht selbstverständlich. Er setzt sich langsam, schwerfällig, vorsichtig, eben: alt auf die Bank. Er hebt den Blick, schaut den Oberfeldarzt an. Zeigt Medikamente vor, sagt etwas, Kabhir, der Dolmetscher, übersetzt.

Der Oberfeldarzt hört zu, nickt, stellt ein paar Fragen. Verlangt nach einem Medikament, die Pillendose wird ihm aus dem Medikamentenschrank gereicht, und er gibt sie dem alten Afghanen. Der schaut misstrauisch. Sagt etwas mit Alt-männerstimme.

»Er fragt, ob er nicht wieder die gleichen Medikamente bekommt wie beim letzten Mal«, sagt Khabir und deutet auf das noch halbvolle Medikamentenröhrchen auf dem Tisch.

»Er kann auch das weiternehmen, wenn er damit glück-lich ist«, sagt der Oberfeldarzt.

Khabir blickt auf. Der Alte sitzt da und wartet, wie man so

viele hier sitzen und warten sieht und wo einem so häufig Worte einfallen wie: ergeben. Oder auch: geschlagen.

»In Afghanistan ist niemand glücklich«, sagt Khabir.

Und einen Augenblick halten wir alle inne: die Rettungsassistenten, die versuchen, die richtige Schreibweise eines afghanischen Namens herauszubekommen, der Chirurg, der ein kleines Mädchen untersucht, der Oberfeldarzt und ich.

Und der alte Afghane sitzt da und wartet.

Verdammtes, verrottetes, mieses Leben.

Gegen Mittag fahren wir zurück ins Lager. Im Dingo schweigen alle, hängen eigenen Gedanken nach, bemühen sich, nicht zu denken.

Zurück in meinem Büro, steht Aschblond in der Tür. Gestern habe ich seinen Film von der Post abgeholt, drücke ihm das Päckchen jetzt in die Hand.

»Danke«, sagt er, und dann: »Du bist so ruhig.«

»Heißt das, dass ich normalerweise zu viel quatsche?«, frage ich, und der Satz hat nicht den Tonfall eines Flirts, der Satz ist ein Angriff.

»Nein«, antwortet er und schickt dann ein »Natürlich nicht« hinterher, und ich schaue in seine scheuen Augen und habe ein schlechtes Gewissen. Ich will ihn nicht anblaffen, er hat mir nichts getan. Ich habe nur den Afghanistan-Blues, ich brauche eine Dusche und andere Gedanken.

Und vielleicht ist es das, was mich zustimmen lässt, als er mich zum Abend zu sich auf die Stube einlädt. Ramazotti-Trinken als Dank für die Bestellung seines Films. Ramazotti ist eine Seltenheit, so etwas gibt es nicht im Lager, so etwas kommt nur aus Paketen von zu Hause.

»Ich hätte sogar Zitronen«, sage ich zögernd, die liegen auf dem Tisch neben mir, frisch vom Markt mitgebracht.

»Also abgemacht?«, fragt er, und ich nicke zustimmend.

Wir verabreden eine Uhrzeit. Seine Stube befindet sich in »Holzhausen«, das ist ein kleiner, etwas abgelegener Teil des Lagers, wo ich noch nie war, es gab nie einen Grund dafür. Teile des Schutzes wohnen dort, und auch die »Omelettes«, die Soldaten, die die afghanische Armee ausbilden, haben dort ihre Stuben.

Er malt mir eine Wegbeschreibung auf einen Zettel. 17 R schreibt er dazu, das ist die Nummer seiner Stube, die natürlich nicht ›seine‹ ist, sondern die er teilt; mit wie vielen und wem, ich habe keine Ahnung.

Er geht mit einem »Bis später!«, und ich spaziere hinüber zum Presseoffizier, um mich über Bagh-e-Shirkat zu informieren.

Die Fahrten dorthin gingen im Sommer 2006 los, erfahre ich, nachdem mir eine Kaffeetasse in die Hand gedrückt wurde und ich auf dem Besuchersessel untergebracht worden bin.

Die Ärzte, die regelmäßig ins Kunduz Provincial Hospital fuhren, fanden ebendort ein schwerkrankes Kind, ein Mädchen, zwölf, vielleicht dreizehn Jahre alt. Sie war von irgendetwas gestochen oder gebissen worden. Skorpion, Kamelhaarspinne, irgendetwas. Der Stich hatte sich infiziert, jetzt lag sie mit Blutvergiftung im Krankenhausbett und war schon nicht mehr ansprechbar.

In einer Blitzaktion packte die Sanität das Mädchen sofort in den TPZ und fuhr mit ihr ins Rettungszentrum.

»Wir bekamen die Blutvergiftung in den Griff«, erzählt der Presseoffizier, und es klingt, als habe er persönlich gegen Staphylokokken und Streptokokken, Viren und Pilze gekämpft und gesiegt.

»Nach ein paar Tagen ging es ihr schon wieder ganz gut, und natürlich hat man sie dann auch nach ihren Eltern und ihrem Zuhause gefragt. Die Antwort war, sie lebe in Bagh-e-Shirkat. Wir sind hingefahren, und die Sanitäter haben entschieden, dort zumindest einmal wöchentlich die ärztliche Versorgung zu übernehmen.«

Ich bedanke mich und gehe hinüber zum Rettungszentrum. Winke Abdul zu, Abdul mit dem Urinbeutel, der, wie meist, in der Eingangshalle herumlungert. Treffe Alex, eine Rettungsmedizinerin, mit der ich seit ewig etwas trinken gehen will und die ständig im Dienst ist.

»Du warst mit im Rückkehrerlager«, fragt sie, und ich nicke. »Ich bin nächsten Freitag dran, da rauszufahren. Mit eine der letzten Chancen!«

»Wieso?«

»Wir machen das nicht mehr lang. Die Bundeswehr gibt das an eine Hilfsorganisation ab. Kinderberg.«

»Ja«, sage ich, »die kenne ich.« Und überlege, dass es sinnvoll ist, diese Versorgung abzugeben. Gerade an Kinderberg. Die Projekte dieser Hilfsorganisation sind hier beispielgebend. Die Bundeswehr kann und soll eine schnelle ›Erste Hilfe‹ leisten, und das hat sie hier getan. Jetzt kann Kinderberg übernehmen. Der Grundsatz dieser Hilfsorganisation ist, möglichst überall, möglichst viel mit Einwohnern vor Ort zu arbeiten. Kinderberg stellt Afghanen nicht nur als Dolmetscher ein, sondern besetzt jede Stelle mit Einheimischen. Damit schafft die Organisation Arbeitsplätze und kurbelt die Wirtschaft im Land an. Die Bundeswehr hat hier getan, was sie kann. Jetzt muss es weitergehen.

»Finde ich gut«, sage ich.

»Nebenbei«, sagt Alex, »wir haben heute eine kleine private Sanitäts-Party im B-Zelt. Magst du kommen?«

»Ich würde liebend gerne«, seufze ich, und das ist wahr, »aber ich bin schon verabredet.«

»Schade.«

»Vielleicht kann ich das kurz halten und später noch vorbeischauen.«

»Wenn das geht – wir würden uns freuen.«

»Ich mich auch, glaub das mal!«

Es wird schnell Abend. Und ich mache mich auf den Weg, ich habe zugesagt, dass ich vorbeikomme, und dann halte ich diese Zusage auch ein.

Es ist neblig. Am Vormittag kam die Meldung, dass der Salang-Pass geschlossen wurde. Die Straße nach Kabul ist damit zu.

Von Block Bravo aus halte ich mich links, vorbei an den Wohnblöcken Charlie, Delta, Ecco. Auf den Panzerkeksen, Platten, die einen provisorischen Weg bilden, liegt Rauhreif, mein Atem gefriert in der Luft.

Schließlich enden die Wohnblocks. Freies Feld, der Blick schweift über einen Parkplatz, dahinter liegt Holzhausen, geschützt hinter Hescos. Mein Schritt knirscht über Kiesel. Die erste Abzweigung hinein nach Holzhaus muss ich nehmen.

Ein wenig erinnert das hier an Ferien in Dänemark. Eigentlich sollten hier die Wälder singen, und es sollte ein Ruderboot auf einem See geben, aber das ist natürlich Quatsch. Holzhausen heißt Holzhausen, weil es Holzhäuser sind, die fast schon skandinavisch wirken, aber es sind immer noch Holzhäuser in Afghanistan, nicht in Dänemark oder Schweden.

Ein Holzbohlenweg führt an kleinen Veranden vorbei, auf denen metallene Transportkisten als Sitzgelegenheit stehen, an einer Wand hängt ein grünes Stofftier. Wer hat das dort wohl angenagelt und warum?

Ich achte auf die Hausnummern. Holzhausen liegt verlassen da, ich sehe niemanden. Dann stehe ich schließlich vor 17 R. Klopfe an die Tür und trete ein.

Der Raum ist größer als der, den ich bewohne, und man betritt ihn durch einen Vorraum. An der Wand hängt eine Bundeswehr-Flecktarn-Jacke in Grün. Im Hauptraum stehen drei Betten an den Wänden, ein Tisch in der Mitte, darauf ein aufgeklappter Laptop, der Musik spielt. In einer Ecke ist ein Kühlschrank. An den Wänden hängen die obligatorischen Poster von halb- bis ganz nackten, sich räkelnden Mädchen.

»Ich«, sagt Aschblond, »habe zur Dekoration nur das da beigetragen.« Er deutet auf eine Postkarte am Kühlschrank, darauf zwinkert die Maus aus der Sendung mit der Maus.

»Hallo«, sage ich. Und vielleicht stelle ich jetzt fest, dass ich sein Lächeln mag. Wenn er verlegen ist, kippt sein Lächeln gemeinsam mit dem Blick ab nach unten.

»Hallo«, sagt er, und ich denke, wenn er mich fragt, ob ich gut hergefunden habe, schreie ich. Tut er aber nicht. Er nimmt die Zitronen, die ich mitgebracht habe, beginnt, sie in Scheiben zu schneiden, und erzählt, dass sie zu fünft hier wohnen, er und der Schutzzug Foxtrott, dass beide Räume, 17 R und 17 L ihnen zugewiesen worden seien, sie hätten aber beschlossen, alle in einem zu schlafen und den anderen, nämlich diesen hier, als Aufenthaltsraum zu nutzen. Er erzählt, dass einer seiner Mitbewohner eine Pornosammlung habe, thematisch nach Alphabet geordnet. Und dass Rauchen hier drinnen eigentlich nicht ginge, weil zwei von ihnen Nichtraucher seien, aber dass es im Augenblick kein Problem sei, weil die Stubenkameraden auf einer Dreitagefahrt unterwegs seien.

»Ach«, sage ich.

»Ja«, meint er und reicht mir ein Glas, und ich denke ›Mist‹ und frage mich, wie ich hier wieder rauskomme, ob ich einfach das Glas austrinken und dann mit einem Hinweis auf dringende und frühe Arbeit am Morgen wieder verschwinden soll?

Das erscheint ein guter Plan. Im Bestreben, ihn auszuführen, trinke ich schnell. Und er drückt mir ein weiteres, frisch gefülltes Glas in die Hand.

Er ist Gebirgsjäger, erfahre ich im Gespräch, trägt die graue Mütze mit dem Edelweiß, und er ist hier im Einsatz, weil er unseren derzeitigen Kommandanten schätzt und ihm angeboten hat, ihn nach Afghanstan zu begleiten.

»Ist das üblich«, frage ich und ziehe die Nase kraus. In jedem Fall sei es nicht unüblich, antwortet er und verweist auf die Geschichte: Da hatte, sagt er, jeder militärische Führer seinen treuen Feldwebel dabei.

»Du interessierst dich für Geschichte?«

Er habe einen Geschichtsatlas dabei, ebenso wie einen Golfschläger, sagt er und reicht mir das nächste Glas, ob ich eines von beiden sehen wolle?

Nein, danke.

Im Übrigen bleibe er sieben Monate hier im PRT im Einsatz, und nach diesen sieben Monaten werde er die Bundeswehr verlassen, er sei Zeitsoldat, eigentlich verpflichtet auf zwölf Jahre, aber er gehe schon jetzt, nach neun. Er wolle dann studieren, die Bundeswehr zahle ihm das Gehalt drei Jahre weiter.

So vergeht der Abend.

Und irgendwann bemerke ich, dass ich zu viel getrunken habe, so stehe ich auf, um für Ramazotti, Unterhaltung und Gastfreundschaft zu danken und zu gehen. Er steht ebenfalls, vor mir, zu nah vor mir, denke ich noch.

Und dann beugt er sich vor und küsst mich. Überrumpelungskuss.

Meine Reaktionen sind deutlich verlangsamt, ich komme nicht mit dem Tempo des Geschehens mit. Dieser Kuss hat keine Chancen, unter die Top Ten meiner persönlichen Rangliste zu kommen.

Und dann stehen wir also voreinander, nach einem Kuss in einer Holzhütte in einem Militärlager in Nordafghanistan. Seine Arme hängen an den Seiten hinab, und er schaut mich an, schuldbewusst, als erwarte er eine Ohrfeige und hoffe gleichzeitig, dass die nicht kommt. Und ich finde noch immer nicht den Anschluss ans Geschehen, und mir fällt nichts ein, außer ihn anzustarren und »damit habe ich nicht gerechnet« zu sagen.

Was der Wahrheit entspricht, aber keine angemessene Reaktion ist.

Ich nehme mich zusammen, Himmeldonnerwetter, sonst stehen wir noch ewig hier, und mit Schrecken fällt mir ein, dass ich nicht mal weiß, wie der Mann heißt. Ich denke verzweifelt nach, ›Lorenz‹ entscheide ich, irgendwo in meinem Hinterkopf habe ich das Gefühl, er müsse Lorenz heißen.

»Lorenz«, sage ich und gucke streng, »was sollte das jetzt?«

»Ich heiße Mark«, sagt er.

»Mark?«

»Ja. Mark.«

Das ist zu viel. Wie soll ich nach einem solchen Fauxpas Empörung zeigen, die ich gar nicht empfinde vor lauter Überraschung?

»Ich gehe jetzt«, sage ich, »gute Nacht.«

Und verlasse fluchtartig den Raum.

Das Lager, dann, liegt verlassen da. Die Luft ist klar und eiskalt, unter meinen Schuhen knirscht der Kies. Vor Block Ecco treffe ich auf die Streife der Militärpolizei, nachts wird patrouilliert, um sicherzustellen, dass alle im Bett liegen, und um für Ruhe und Ordnung zu sorgen. Wäre ich Soldat, würden sie mich anhalten. So grüßen sie nur freundlich.

Ich komme ›zu Hause‹ an, erreiche die Jungmädchenbude, belasse es bei einer Katzenwäsche, verschwinde im Bett und starre in die Dunkelheit. Bilder aus Bagh-e-Shirkat vor meinem inneren Auge und aus 17 R, Holzhausen. Ich verscheuche sie.

Ich will nicht nachdenken. Nicht über den Sinn oder Unsinn dieses Einsatzes, nicht über Dinge, die richtig sind, obwohl sie den Falschen zugutekommen, und nicht darüber, wer die Falschen sind und warum. Und ich will auch nicht darüber nachdenken, wie schlecht die Idee war, Lorenz, der in Wirklichkeit Mark heißt, zu küssen. Genauer gesagt: mich küssen zu lassen – und wie ich jetzt mit ihm umgehen soll. Ich verdränge das, beschließe ich, und vielleicht erwähnt er es auch nicht mehr, ich tue so, als sei nichts passiert. Und nach diesem beruhigenden Gedanken verschiebe ich alle weiteren auf morgen. Ziehe die Decke über den Kopf und schalte die Welt aus.

DIE ZUCKERFABRIK IN BAGHLAN

Es war ein Fehler«, sage ich streng und gucke meinem Spiegelbild fest in die Augen, »und wir vergessen das einfach.« Mein Spiegelbild ist meiner Meinung. Ich beginne, mir die Zähne zu putzen. »Wir waren einfach betrunken«, fahre ich fort, während ich etwas später in meinem Schrank wühle und einen Pullover übers T-Shirt ziehe. »Reden wir einfach nicht mehr davon, okay?«

Ich nehme meine Schlüssel, ziehe die Tür zu und mache mich auf den Weg ins Büro. Vor dem Rettungszentrum löst sich soeben ein Antreten auf, Alex winkt mir zu.

»Wo warst du gestern?«, fragt sie, und ich murmele etwas Unverständliches, setze nach einem kurzen Plausch den Weg ins Büro fort.

Dort erwarten mich Information über die Vorkommnisse der vergangenen Nacht. Es gab einen Raketenangriff. Zumindest wahrscheinlich, ganz klar ist es noch nicht. Irgendetwas ist außerhalb der Stadt in der Nähe des Lagers explodiert. Es könnte ein Raketenangriff gewesen sein, es könnte aber auch ein Uxo gewesen sein. Uxo bedeutet: ›Unexploded object‹, das kann schon ewig dort herumgelegen haben, wir wissen es nicht. Was wir wissen, ist, dass ein neun Jahre altes Mädchen und eine Fünfundzwanzigjährige verletzt wurden. Beide sind außer Lebensgefahr.

Weiter wurde bekannt, dass ein afghanischer Vater beim Wetten sein ganzes Geld verloren hat. Das wäre seine Privatsache, nur hat er, um weiterspielen zu können, seine eigene Tochter als Wetteinsatz hergegeben. Und natürlich verloren. Das Mädchen ist zwölf. Einige Menschenrechtsorganisationen versuchten noch einzugreifen, aber das Kind ist schon nach Pakistan gebracht worden. Was immer ›nach Pakistan‹ auch genau bedeuten mag – ob sie in eines der Flüchtlingslager dort gebracht wurde oder in die Stammesgebiete an der Grenze zwischen Afghanistan und Pakistan – in jedem Fall heißt es für das Mädchen: Sie wurde einem möglichen Zugriff entzogen. Und wahrscheinlich schon verheiratet.

Zuletzt erreicht uns die Meldung, dass etwas außerhalb von Kunduz, im Kunduz-River, eine Mädchenleiche gefunden wurde, circa siebzehn Jahre alt, die Hände auf den Rücken gebunden, mit ihrem Schleier.

Ein ganz normaler Tag im Paradies, denke ich, ziehe meinen Schal zurecht und steige zu Hafis ins Auto.

Wir fahren nach Baghlan, in die Provinz südlich von Kunduz. Dort gibt es eine Zuckerfabrik, gebaut in den dreißiger Jahren mit deutscher Hilfe. Während Besatzung und Bürgerkrieg lag die Produktion still, heute aber läuft sie wieder: Zuckerrüben sollen eine Alternative werden zum Anbau von Mohn, aus dem Opium gewonnen wird. Ob das klappt? Die Welthungerhilfe winkt nur ab, als ich nach der Zuckerfabrik frage. Natürlich wachsen hier Zuckerrüben, heißt es. In den Provinzen Kunduz und Baghlan wächst fast alles. Wenn das Wetter mitspielt, können hier drei Ernten pro Jahr eingefahren werden. Die Frage aber ist, ob Afghanistan mit den Preisen auf dem Weltmarkt mithalten kann. Und ob sich Warlords und Drogenbarone die Felder, das Opium und damit die gigantischen Drogengeschäfte wegnehmen lassen.

In der Fabrik sieht man diese Probleme nicht. Oder zieht es vor, sie nicht zu sehen. Die Wiederinbetriebnahme der Zuckerfabrik von Baghlan war ein Gemeinschaftsprojekt zweier deutscher Bundesministerien, nämlich des Landwirtschaftsministeriums und dessen für Entwicklungshilfe. Weiter waren noch ein deutscher und mehrere afghanische Investoren sowie der afghanische Staat beteiligt. Außerdem ist der Ausspruch des hiesigen Managements sehr zutreffend: »Der Gebrauch von Zucker ist in Afghanistan so sicher wie der Tod.«

In Baghlan wird also produziert. Trotz, gegen oder ohne Bedenken.

Betritt man die Fabrik, fühlt man sich wie in einem Museum. Mehr, man fühlt sich in eine andere Zeit zurückversetzt, Nostalgie liegt in der Luft. Ein Oldtimer in Knallrot begrüßt uns als Erstes. An diesem Vehikel vorbei klettern wir eine eiserne Treppe nach oben, hinauf auf die zweite Ebene, wo riesige Tanks stehen, in Grün und Rot. Schwungräder walzen, ein Transportband transportiert Rüben, eine giftgrüne Zuckerpresse speit Rübenmatsch aus. Dass aus dieser braunen, hässlichen Masse mal makellos weißer Zucker werden soll, ist schwer zu glauben.

Afghanische Arbeiter tragen Körbe hin, her oder weg, kontrollieren irgendwelche Ventile, und Dampf liegt in der Luft.

Beaufsichtigt wird alles von einem Deutschen, einem Dresdner, der im gemütlichen Tonfall seiner Heimat spricht. Über sechzig Jahre ist er alt. Auf dem Arbeitsmarkt zu Hause war nichts mehr zu wollen, so kam das Angebot aus Afghanistan gerade recht. Als Cheftechniker bildet er hier außerdem aus, im Augenblick lernt er zwei afghanische Techniker an. Gab es Sicherheitsbedenken? Angst? Da schüttelt er den Kopf.

Neben seinem Büro hängen an einer Wand aus weißlackiertem Holz noch die Zahlen der Tages- und Wochenproduktion eines Frühlings der dreißiger Jahre.

Er führt uns weiter, eine nächste eiserne Treppe hinauf, zu Temperaturanzeigen und weiteren Schwungrädern, die weiß der Himmel welche Funktion haben.

Man ist optimistisch hier. 2007 soll die Fabrik auf vollen Touren laufen, tausend Angestellte wird sie dann haben, und mindestens fünfzehnhundert Bauern sollen Zuckerrüben anliefern. Und keinen Mohn mehr anbauen.

Die Idee ist, den Mohn nicht einfach nur zu zerstören, sondern Alternativen zu schaffen. Ist das Feld voller Zuckerrüben, bietet es keinen Platz für Mohn. Und für die Bauern, so denkt jedenfalls das Management, ist es ein sicheres Einkommen. Die kleinen Bauern mit den schwieligen Händen und den faltigen, verlebten Gesichtern draußen auf den Feldern schließen einen Ein-Jahres-Vertrag mit der Fabrik ab und bekommen Saatgut und, wenn nötig, auch Maschinen als zinsloses Darlehen, um Zuckerrüben anzupflanzen. Pro Tonne zahlt die Fabrik dreißig Dollar – ein sicheres Einkommen.

Dann besuchen wir die Bauern auf den Feldern um Pol-i-Khomri. Das sind die Menschen, die die Zuckerrüben anbauen sollen.

Gegen den Himmel zeichnen sich die Berge ab, ein Pflug wird weiter hinten von einem Ochsen durchs Feld gezogen. Der Bauer vor uns stützt sich auf, streckt den Rücken und blickt aus seinen müden Augen. Ja, sagt er, er pflanze Zuckerrüben an. Kneift die Augen zusammen, was zu den tausend ständigen Falten tausend weitere sichtbar werden lässt. Sein Gesicht ist ähnlich verwittert wie der Boden seines Feldes. Das richtig gute Geschäft sei das nicht mit den Zuckerrüben, sagt er. Es bringe zu wenig ein, und es dauere zu lange.

Was er ansonsten anbaue? Was etwas einbringe?

Schulterzucken. Dies und das. Das Wort ›Mohn‹ fällt nicht, aber es schwebt irgendwie in der Luft. Nicht zum ersten Mal stelle ich mir die Frage, was ich tun würde, hätte ich hier eine Familie zu ernähren. Und es ist nicht nur das, es geht ja nicht nur um Geld. Einem Drogenbaron schlägt man nichts ab.

Nicht, wenn einem Feld, Haus und Familie etwas wert sind. Und das eigene Leben.

Wir machen uns auf den Rückweg. Die Strecke von Pol-i-Khomri nach Kunduz ist landschaftlich wunderschön, wir haben jedoch nichts davon, es ist bereits dunkel. Und die Dunkelheit und Intimität des Autos machen Hafis gesprächig, und er beginnt zu erzählen von einem Mädchen, das er kennt.

»Was heißt ›kennen‹, Hafis?«, frage ich.

Er hat sie ein-, zweimal gesehen. Sie gefällt ihm. Und er würde sie gern heiraten.

»Ja?«, frage ich und verstehe das Problem nicht, Hafis stammt aus einer guten Familie, sieht nicht schlecht aus, hat das richtige Alter und ist mit seinem sicheren und für hiesige Verhältnisse hochbezahlten Job bei der Bundeswehr ein guter Fang.

»Meine Mutter ist dagegen«, sagt er.

»Und warum?«, frage ich und versuche diese umgekehrte Variante der Zwangsheirat in mein Weltbild einzuordnen: Da ist ein Mann, der will heiraten und seine Mutter sagt ›nein‹.

»Ihr gefällt das Mädchen nicht«, antwortet Hafis.

»Ich versuche zu verstehen«, sage ich, »ich meine, eigentlich würde ich ja sagen, dass du vielleicht einfach noch mal mit ihr redest. Aber ich fürchte, das ist eine typisch westliche Aussage, die nicht viel hilft, oder?«

Da lacht er und nickt: »Nein, bei uns gibt es da nichts zu reden.« Und das Lachen kaschiert die absolute Endgültigkeit dieses Satzes nur schlecht.

Ehe ist Familienangelegenheit. Das Mädchen, das Hafis einmal heiratet, wird mindestens bis das erste Kind kommt, mit bei seiner Familie leben. Sie muss in diese Familie passen.

Ehe ist keine individuelle Entscheidung, es gibt nichts zu reden über das mütterliche Dekret, es kann nur hingenommen werden. Familie, denke ich bei mir, ist der Ort, der dich beschützen soll, der Ort, an dem du aufwächst, aber wenn du erwachsen bist, soll man dich freigeben, dich nur noch unterstützen in deinen Entscheidungen und dir helfen, herauszufinden, was dein Glück ist. Selbst wenn deine Familie nicht versteht, was genau das ist, dein Glück.

Aber so ist es nicht in Afghanistan. Und wie oft ist es eigentlich in Deutschland so?

Wir erreichen den Kontrollpunkt vor der Abzweigung zum PRT. Hafis biegt ab, wir holpern hinauf aufs Hochplateau, am Parkplatz steige ich aus, verabschiede mich, bedanke mich für die Fahrt und gehe durch die Schranke ins Lager hinein. Bei den afghanischen Guards weise ich mich aus, grüße in der Schleuse die deutsche Wache und gehe zu meinem Büro, wie schon Hunderte Male zuvor.

Diesmal aber hängt an meiner Bürotür ein kleiner Zettel. Darauf: eine Handynummer und eine Uhrzeit. Mit Fragezeichen.

Ich nehme die Nachricht, stopfe sie in meine Manteltasche und verschwinde in Richtung Dornröschenschloss, Block B.

Afghanische Beziehungsprobleme und deutsche Beziehungsprobleme – und in beiden Fällen geht es um das Nichtzustandekommen der jeweiligen Beziehung. Denn es steht völlig außer Frage: Der Ausrutscher von gestern war nur ein Ausrutscher, und schuld daran war ausschließlich der Alkohol, eine Wiederholung wird es nicht geben.

Wie aber reagiere ich auf diesen Zettel?

Ich würde mich gern tot stellen, aber in einem Lager dieser Größe ist das unmöglich; ich kann der Konfrontation nicht ausweichen.

Ich hänge den Mantel auf, öffne die Schranktür, schaue in den Spiegel an der Innenseite der Schranktür. Dann werde ich dem Konflikt also nicht ausweichen.

»Es war ein Fehler«, sage ich und schaue meinem Spiegelbild fest in die Augen. »Wir vergessen das einfach.« Mein Spiegelbild nickt mir zu.

Eine halbe Stunde später lausche ich meinen Schritten auf den Panzerkeksen nach, es ist dunkel und neblig. Gestern Abend bin ich den gleichen Weg gegangen, aber unwillig, jetzt gehe ich ihn entschlossen. Bei Block Ecco enden die Panzerkekse, jetzt knirschen meine Schritte auf dem Kies. Ich biege nach Holzhausen ab, die erste Gasse, Häuschen neben Häuschen, wie in einem dänischen Ferienlager, das grüne Plüschtier hängt an der Hauswand.

Vor 17 R bleibe ich stehen. Lausche. Und klopfe.

Er öffnet die Tür so schnell, als habe er dahintergestanden und gewartet, er lächelt. Nimmt meinen Arm, meine Hand, zieht mich hinein. Ich weiß nicht, wie ich anfangen soll, er schaut auf mich hinab mit diesem jungen Gesicht und den alten Augen, in denen, ganz tief, ein Lächeln sitzt.

Ich schweige und er auch, und dann sagt er: »Ich hatte schon Angst, dass du nicht kommst.« Leise.

Ich sage nichts, ich will keine Affäre, aber ich beginne zu lächeln, ich kann mich dieser versteckten, schüchternen Freude in seinem Gesicht nicht entziehen.

»Ich habe«, sagt er und macht einen Schritt zur Seite, lässt meine Hände nicht los dabei, »mein Bettzeug hergeholt. Ich dachte, so kann ich wenigstens deinen Geruch hierbehalten, wenn ich schlafe.«

Ganz. Ganz langsam atme ich aus. Lasse mich in eine Umarmung ziehen, küsse ihn, diesmal wirklich. Langsames Erforschen seines Mundes. Hände auf meinem Rücken, Arme umfassen mich eng. Bewegungen bleiben bedacht.

Und dann poltert etwas zu Boden. Schlägt mit einem Krach auf.

Es ist das Koppel mit Pistole, das jeder Soldat am Bein trägt. Und ohne den Blick von meinem Gesicht zu nehmen oder mich loszulassen, sagt er: »Mir ist noch nie beim Küssen die Waffe runtergefallen.«

Ich fange an zu lachen. Und im Gelächter küssen wir uns wieder, er zieht mich zum Bett, und die Waffe bleibt liegen, wo sie eben liegt.

So fängt es an.

RADIO ZOHRA

Unwissenheit. Arbeitslosigkeit. Und die Abhängigkeit von den Männern«, sagt Leena. »Das sind die größten Probleme, die wir haben.«

Leena ist Redakteurin bei Radio Zohra, und Radio Zohra ist der Frauensender von Kunduz. Wir sitzen in großen, wuchtigen, grünen Sesseln, für die der Begriff ›Fauteuil‹ angemessen erscheint. Auf dem niedrigen Couchtisch stehen allgegenwärtig die eine Thermoskanne Tee und eine Schachtel Kleenex. Ich denke an Redaktionsräume in Deutschland: Großraumbüros, hell beleuchtet und mit surrenden Klimaanlagen. Schreibtisch an Schreibtisch, weiße Wände, Flachbildschirme. Das hier ist eher ein altmodisches Wohnzimmer. Kleine, dunkle Räume. Große Zimmer gibt es kaum, denn sie bedeuten auch höhere Heizkosten. Gesetzt den Fall, es gibt einen Ofen. Auf den Schreibtischen hier surren wuchtige Monitore, sie nehmen den halben Platz auf den Schreibtischplatten ein, die Tastatur passt gerade noch so daneben. Die Technik wirkt bemitleidenswert alt. Aber sie funktioniert, und darauf kommt es an.

»Frauenthemen«, sagt Leena »Wir berichten über die Rechte von Frauen, wie sie im Islam festgelegt sind. Viele Frauen wissen gar nicht, dass sie überhaupt Rechte haben. Dann behandeln wir natürlich gesellschaftliche und politische Themen. Wir wollen informieren über die Stellung der Frau in der Gesellschaft. Wir berichten über Frauen im Parlament, über Schauspielerinnen, Sängerinnen, Politikerinnen.

Was für ein Programm machen denn Frauensender bei euch in Deutschland?«

»Ich glaube, es gibt keine richtigen Frauensender in Deutschland«, antworte ich, »jedenfalls fällt mir auf Anhieb keiner ein.« Ich denke kurz nach und sage dann: »In Deutschland gibt es Frauenzeitschriften.«

Frauenzeitschriften. Mit Schönheitstipps, Mode, Kosmetik, Kreuzworträtsel und Kochrezepten. Der Gedanke verwirrt. Zum Glück redet Leena schon weiter. Zeitschriften wären auch gut, sagt sie, aber in Afghanistan könnten eben so viele nicht lesen und schreiben, gerade Frauen. Radio mache da einfach mehr Sinn, um die Frauen zu erreichen, auch die älteren Frauen, die in den Provinzen, die, die nie zur Schule gegangen sind. All denen wolle man diese Informationen zukommen lassen, ihnen klarmachen, dass sie nicht so rechtlos sind, wie sie von den Taliban behandelt wurden.

Einer der Gegenstände, die ISAF verteilt, sind Radios. Radios, die mit Batterien betrieben werden können oder aber, da häufig auch keine Batterien zu haben sind, mit einer Kurbel. Keine Ahnung wie genau, aber es funktioniert, man kurbelt, und das Radio geht auf Empfang.

»Afghanistan ist ein traditionelles Land«, sagt Leena. »Das bedeutet, dass das Familiengefüge wichtig ist, und die Frauen wollen auch gar nicht völlig aus diesem Gefüge ausbrechen. Trotzdem ist es natürlich ein Problem, dass wir so abhängig sind von der Erlaubnis unserer Väter oder unserer Männer. Wobei es hier in Kunduz selten ist, dass einer Frau Arbeit oder Schulbesuch verboten wird, das kommt eher in ländlichen Gebieten vor.«

Hinter uns tönt Lachen durch eine nur angelehnte Tür, dort wird gerade das Musikprogramm debattiert, die Themenkonferenz ist schon vorbei. Eine Frauenstimme schwillt an, schneidet einem männlichen Gesprächspartner das Wort ab, dann lacht eine andere Frau. Dreizehn Mitarbeiter hat Radio Zohra, zehn davon sind Frauen.

Leena zupft an einem Kleenex herum. Ihr Alter ist mal wieder schwer zu schätzen. Die Haut ist glatt, bis auf einige Falten an Augen und Mund, die sind dafür ausgeprägt. Ende dreißig vielleicht. Sie ist verheiratet, sie hat Kinder. Das ist normal für eine afghanische Frau, alles andere wäre seltsam. Leena wirft mir einen Blick zu, fragt dann: »Was hat deine Familie gesagt, als du nach Afghanistan gegangen bist?«

»Sie waren etwas besorgt wegen der Sicherheitslage, aber an sich war es meine Entscheidung.«

Sie nickt nachdenklich.

»Ich glaube«, sagt sie, »das ist schwer zu verstehen. Dass ihr dort allein leben könnt. Das würde hier auch keine Frau wollen.«

Sie überlegt einen Moment, sagt dann: »Und dass Frauen in Europa Freunde haben und das offen zeigen können, ist auch schwer zu verstehen.«

»Es ist aber so«, sage ich, »und für uns ist es völlig normal.«

Und ich denke an Mark. Mark auf meinem Bett, sein Profil im Halbdunkel. Musik aus dem Laptop, eine Flasche Wein: ein stundenloser Abend. Und bevor er geht, öffnet er die Tür einen Spalt, überprüft den Innenhof, wartet, bis jemand das Licht ausgeschaltet hat. Leises Gehen, ungesehenes Verschwinden, der Versuch zu verbergen.

Mein Blick schweift durch den Raum. Eine Vitrine an der Wand, die braune Glastür hat einen Sprung, dahinter stehen Bücher. Ein Voicerecorder liegt noch auf dem Couchtisch, Leena hat am Morgen ein Interview mit dem Polizeichef gemacht. Die Schweiz hat dem afghanischen Innenministerium gerade eine halbe Million Dollar zur Verfügung gestellt für

Einstellung und Training von Polizistinnen. Schon am Nachmittag soll der Radiobeitrag darüber gesendet werden, wahrscheinlich formuliert sie im Kopf bereits Sätze – Redaktionsalltag.

An der Tür hängen in sattem Blau ein, vielleicht auch zwei Burkas an einem Haken. Leenas Augen folgen meinem Blick. Und dann hat sie dieses ›Ich weiß was du denkst‹-Lächeln, ein Lächeln, das irgendwo zwischen leichtem Spott und Resignation hängt.

»Ja«, sagt sie, »auf der Straße trage ich die.«

Ich habe noch nie eine Frau ohne Ganzkörperschleier auf der Straße gesehen, warum also erstaunt mich die Burkatragerei immer noch; warum erstaunt sie mich sogar noch mehr, wenn ich Frauen in ihrem gewohnten Arbeitsumfeld kennenlerne und dann höre, dass sie draußen Burka tragen? Weil diese Frauen nicht meinem Klischeebild entsprechen, weil es arbeitende, kluge, selbstbestimmt wirkende Frauen sind und die Burka für mich das Symbol überhaupt für Frauenunterdrückung ist? Wahrscheinlich klebe ich wirklich zu sehr an Klischees fest. Klischeevorstellungen sind einfach schwer zu besiegen. Und andere Kulturen schwer zu verstehen. Sich einlassen, hinnehmen, dass man manches nicht verstehen kann und auch nicht verstehen muss – das ist schwer. Und wo liegt eigentlich die Grenze? Könnte Steinigung nach Ehebruch durch die Taliban so auch als ›kulturelle Andersartigkeit‹ gerechtfertigt werden? Diesen Gedanken will ich nicht mal denken. Wo endet Toleranz? Vielleicht da, wo Menschen keine Wahl gelassen wird. Aber wann hat man eine Wahl? Oder da, wo Menschen gezwungen werden. Aber wo genau beginnt Zwang? Afghanistan bringt mich immer wieder dazu, meine eigenen Werte zu hinterfragen.

Im Straßenbild gehört die Burka, in Kunduzweiß oder

Kabulblau, jedenfalls dazu. Dass Frauen wie Leena, Farzana oder Nuria sie tragen, erscheint mir kaum möglich, wenn ich sie in ihren Häusern treffe. Falsch beinahe. In meinen westlichen Augen.

»Frauen in der Polizei«, sagt Leena, »sind auch deshalb so wichtig, weil es diese Fälle von Zwangsverheiratungen gibt, Väter, die ihre Töchter verkaufen. Oder Gewalt gegen Frauen in den Familien. Die Family Response Units wie die in Takhar sind ein erster Schritt, aber wir brauchen noch viel mehr Personal, viel mehr Frauen.«

Sie zuckt die Schultern. »Wir arbeiten daran«, sagt sie. »Daran und an allem anderen. Jammern hilft ja nichts.« Mit nervösen Fingern schiebt sie den Voicerecorder ein Stück nach rechts, dann nach links. »Afghanistan war einst ein sehr modernes islamisches Land. Dann kam der Krieg, dann die Taliban.«

Sie zieht ihren Schleier zurecht, nimmt ein Kleenex aus der Pappschachtel, sagt nichts mehr. Das passiert oft in Gesprächen mit Afghanen. ›Dann kamen die Taliban‹, und das Gespräch mündet in jähem Schweigen. In jenem Schweigen, das früher überlebenswichtig war, in derselben Starre, mit der man in der Wohnung zu bleiben hatte, nichts lernen durfte.

Heute hat die Wolesi Dschirga, das ›Haus des Volkes‹, zweihundertneunundvierzig Sitze. Es gibt eine Frauenquote: Achtundsechzig Sitze im Parlament gehen an Frauen. In der Meshrano Jirga, dem ›Haus der Älteren‹, sitzen einhundertzwei Frauen. Es gibt eine Frauenministerin, und in Bamiyan, der Provinz der roten Felsen, da, wo die gewaltigen Buddhas standen, dort gibt es eine Gouverneurin. Wie unmodern ist dieses Land noch?

»Gar nicht«, sagt Leena, lacht und wird wieder ernst.

»Man sieht eben nie das ganze Bild. Es gibt hier mittelalterliche Strukturen, aber auch sehr moderne. Es gibt zwangsverheiratete Frauen und Frauen im Parlament und an der Universität. Was wir vor allem brauchen, sind Krankenhäuser, eine ordentliche Gesundheitsversorgung, auch in den Provinzen und Bergdörfern, sowie Schulen und Arbeitsplätze. Damit auch Frauen eine Schul- und Berufsausbildung bekommen, endlich lernen können! Das ist heute alles schon viel besser als damals. Was wir allerdings nicht wollen, ist, dass sich die Familien auflösen. Regeln muss es geben innerhalb einer Familie, damit das Zusammenleben klappt. Und allein leben ist keine Alternative.«

Ich muss an Hafis denken und das Mädchen, das er nicht heiraten wird, weil seine Mutter es nicht erlaubt. Regeln muss es geben, wenn Zusammenleben möglich sein soll. Und die gelten für beide Geschlechter. Mein westlicher Blick aber war darauf getrimmt, in diesem Land ein Muster nach dem Prinzip ›Männer dürfen alles, Frauen dürfen gar nichts‹ zu sehen. Was so nicht richtig ist: Auch Männer haben sich den Regeln zu unterwerfen. Das Resultat ist zwar weniger Selbstbestimmung, aber dafür ein Familienzusammenhalt, den zumindest ich so von zu Hause so nicht kenne. Oder verkläre ich die Dinge?

Auf dem Rückweg zum PRT, rechts und links des Weges hinauf aufs Hochplateau wird es langsam grün, auf den Baumwollfeldern der Spinzar Factory sprießt es. In einem Monat, spätestens, wird dort alles grün sein. Mein Blick streift über die Straße. Und dann fällt mir ein, dass ich zum Abendessen bei Shanaz und ihren Töchtern eingeladen bin.

Aber der Weg zum PRT liegt fast schon hinter uns, und auch wenn in einem Monat Frühling sein wird, noch ist es kalt, und außerdem habe ich den Kopf voller Gedanken und bin müde – ich wäre keine gute Gesellschaft.

Aber ich bin eingeladen. Sie kochen für mich, sie spülen das Geschirr am Brunnen draußen, sie haben auf dem Markt eingekauft. Das Ablehnen einer Einladung ist hier ein Affront, aber noch schlimmer wiegt die Enttäuschung. Denn ich weiß, dass sie sich auf meinen Besuch freuen. Ich mich ja auch, nur nicht jetzt!

Mein Westlerhirn und seine vorgeschobenen Ausflüchte gewinnen die Oberhand. Ich greife zum Telefon und zur Notlüge, rufe Zahman an und bitte um Entschuldigung, erfinde eine Krankheit, nichts Schlimmes, nur der Beginn einer Magenverstimmung, morgen sei das schon wieder vorbei.

Zahman wünscht gute Besserung und hat Verständnis.

Ich setze den Weg ins PRT fort, rufe Mails in meinem Büro ab, koche Tee und werfe mich mit einem Buch aufs Bett.

Dann klingelt mein Telefon.

»Ja«, frage ich.

»Hier ist die Wache, entschuldigen Sie die Störung, aber hier sind einige Afghanen für Sie.«

»Wie bitte?«

»… mit einem Topf. Riecht gut.«

»Ich komme«, sage ich.

Bei der Wache treffe ich Zahman, zwei seiner Brüder sind dabei, einer trägt den besagten Topf, ein anderer schleppt eine ziemlich große Tasche. Hinter der Glasscheibe grinst die Wache.

In meinem Büro wird der Tisch gedeckt, Zahman überbringt Grüße von seiner Mutter und seinen Schwestern, die heiß dampfende Suppe riecht fantastisch und gehört mit zum Besten, was ich je gegessen habe. Shanaz hat sie gekocht, es ist eine Suppe speziell gegen Magenkrankheiten.

»Man muss sich doch um Kranke kümmern«, sagt Zahman.

Wir essen und unterhalten uns, die sämige Suppe beruhigt auch einen Magen, der keinerlei Schwierigkeiten hatte. Und ich schäme mich in Grund und Boden.

Später, nach dem Essen, als Zahman schon wieder auf dem Weg in die Stadt ist und ich im Bett liege, denke ich noch immer darüber nach. Da ist dieses selbstverständliche Kommen und Helfen, das Füreinandereinstehen, das Teilen, der Zusammenhalt, die Loyalität. Und da ist auch die andere Seite: ein System, das Gehorsam verlangt und auch dazu führt, dass eine Zwölfjährige in Pakistan verheiratet wird, weil ihr Vater das Wetten nicht seinlassen kann.

Dagegen herrscht in Deutschland eine Individualisierung, die eben in letzter Konsequenz dazu führt, dass jeder allein ist. Die Pflege von Familienangehörigen wird konsequent an den Staat oder bezahlte Hilfskräfte abgegeben. Es muss einen Mittelweg geben, denke ich, während draußen wahrscheinlich ein Mond aufgeht über Afghanistan. Eine Loyalität, die selbstbestimmtes Leben zulässt. Ob es das geben kann?

Das letzte Geräusch an diesem Abend ist mein Handy. Es piept eine SMS. Mark wünscht gute Nacht. Und bis morgen.

LIEBSCHAFT MIT SOLDAT

Mark und ich sind nicht das einzige Paar im Lager. Da ist ein Gerücht über eine Bundeswehrsoldatin, die mit einem der Belgier nachts in der Küche erwischt worden sein soll. Und ein Hauptmann von Cimic richtete ein Drama an, als er im Rettungszentrum wilderte und dann darauf bestand, dass es nur eine Affäre sei. Am Flugplatz gibt es einen tränenreichen Abschied innerhalb der Truppenverwaltung. Beide sind verheiratet – nicht miteinander – es ist bereits von doppelter Scheidung die Rede. Und zu alldem sieht man auch einige offizielle Paare.

Wir sind nicht die Einzigen; aber wir haben es am einfachsten. Wir müssen keine Stubenkameraden bestechen oder uns nachts in der Feldküche treffen und dort mit einem Ohr auf Geräusche hinter der Tür lauschen. Ich habe eine Einzelstube, und Mark hat keinen wirklichen Auftrag. Wir haben im Überfluss, woran es den Liebschaften im Lager sonst mangelt: Zeit und Platz.

Wir nutzen beides, und die Vertrautheit wächst rasch.

»Was wolltest du werden als Kind?«, frage ich und richte mich auf den Ellenbogen auf; im Profil scheinen seine Augen weniger tief in den Höhlen zu liegen, sein Gesicht ist entspannter, offener, und er lächelt öfter. Aber das kann auch an meiner Hand liegen, die seine Rippenbögen hinunterturnt.

»Pfarrer«, sagt er.

»Wie dein Vater?«

»Genau.«

Ein T-Shirt, olivgrün mit Deutschlandfahne auf dem Ärmel, liegt zusammengeknüllt am Fußende meines Bettes. Die Waffe liegt auf dem Boden, neben Stiefeln und Flecktarnhose.

»Okay … wo bist du aufgewachsen?«

»In der DDR. Der ehemaligen.«

»Hmmmm … wo war dein schönster Urlaub bisher?«

»In Frankreich. Ein Weltkriegsmuseum. Wellenreiten im Atlantik.«

Durch die Jalousie fallen Sonnenstrahlen, malen ein Streifenmuster auf seine Haut, glatt, sehnig, eher ein Jünglings- als ein Männerkörper.

»Wieso bist du Soldat geworden?«

Er zuckt die Schultern. Zieht an meinem Ohr und legt den Finger auf meine Nase. »Wieso fragst du so viel?«

»Einer muss ja.«

»Bin ich zu still?«

»Sagen wir, du bist nicht unbedingt ein plätscherndes Bächlein.«

Wenn er lacht, tut er es leise, in sich hinein.

»Ich weiß nicht, ich hab den Wehrdienst gemacht und dann gedacht, ich könnte auch dabei bleiben.«

»Also so ähnlich wie: ›Komm zur Armee! Gutes Essen, gute Bezahlung, gute Freunde‹?«

»Ja, so ähnlich.«

»Aber wieso bist du nicht Offizier geworden? Du hast Abitur, du hättest studieren können.«

»Ja, aber ich wollte richtig Soldat werden. Gibst du mir die Zigaretten?«

»Hier.«

»Außerdem erlebt man tolle Sachen als Soldat.«

»Kommen jetzt die alten Soldatengeschichten?«

»Wenn du willst … lass mich nachdenken. Okay, ich war zum Beispiel mal bei einer Übung. Einem Biwak.«

»Einem was?«

»Übernachtung draußen. Wir hatten unser Iglu gebaut

und bekamen dann Bescheid, dass wir einen Gast aufnehmen sollen. Wenn du ein Iglu baust, dann machst du unten einen Kältegraben, weil ...«

»Wärme nach oben steigt, klar.«

»Richtig. Nur wusste das unser Gast nicht. Wir haben ihm erzählt, das sei da unten die wärmste Stelle im Iglu, und wir hätten sie ihm extra frei gehalten. Der hat die ganze Nacht geschlottert und fragt sich wahrscheinlich heute noch, was wir für harte Burschen sind.«

»Das ist also eine tolle ›Ich war bei der Bundeswehr‹-Geschichte?«

»Man kann noch Schöneres bei der Bundeswehr erleben, das stimmt.«

»Zum Beispiel?«

»Zum Beispiel kann man in Militärlagern mitten in Afghanistan Zivilistinnen kennenlernen. Und feststellen, dass kreisrunde Leberflecke auf Oberschenkeln wunderschön sind.«

»Ich bin da kitzlig!«

»Ich weiß.«

Ansonsten läuft mein normaler Alltag weiter. Wir eröffnen eine Schule, wie immer gibt es ein Gebet zur Eröffnung, gefolgt von langen Reden auf Dari und singenden Schülerinnen in der in Afghanistan üblichen Schuluniform: schwarzes Kleid über schwarzer weiter Hose, weißes Kopftuch. Wir eröffnen das Deutsche Haus in Kunduz, hier haben alle Organisationen wie GTZ, Welthungerhilfe, Deutscher Entwicklungsdienst und auch die Bundeswehr ihre Büros. Die Zusammenarbeit soll so verbessert werden, das PRT will näher an die Menschen heranrücken.

Wir statten eine der größten Mädchenschulen von Kunduz, die Fatomatulzahara-Highschool, mit Computern aus.

Über siebentausend Mädchen besuchen diese Schule, wollen hier ihren Highschool-Abschluss machen.

Wenn ich in mein Büro zurückkomme, liegt da häufig ein Zettel mit einer kurzen Nachricht von Mark. Oder mein Handy piept eine SMS. Kurz darauf steht er meist vor der Tür.

Ich fahre auf eine Zweitagestour mit Cimic nach Kwa-je-Ghar. Stunden auf Straßen, die nur als ›Straße‹ bezeichnet werden, weil man Fahrspuren durch eine Staubwüste irgendwie benennen muss. Unterwegs besuchen wir eine Schule, afghanische Schulbildung findet, wenn nicht im Schatten von Bäumen oder unter freiem Himmel, in Zelten statt, manchmal auch in Klassenzimmern, in denen es eine Tafel gibt, aber keine Stühle, keine Tische, Teppiche manchmal. Immerhin. Wir halten an einem Gesundheitszentrum, alte Männer sitzen im Schatten unverputzter weißer Wände, ein Mädchen mit rotem Kopftuch lehnt an einem Baumstamm und schaut uns prüfend zu: wie der Dingo parkt, rangiert und sich mit einem ›Pffff‹ die Luke öffnet. Weiter hinten wird Fußball gespielt. Irgendwo grasen drei Esel, der Medikamentenschrank im Sprechzimmer ist rostig und schließt nicht richtig, die Arzneischachteln sind feucht und fallen auseinander, Cimic schreibt auf, was fehlt, was gebraucht wird, nimmt Koordinaten auf, fragt nach Handynummern.

Dann fahren wir weiter, ich sitze hinten im Wolf, das Licht ist golden, und der Sand stiebt um uns herum. Wir knoten die Tücher wieder über Haare, Mund und Nase. Am Straßenrand, wie immer, wenn wir durch ein Dorf fahren, stehen Kinder und winken uns zu, strahlen. Männer heben die Hand zum Gruß.

Und schließlich kommen wir in Kwa-je-Ghar an.

»Nein«, sage ich zu Major Meany, als die Wölfe im Hof einer Schule geparkt sind. »Sorry, aber ich komme nicht noch mal mit, ich habe tausend Fotos gemacht, wie du Dorfältesten, Lehrern oder Mullahs die Hand schüttelst, zu Hause kannst du deine ganze Wohnung damit tapezieren, das muss jetzt auch mal reichen. Ich gehe mir das Dorf anschauen.«

»Gut«, sagt Meany, »kannst du dann gleich Brot kaufen fürs Essen heute Abend?«

Natürlich. Und so wird mir ein Oberfeldwebel mitgegeben, um auf mich aufzupassen und mir beim Brotkauf zu helfen.

Ich: Jeans, Boots, Schleier über dem Haar. Er: Soldat, schusssichere Weste, Waffe vor der Brust.

So spazieren wir durch ein afghanisches Dorf auf der Suche nach einer Bäckerei und plaudern. Über dieses und jenes. Wir finden einen Bäcker. Ein Laden, wie üblich nach vorn offen, ein Mann bedient uns, der eine ehemals weiße Schürze über einem blauen Khamez, diesem weiten, fast bis auf die Knie reichenden, kragenlosen Hemd trägt. Seine Arme sind bis über die Ellenbogen mit Mehl bestäubt, er rollt Teig aus, lacht uns entgegen. Wir kaufen Naan, flaches, afghanische Fladenbrot.

»Wie viele?«, wird gefragt, und ›Bist-e-pantsch‹, antworte ich, fünfundzwanzig.

Wir bekommen die Brote, aber keine Tüte dazu. So laufen wir zurück, das auffälligste Paar, das man sich vorstellen kann: der Oberfeld mit der Waffe, die westliche Zivilistin mit den Broten.

Und dann sehe ich eine Szene, klein, entzückend, zauberhaft: drei afghanische Mädchen beim Seilhüpfen, und ich drehe auf dem Absatz um, drücke dem Oberfeld die Brote in die Hand, und sage: »Halt das mal« zücke die Kamera und mache mein Foto – zwei-, dreimal drücke ich den Auslöser, dann kriegen sie es mit. Die Mädchen laufen lachend auseinander. Und ich wende mich wieder meinem Begleiter zu.

Der Oberfeld steht völlig verdattert da, hält die Brote vor der Waffe, guckt mich an, stottert, weiß nicht, was er sagen soll, und bringt schließlich ein atemloses »Wie zum Kuckuck soll ich dich beschützen mit Broten in der Hand?« heraus.

Da fange ich an zu lachen. Und er dann auch. Und die Afghanen am Straßenrand, die auf dem Brunnen sitzen oder vor den Läden, wissen zwar nicht, worum es geht, aber lachen auch, eine ganze Dorfstraße versinkt in Gelächter, der Oberfeld und ich im Mittelpunkt, und als wir uns endlich beruhigen und gehen wollen, müssen wir uns nur ansehen und prusten schon wieder los.

Abends, als wir die Schule, in der wir übernachten wollen, erreicht haben, die Feldbetten abgeladen und Feuer angezündet haben, als wir beginnen, das Brot zu rösten, kichere ich noch immer vor mich hin.

Der Oberfeldwebel ebenfalls.

Nach dem Essen lege ich meinen Schlafsack auf eines der Feldbetten, die wir in zwei Klassenzimmern aufgebaut haben. Betrachte die unverputzten, schmutzigen Wände, den Staub und den Dreck auf dem Boden und frage mich, welche Krankheitskeime da wohl lauern.

Major Meany steht neben mir, packt ebenfalls seinen Schlafsack aus und erkundigt sich, was los sei.

»Nichts«, antworte ich, und dann: »Es irritiert mich nur ein wenig, dass das Einzige was zwischen mir und dem wilden Afghanistan ist, diese windschiefe, wurmstichige Tür sein soll.«

Er schaut die Tür an, dann mich und antwortet: »Plus sechsunddreißig Bundeswehrsoldaten mit sechsunddreißig Langwaffen.«

»Okay«, sage ich. Und ich bin eh zu müde, um mir Sorgen

zu machen. Wir sitzen noch ein Weilchen am Feuer, schauen in diesen unendlichen Sternenhimmel, rauchen, trinken Bier.

Kriechen irgendwann in die Schlafsäcke.

Am nächsten Tag komme ich zurück ins Lager, verstaubt, verdreckt, zwischen den Zähnen knirscht der Sand. Ich lobpreise die Dusche und fließend Warmwasser.

Und kurz darauf steht Mark vor der Tür. Nimmt mich in seine Arme.

»Wie war's«, fragt er und lauscht den Geschichten, das, was ich da erlebe, ist eine Welt, die er kaum kennt: Mark gehört zur großen Mehrheit der Soldaten, die nicht rauskommen, kaum etwas sehen vom Land.

Cimic geht raus. Vier LMTs gibt es, ›Liasion Monitoring Teams‹, jedes zuständig für eine Gegend. Cimic besucht Bergdörfer, Städte und einsame Höfe, spricht mit Ältesten, Mullahs, Lehrern, Krankenhausdirektoren. ›Humanitäre Hilfe‹ ist ihr Teil des Auftrags. Humint, Feldjäger und OMLT fahren raus, zur Befragung, auf Patrouille oder zur Ausbildung der afghanischen Sicherheitskräfte. Ihr Auftrag lautet ›Sicherheit‹ – gewährleisten oder schaffen. Psyops, meine Branche, fährt raus zur Gesprächsaufklärung und Verteilung unserer Produkte. Der Schutz ist immer dabei und passt auf alle auf, die Sanität fährt mit, wenn eine Patrouille sich außerhalb des Ein-Stunden-Radius bewegt. Um die Erstversorgung leisten zu können, falls etwas passiert. Davon abgesehen, fährt die Sanität zum Helfen ins Krankenhaus in Kunduz und ins Rückkehrerlager. Alle anderen – Küche, Feuerwehr, Feldpost, Materialgruppe, Instandsetzung und so weiter – arbeiten drinnen. Und Mark ist kein Sanitäter, kein Humint, er gehört nicht zu Cimic und auch nicht zum Schutz.

Er steht im Raum und öffnet die Weinflasche, sucht nach

den Gläsern. Die stehen auf dem Fensterbrett. Ich trockne mir die Haare nach der Dusche – häusliche Idylle.

»Ich begreife immer noch nicht, was du hier eigentlich machst«, sage ich, hänge das Handtuch auf und lausche dem Satz nach. Sage »Warte«, als er zu einer Antwort ansetzt.

»Warum?«, fragt er.

»Weil normalerweise ich das gefragt werde. Ich hab diese Frage gerade zum ersten Mal gestellt.«

Er lächelt und entfernt Alufolie von einem mitgebrachten Teller Käsebrötchen.

»Ich dachte, du hast vielleicht Hunger«, sagt er.

»Danke«, sage ich und lege die Arme um seinen Hals, schiebe die Nase an seine Haut: das ist der schönste Ort der Welt, und Käsebrötchen sind der Himmel.

»Du bist ein Schatz. Und was machst du nun wirklich?«

»Eigentlich geht es darum, dass ich dem Oberst mitteile, wenn es wo brennt.«

»???«

»Ja, das ist so die Idee.«

»So eine Art ... Spitzeldienst?«

»Wenn du's so nennen willst.«

»Wie nennst du es denn?«

Er sagt lange nichts. Dann: »Könntest du mich küssen?«

»Ich hab den Mund voll.«

»Eben, ich will auch noch was von dem Käsebrötchen.«

Er zieht mich zu sich, hält mich fest. Inzwischen weiß ich, dass er empfindlich an den Ohren ist: Wenn ich ihm ins Ohr atme, zuckt er, zieht die Schulter hoch, kneift die Augen zusammen.

Ich weiß, wann er die Augen schließt. Und wann sein Atem beginnt, schneller zu werden.

Und dann, wenn der Atemzug stoppt und die warme Luft

nur langsam ausgestoßen wird, wenn sich der Atem wieder beruhigt und langsam auf normal einpendelt, wenn sich Augen öffnen, Blicke sich wieder finden. Wenn die Welt, die bis eben nur aus Haut, Berührungen und gewisperten Worten bestand, wieder da ist, dann weiß ich, dass ich ihn nicht berühren kann. Jetzt nicht. Berührung löst einen Schauer aus, seine Haut zieht sich zusammen, als müsse er sich wieder auf sich selbst besinnen, die Kontrolle finden, sich zusammennehmen.

Dann fängt er meine Hand ein, hält sie fest.

Bis er irgendwann loslässt, aufsteht, seine Sachen zusammensucht, Schuhe schnürt und das Koppel schließt, das gehört eben dazu. Er fühlt sich ein wenig schäbig, während er den Gürtel schließt. In seinem Kopf wirbeln Wollen und Sollen durcheinander: bleiben wollen, mich nicht zurücklassen wollen, das Gefühl von Illoyalität den anderen gegenüber und der Gedanke, dass der Auftrag vorgeht, auch wenn er eigentlich keinen Auftrag hat. Er versucht abzuschalten und zu verdrängen. Meist gelingt das erst, wenn sich die Tür hinter ihm schließt.

Am nächsten Tag übergeben wir Decken, Westen und Gaskocher an die Polizei, und ich interviewe gleich noch die Lagerfeuerwehr. Die haben in mühevollster Kleinarbeit eine alte Feuerwehrspritze repariert und spenden sie jetzt der Feuerwehr in Kunduz. Die Elektriker im Lager haben das Elektrizitätswerk der Stadt in Stand gesetzt, was eine Fleißübung in Recherche war, denn die Technik war total veraltet, keiner unserer Spezialisten ist dafür noch ausgebildet. Man arbeitet sich ein. Und für eine gewisse Zeit fließt der Strom dann tatsächlich gleichmäßiger.

FRAUEN BEI DER POLIZEI

Irgendwas ist anders«, sagt Farzana und schaut mich an, »du wirkst …« Der Satz bleibt in der Luft hängen, ihr Blick bleibt forschend.

»Ja, wie?«

Sie zuckt die Achseln. Wir sind bei der Polizei in Kunduz und warten auf Fahima. Fahima mal zwei, denn sowohl die erfahrene Polizistin wie auch die neu Eingestellte heißen Fahima. Fahima eins arbeitet schon seit einigen Jahren bei der Polizei in Kunduz und ist damit so etwas wie die Vorzeigepolizistin hier. Fahima zwei hat gerade ihren Highschoolabschluss gemacht. Englischlehrerin, sagt sie, wäre sie auch gern geworden. Aber ihr Mann hat ihr geraten, sich bei der Polizei zu bewerben, und das hat sie getan. Fahima zwei ist eine von fünf Frauen, die bei der Polizei von Kunduz neu eingestellt wurden. Fünf andere sind ähnlich wie Fahima eins schon länger dabei. Zehn Frauen bei der Polizei, das hört sich nicht nach einem großen Erfolg an. Tatsächlich aber ist es erstaunlich, dass es in einem Land wie Afghanistan überhaupt Polizistinnen gibt.

»Ich hab mir das schon lange gewünscht«, sagt Fahima eins, Farzana übersetzt. »Ich wollte schon zur Polizei, als ich noch ein Kind war. Dann kamen die Russen, dann der Bürgerkrieg und schließlich die Taliban.«

»Da war der Traum ausgeträumt«, meint Farzana, und beide Fahimas nicken; in allen drei Gesichtern steht das Wissen um eine Zeit, als Angst regierte, als man ausgeschlossen war vom normalen Leben, eingesperrt, schuldig, weil man Frau war.

Farzana, die das Land verlassen konnte, hatte es noch am besten. Wenn man Flucht, den Verlust der Familie und einen Neuanfang in einem fremden Land als ›gut‹ bezeichnen will.

»Da war der Traum ausgeträumt, aber als die Taliban dann weg waren, war er sofort wieder da. Und als es dann hieß, man brauche Frauen für die Polizei, habe ich mich gemeldet. Sofort.«

Und ihr Ehemann?

Der habe Angst gehabt, sagt sie, sei aber auch stolz gewesen. »Beides ist bis heute so geblieben.«

»Warum Angst«, frage ich.

Einerseits habe er befürchtet, dass es Gerüchte gebe, üble Nachrede. Das sei alles schon mal dagewesen. Dass Nachbarn sich erzählten, auf der Polizeiwache würden Orgien gefeiert, die Frau sei untreu und so weiter, und das sei natürlich ein Schlag gegen die Ehre des Ehemannes. Was für eine Gesellschaft, denke ich, und dann fällt mir Marks Angst vor Gerüchten im Lager ein und wieder mal frage ich mich, wie groß die Unterschiede wirklich sind und ob Frauenrechte, Emanzipation und Normalität in Deutschland nicht auch nur auf sehr dünnem Eis stehen.

»Angst«, fährt Fahima eins fort, »hat er natürlich auch, weil die Arbeit bei der Polizei gefährlich ist.«

Denn die Polizistinnen sortieren keine Akten oder führen Terminkalender, es gibt keinen Innendienst. Ihre Aufgabe ist es, verdächtige Frauen und die Frauentrakte der Wohnhäuser zu durchsuchen.

»Das ist etwas, was ein Mann nicht tun kann«, sagt Fahima. »Frauen müssen von Frauen durchsucht werden.«

Und da Burkas sich hervorragend eignen, um Sprengstoffgürtel oder Waffen darunter zu verstecken, sind Polizistinnen so wichtig – und deswegen ist der Job auch so gefährlich.

Fahima zwei betrachtet ihre Fingernägel und nickt. Sie ist blass und zierlich, fünfundzwanzig Jahre alt, hat ein herzförmiges Gesicht und wirkt schüchtern. Es ist schwer vorzustellen, wie sie an einem Kontrollpunkt steht, eine Frau in Burka abtastet. Wie eine solche Szene weitergehen könnte, will ich mir gar nicht vorstellen. Polizisten in Afghanistan leben gefährlich. Ich weiß nicht, wie oft ich schon gehört habe, dass die afghanische Polizei einen Selbstmordattentäter stoppen konnte. Wie oft sie Waffen und Munition bei Hausdurchsuchungen und Autokontrollen fand.

»Es ist wichtig, dass wir unserem Land dienen«, sagt Fahima zwei. Sie spricht sehr, sehr leise und schaut auf den Fußboden. »Und es ist sehr wichtig, dass wir zeigen, dass auch Frauen dem Land dienen können.« Und da schaut sie auf und guckt mir direkt in die Augen. Mit einem ruhigen und klaren Lächeln.

Fahima eins nickt. »Auf zwei Fälle bin ich stolz«, sagt sie, und dann erzählt sie, wie sie am Kontrollpunkt stand, wie die Kollegen einen weißen Toyota anhielten. Wie ihnen irgendetwas merkwürdig vorkam und sie die Insassen, darunter eine Frau, baten auszusteigen. Wie sie, Fahima, gerufen wurde und mit der Frau ins Wachhaus ging, sie abtastete und eine Waffe unter der Burka fand. Und Munition.

Ob sie Angst hatte, frage ich, und sie schaut auf.

»Hinterher«, sagt sie. Und erzählt, wie sie zwei Wochen später zu einer Hausdurchsuchung nach Ali Abad gerufen wurde, wo sie Munition und Kalaschnikows im Frauentrakt fand.

Fahima zwei hört gebannt zu. Sie befindet sich noch in der Ausbildung, in zwei Monaten wird sie den Job beginnen. »Was sind die Voraussetzungen, um bei der Polizei anzufangen«, frage ich.

»Die Bewerberin darf selbst nicht vorbestraft sein«, sagt Fahima eins und lacht Fahima zwei zu, die nickt, und fährt fort: »Ich brauchte die Erlaubnis meiner Familie, und ich musste nachweisen, dass ich die Schule abgeschlossen habe.«

»Grundsätzlich muss eine Polizistin lesen und schreiben können«, meint Fahima eins. »Jetzt werden die fünf neuen Frauen trainiert und ausgebildet: Menschenrechte, die Aufgaben der Polizei in der Gesellschaft, Frauenrechte nach dem Islam. Dann geht es los. Und ich kann es kaum noch erwarten. Wir brauchen wirklich mehr Polizistinnen.«

Fahima zwei nickt nachdrücklich. Und dann machen sich beide auf den Weg, die eine zum Dienst, die andere nach Hause, ich bleibe mit Farzana zurück.

»Danke fürs Übersetzen«, sage ich.

»Ist doch selbstverständlich«, meint Farzana, hebt die Kanne und fragt: »Willst du noch Tee?«

Ich bejahe. Und sehe mich um, wir sitzen in einer Polizeistation, das ist wahrscheinlich nirgends auf der Welt ein Ort, an dem man gern Tee trinkt, aber hier sind die Wände unverputzt, der Boden blank, am Tisch platzt das Resopal ab, und am Türhaken hängt eine Burka. Farzana reicht mir das Glas.

»Was hast du«, fragt sie, und ich kann es nicht benennen, nehme einfach das Glas. »Ich weiß auch nicht. Einen Moment Heimweh wahrscheinlich.«

Sie nickt.

»Zu Hause könnten wir in irgendein Café gehen«, sage ich und rühre meinen Tee um, »wir könnten klönen bis zum Morgengrauen. Pastis trinken. Oder ins Kino gehen, in ein Konzert und anschließend in eine Cocktailbar.«

Und nur in Gedanken setze ich fort: Und niemand erzählt mir von Waffen, die er gefunden hat, Frauen müssen sich nicht verschleiern, brauchen keine Erlaubnis, um arbeiten zu gehen, und Selbstmordattentate finden nur in den Nachrichten statt. Es ist so ein Moment, in dem mich die Realität trifft. Die böse Seite der Realität. Es gibt ja auch eine andere. Es gibt Kinder, die lachend auf einem Schulhof herumturnen, Menschen, die uns zuwinken, wenn wir im ISAF-Konvoi unterwegs sind, Ärzte, die helfen und behandeln und das Überleben dort möglich machen, wo sonst gestorben würde. Es gibt Gastfreundschaft, es gibt Suppe, die mir ins Lager gebracht wird, weil ich die Kranke spiele, es gibt Farzanas Lächeln und Marks Hände.

Farzana schaut mich an und meint: »Für Heimweh siehst du jetzt schon wieder ganz glücklich aus.«

»Ich hab nur an etwas denken müssen.«

»Ja, jetzt guckst du auch wieder so wie vorhin, als du angekommen bist.«

Ich würde dir gern erzählen, denke ich, von Mark, von gestohlenen Stunden auf meinem Zimmer, von Küssen in der Dunkelheit und zerknüllten T-Shirts. Aber ich tue es nicht. Farzana ist trotz allem Afghanin, und wie sie diese Beziehung, von der ich nicht mal weiß, ob es eine Beziehung ist und ob sie den Einsatz überdauern wird, einschätzen würde – ich weiß es nicht.

So sage ich nichts. Sie lächelt mich sowieso an, als wüsste sie's. Könnte es sich denken, zumindest.

Dann hupt es draußen, und ihr Handy klingelt. Das sind die Zeichen. Wir trinken aus, verabschieden uns, sie wirft die Burka über, und ich rücke das Tuch auf meinen Haaren zurecht.

Später im Lager liegen Mark und ich auf meinem Bett, der Laptop spielt irgendeinen Film, auf den wir nicht sonderlich achten. Ihn interessiert mein Schulterblatt mehr, aber auch das kann mich gerade nicht aus meinen Gedanken reißen. Die haben heute die immerhin mögliche, vielleicht sogar wahrscheinliche Endlichkeit dieser Geschichte gestreift. Wir sind in einem Militärlager in Afghanistan. Das hier ist kein normaler Alltag. Und vielleicht wird etwas, was keinen Alltag hat, zwangsläufig zu einer Affäre. Affären aber haben ein Haltbarkeitsdatum. Ob man will oder nicht.

Manchmal, denke ich, und streichle seine Hände, bringt das Leben zwei Menschen zusammen, die nichts miteinander gemein haben als die gerade vorhandene Situation.

Auf dem Bildschirm wird geküsst.

»Was hast du«, fragt Mark, und ich habe die Wahl zwischen ›Nichts‹ und der Wahrheit und entscheide mich dafür. Drehe mich zu ihm um: »Wie wird das eigentlich, wenn dein Einsatz hier vorbei ist und ich auch wieder in Deutschland bin? Werden wir dann überhaupt was miteinander zu tun haben?«

Er guckt mich an, verständnislos. Auf dem Bildschirm wird jetzt geschossen.

»Warum denn nicht?«, fragt er.

»Weil es ja nicht unwahrscheinlich ist, dass das hier nur ...« Ich weiß nicht weiter.

»Nur?«

»Nur. Eben nur eine Einsatzaffäre ist, nichts weiter, und wenn wir wieder in Deutschland sind, haben wir uns nichts zu sagen. Oder sehen uns erst gar nicht mehr.«

Das Erstaunen in seinem Gesicht weicht Entrüstung. Immer wechselt sein Gesichtsausdruck zuerst in den Augen.

»Bist du blöd?«, fragt er mit ungläubigem Ton. »Du hast ja einen kleinen Mann im Ohr!«

Auf dem Bildschirm wird wieder geküsst.

»Wie kann man solchen Blödsinn reden«, fragt er noch. Zwar kann man beim Küssen nicht verwundert den Kopf schütteln, ich könnte trotzdem schwören, er tut's.

ZWEI WELTEN KABUL II

Im Frühjahr muss ich nach Kabul.

»Wie lange bleibst du weg?«, fragt Mark. Wir liegen auf meinem Bett, rauchen eine Zigarette.

»Keine Ahnung. So kurz wie möglich.«

»Ich will nicht, dass du lange wegbleibst.« Er streicht meine Wirbelsäule entlang, ich drücke meinen Rücken seinen Fingern entgegen.

»Faule Katze«, sagt er.

»Genau.«

Wir schwänzen die MP-Party. Verbringen, statt bei der Militärpolizei zu feiern, einen stundenlosen Abend. Blicke, Berührungen, Lächeln.

Die Jalousie ist unten, aber das Fenster ist gekippt, wegen des Rauchs. Entfernt hören wir Musik von der MP-Party. Schritte dringen von draußen herein, Soldatengelächter. Wir reden nur leise miteinander, uns soll keiner hören.

Irgendwann hält er mir den Mund zu.

Und irgendwann später, vielleicht schon kurz darauf, beiße ich ihm in die Finger. Glaube ich.

Am nächsten Morgen fliege ich. Es sind ein paar Dinge zu erledigen in Kabul, und ich freue mich auf Susanne und Iain, auf Essen in Restaurants, auf Partys, auf Großstadt, Mädchenplausch und ziviles Leben. Ich stöpsele mir Kopfhörer in die Ohren, schnalle mich in der Transall an, schließe die Augen und träume mich Kabul entgegen.

Nur, dass ich nicht nach Kabul komme.

Wir fliegen bis über die Stadt, dann dreht die Trall ab, und wir bekommen die Info: »Wir fliegen zurück.«

Und zurück bedeutet: Zurück nach Termez.

Grund für das Abdrehen ist das Wetter. Kabul liegt in einem Kessel, umgeben von Bergen. Deutsche Piloten fliegen auf Sicht, wenn die nicht eine bestimmte Zahl an Metern beträgt, wird nicht gelandet. So wie jetzt.

Eine Stunde später landen wir, und ich betrete usbekischen Boden. Und habe damit ein Problem. Denn ich, die ich mit einem innerafghanischen Flug und mit der Möglichkeit, in Usbekistan zu landen, nicht im Entferntesten gerechnet hatte, habe keinen Reisepass dabei.

Es folgt eine halbe Stunde Diskussion mit einem usbekischen Grenzbeamten. Schließlich, ich sah mich schon die Nacht auf dem Flugfeld auf meinem Koffer verbringen, schaltet der Grenzer plötzlich um von usbekisch-streng auf freundlich-verbindlich und teilt mir mit, dass er sich freue, dass ich jetzt die Gelegenheit hätte, das schöne Usbekistan kennenzulernen.

Ich lächle das freundlichste Lächeln meines Repertoires und betrete das schöne Usbekistan. Genauer gesagt, den Paxbereich der Zeltstadt Termez, den Umsteigebahnhof und Zwischenstopp der Luftwaffe. Mit der deutschen Bundeswehr führen beide Flüge, Afghanistan–Deutschland und Deutschland–Afghanistan, immer über Termez. Hier steigt man um und fliegt an den jeweiligen Bestimmungsort in Afghanistan, oder mit dem Bundeswehr-Airbus nach Deutschland. In Termez wartet man und übernachtet. Diese Übernachtung findet in einem Zelt auf einem Feldbett statt, im Sommer ist es brüllend heiß, im Winter kalt, man nimmt sich eine Decke vom Stapel und kriecht in den Schlafsack. Und ich habe natürlich keinen dabei.

Ansonsten bedeutet Termez: warten. Im vorderen Bereich findet sich die Raucherecke; man raucht viel zu viel, man hat nichts anderes zu tun. Man redet ein wenig mit den ebenfalls wartenden Soldaten.

Vielleicht ist Usbekistan im Übrigen tatsächlich schön. In Termez liegt es hinter einem Zaun, einem schmiedeeisernen. Eigentlich ein schöner Zaun, aber eben doch ein Zaun. Da endet der Paxbereich, und da endet auch Termez und damit für uns auch Usbekistan, raus darf man nicht. Man spielt Karten. Vertreibt sich die Zeit am Computer. Geht irgendwann zum Essen. Wartet darauf, dass die Zeit vergeht. Versucht zu schlafen, aber an Schlaf ist nicht zu denken: Von irgendwoher schallt Musik, irgendwer kriecht immer ins Zelt hinein oder heraus.

Morgens gibt es eine rasche Dusche im Waschcontainer, dann Kaffee, eine Zigarette. Dann sitze ich erneut in einer Transall, und mit Zwischenstopps in Mazar-i-Sharif und Kunduz steuern wir ein weiteres Mal Kabul an.

Und können tatsächlich landen.

Es holt mich niemand ab, diesmal habe ich niemanden darum gebeten. Ich zücke mein Handy – stelle fest, dass eine SMS von Mark gekommen ist, gestern schon, aber in Termez gibt es kein Netz – und rufe die Afghan Logistic an. Man wird ein Taxi schicken. Eine halbe Stunde später zeige ich meine ID-Card am HQ und spaziere an den Posten vorbei, und nach weiteren zehn Minuten sitze ich mit Susanne und Iain im Garten beim Kaffee. Wir tauschen Neuigkeiten aus, Katzen schleichen durchs Gras, ich erzähle, höre zu. Ich strecke meine Nase der Sonne entgegen. So ganz anders ist diese Ankunft im Vergleich zur letzten, und wie sehr hat mir dieses wenigstens annähernd zivile Leben gefehlt!

Davon bekomme ich in den nächsten Tagen genug. Wir gehen aus: Susanne und ich besuchen KAIA und kaufen den PX leer, gehen anschließend essen ins thailändische Restaurant und dann in eine der Bars auf KAIA. In größerer Gruppe besuchen wir das Sufi, ein afghanisches Restaurant für Internationals. Iain ist unterdessen aus dem Headquarters ausgezogen und hat ein Zimmer in einem afghanischen Guest-House genommen. Mit ihm besuche ich ein afghanisches Restaurant, als einzige Europäer sitzen wir mitten unter Afghanen, und ich bin dazu noch die einzige Frau.

Ich werde genauso angestarrt wie in Kunduz, aber dann ereignet sich folgende Szene: Während wir essen, betritt eine Frau das Restaurant, steuert auf den Kellner zu und schlägt den Gesichtsschleier hoch. Ein gepflegtes, geschminktes Gesicht kommt zum Vorschein. Goldschmuck an den Ohren, weiße Bluse zum Businesskostüm. Um die vierzig Jahre, schätze ich, mag sie alt sein. Unter Verneigungen wird sie zum angrenzenden Raum für die Frauen gebracht, durchquert selbstbewusst auf hochhackigen Pumps den Flur – und ist verschwunden.

Und wir, im Männerbereich, sehen ihr nach, und ich wette, jeder, ausnahmslos jeder hier hat nicht das Gefühl, man sperre eine Frau weg. Im Gegenteil. Wir sitzen da wie Kinder, die nicht hineindürfen, wie Touristen vor dem Buckingham Palace, wie Partybesucher vor der geschlossenen Gesellschaft der Schönen und Reichen. Wir drücken uns die Nase an einer imaginären Scheibe platt.

Das da hinten, das ist nicht für uns, davon sind wir ausgeschlossen.

Man merkt, Kabul ist anders. Moderner, offener. Es tut sich etwas. Langsam.

Nichts tut sich derweil am Himmel. Seit ich angekommen bin, hängen Wolken über der Stadt, und es regnet. Nach einer Woche werde ich nervös, ich möchte zurück. Mark schickt Nachrichten aufs Handy, ruft schließlich an.

»Du willst wohl gar nicht mehr zurückkommen?«

»Idiot«, sage ich.

»Was hast du gesagt?«

»Ich hab Sehnsucht nach dir.«

»Ich auch. Komm bald zurück.«

»Ja.«

Bald, ja, bald.

Es regnet weiter in Kabul, drohend hängen Wolken über den Gipfeln des Hindukusch. Bei diesem Wetter wird keine Maschine starten, ich kann nur abwarten.

An einem dieser Tage fahre ich mit TPT hinaus, die neue Ausgabe unserer Zeitung ist da und soll verteilt werden. Ich fahre mit, um irgendetwas zu tun zu haben.

Wir fahren mit den Wölfen, zwei hintereinander, ich sitze im zweiten. Am Kreisel schaut uns Ahmed Shah Massoud wie immer mit seinem sanften Lächeln an. Vor uns gibt das Leitfahrzeug Gas, ein roter Toyota quetscht sich zwischen die beiden Fahrzeuge. Unser Zugführer flucht, erst für sich, dann ins Funkgerät, vor uns wird auf seinen Befehl hin Jeep Nummer eins langsamer. Irgendwo hupt jemand, aber wir können aufschließen und fahren aus dem üblichen Chaos des Kreisverkehrs hinaus. Jetzt geht es nur noch durch verstopfte Straßen: Kabuler Verkehr.

Wir machen den ersten Halt bei der Universität. Vor dem Tor eine Wache, Polizisten in grauen Uniformen und mit Maschinenpistole auf dem Rücken nicken freundlich, natürlich könnten wir die Zeitung dalassen.

Wir laden zwei Pakete ab, fahren weiter und erreichen den Königspalast. Unterdessen reißt die Wolkendecke zum ersten Mal seit Tagen auf, die Sonne scheint aus einem Himmel, so klar, wie ich ihn in Kabul bisher noch nie erlebt habe: Die Luft riecht sauber, die Stadt scheint der ewigen Dunstglocke aus

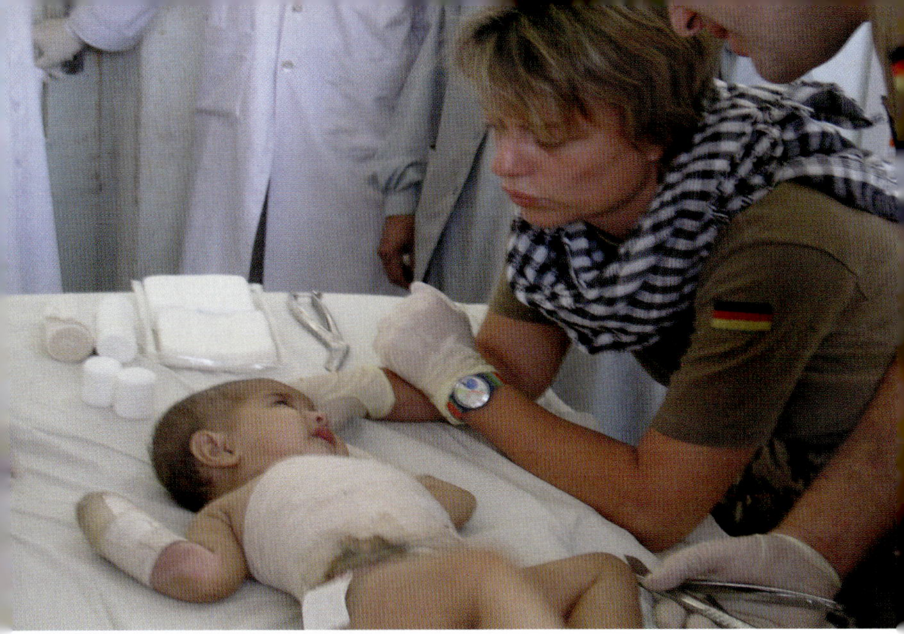

Dieses Baby wird wegen seiner schlimmen Brandwunden von der deutschen Sanität behandelt

Auf Fahrten durch das Land werden manchmal auch abseitige Wege genutzt

Begegnung zwischen Soldat und kleinem Afghanen

Kauf eines Pausenbrots: Vor einer Mädchenschule in Kunduz werden gebrannte Mandeln angeboten

Frauen auf dem Markt von Taloqan

In der Gewürzstraße des Bazars von Kunduz verkaufen die Händler neben acht verschiedenen Arten Pfeffer, Curry, Paprika oder echtem Safran jedes erdenkliche Gewürz

In geringer Entfernung vom Stadtzentrum sitzen die Schreiber von Kunduz und warten auf Kundschaft

Frauen suchen Rat bei einem der Schreiber von Kunduz

m Sommer wird für das Buskashi, das wilde Reiterspiel Afghanistans, trainiert

m Winter finden die großen Buskashi-Turniere statt

Esel transportieren Salzblöcke vom Salzberg in Namak Ab

Dieser Mann kommt gerade vom Besuch beim Arzt

Holz sammeln in Bagh-e-Shirkat: Cimic hat einen Ofen und Heizmaterial ins Flüchtlingslager gebracht

In den Ruinen des Königspalasts in Kabul lebt eine Gruppe Kuchi, darunter dieses Mädchen

Unterwegs in afghanischer Weite

Staub und Schmutz entrissen – für heute. Gegen den klaren blauen Himmel erheben sich die Ruinen des frei stehenden Königspalastes. Frei stehend, weil das Gelände vermint ist.

Wir halten an der Straße davor und sind binnen kürzester Zeit umringt von Kindern, Männern und Frauen in blauer Burka. Die Zeitungen werden uns aus den Händen gerissen, ebenso die Stofftiere, Enten und Teddybären mit dem grünen ISAF-Logo auf dem Bauch, Frisbeescheiben und sonstiges Kinderspielzeug, was wir als ›vertrauensbildende Maßnahme‹ verteilen.

Es herrscht fröhliche Volksfestatmosphäre, Arme strecken sich uns entgegen, zupfen an Soldatenjacken. Kinder strahlen Soldaten an, die lächeln zurück. Männer lachen, Frauen winken, halten sich aber eher zurück, warten, bis sie die Gelegenheit haben, direkt auf sich aufmerksam zu machen: mit einem Ruf, einer Geste. Und etwas weiter entfernt steht eine Frau.

Schwer zu sagen, was bei ihr anders ist. Es dauert einen Moment, erst dann fällt es auf: Sie trägt keine Burka. Nur ihr Haar hat sie mit einem Tuch bedeckt, das Gesicht ist unverschleiert. Das weist sie als Kuchi aus, als Angehörige des Nomadenvolkes Afghanistans. Kuchi-Frauen verschleiern sich nicht.

Sie steht da und sieht zu, wie die Zeitungen verteilt werden und die gelben Plüschenten. Sie ist alt, wahrscheinlich. Jedenfalls zeichnen tiefe Furchen ihr Gesicht. Sie schaut ernst. Und fängt schließlich meinen Blick. Als sie spricht, klingt ihre Stimme, als sei sie irgendwann im Lauf ihres Lebens kaputtgegangen, langsam, leise. Mit Energie, aber ohne Hoffnung.

»Von Zeitungen werden meine Kinder nicht satt«, sagt sie. »Und Stofftiere kann man auch nicht essen.«

Sie spricht nicht fordernd, sie bettelt nicht, sie bedrängt mich nicht. Sie stellt nur fest.

Wo sie lebt, frage ich, und sie deutet hinüber zu den Palastruinen, über das freie Feld, das wahrscheinlich ebenfalls vermint ist.

Und ich frage noch einmal: Wo? Sie deutet wieder zum Palast hinüber. Sie lebt in den Ruinen. Und dann lädt sie uns ein, es anzusehen, ihr Leben.

Ich frage Matthias, unseren Zugführer. Und der überlegt kurz, gibt dann den Fahrern Anweisungen und stiefelt zusammen mit mir und dem militärischen Sprachmittler neben der Frau her.

Rasen, vereinzelt Steine darauf, Schutt. Mein Blick gleitet über den Boden, dann reiße ich mich zusammen und nehme den Kopf hoch, Minen wären sowieso nicht zu erkennen. Die Frau lebt hier, sie wird den Weg schon kennen und wissen, wo sie uns lang führt.

Sie führt uns am Palast vorbei, über ein weiteres Brachfeld: Kiesel, zerbrochene Ziegelsteine, Gras.

Dann taucht eine Wäscheleine auf, ein paar Wäschestücke flattern im Wind, dahinter sieht man Mauern. Das mag mal ein Stall gewesen sein, jetzt wäre sogar die Bezeichnung ›Baracke‹ zu viel, es ist einfach ein zerfallenes Gemäuer. Und dort leben sie.

Sie, das sind etwa zwanzig Menschen: Männer, Frauen, Kinder. Manche der Wände sind eingestürzt. Große Löcher klaffen in ihnen, wahrscheinlich von Bomben hineingerissen. Manche sind notdürftig mit Feldsteinen ausgebessert worden, meist aber nicht einmal das. Wir folgen der Frau in einen Gang, von dem einige Räume abgehen. Türen gibt es nicht. In der Dunkelheit des Gemäuers sehen wir ein paar Eimer auf dem Boden, das Dach ist undicht. Verschimmelte Wände, die Böden sind mit Pappe ausgelegt, und die ist feucht, an vielen Stellen. In jedem dieser Löcher lebt eine Familie.

Ich versuche, meinen Gesichtsausdruck zu beherrschen. Und sehe Matthias' Mundwinkel zucken.

In einem Türrahmen steht ein Kind, ein Mädchen. Ohne Schuhe, mit dreckigen Füßen und großen Augen. Wie alt sie ist, weiß keiner, aber ein Blick in dieses Gesicht mit den eingefallenen Wangen und den tief in den Höhlen liegenden Augen lässt vermuten, dass sie sehr viel älter auch nicht werden wird.

Wir verlassen den Durchgang mit seinen Behausungen, klettern über Ziegelsteine.

Draußen ist ein Zelt aufgebaut, darin liegt eine kranke Frau. Das Zelt zumindest sei trocken, wird uns erklärt. Gekocht wird in einem Loch im Boden. Wenn es etwas zu kochen gibt. Wenn man beim Betteln Erfolg hatte oder auf dem Markt etwas ›gefunden‹ hat.

Und wenn nicht?

»Essen wir Gras«, erklärt eine der Frauen.

Seit rund zwei Jahren, erfahren wir, leben diese Menschen hier. Irgendwann während der Kämpfe flohen sie nach Pakistan. Dann versprach die Regierung Hamid Karzais Rückkehrhilfe, und in Pakistan wollte man die Flüchtlinge auch loswerden, also kamen sie zurück.

Von der Rückkehrhilfe haben sie nie etwas gesehen. Wer weiß, wo die versackt ist.

Das Gefühl, nichts tun zu können, ist das Schlimmste. Sitzt wie ein verdammter Strick um den Hals.

Wir verabschieden uns. Werden zurück zur Straße begleitet, wo die Autos stehen. Dort herrscht immer noch großer Rummel, die Autos sind umringt von Menschen. Matthias mahnt zum Aufbruch.

Ich habe einen Fünfzig-Dollar-Schein dabei, der steckt in meiner Jeanstasche. Ich schiebe die Hand in die Tasche, falte ihn so klein es geht. Verabschiede mich zum zweiten Mal von der Kuchi-Frau und drücke dabei heimlich den Schein in ihre Hand. Sie fühlt es. Und versteht. Sagt nichts, verneigt sich nur. Und geht.

Und ich atme durch: Gott sei Dank. Hätten die anderen es bemerkt, es wäre ein Kampf um diesen Schein ausgebrochen, darum und um mehr. Ein erbitterter Kampf, denn es wäre ums Überleben gegangen. Die Soldaten hätten auf ein Handgemenge, in deren Mitte sie sich befunden hätten, reagieren müssen – es wäre nicht auszudenken gewesen.

Wegen fünfzig Dollar kann eine Situation kippen. Auch wegen weniger.

Fünfzig Dollar ist das Monatsgehalt eines Lehrers in Afghanistan. Es ist ein kleines Vermögen.

Und doch so verzweifelt wenig.

Wir schweigen auf dem Rückweg ins Headquarter, zu unseren Duschen mit fließend Warmwasser, zu Elektrizität und zu den im Sommer klimatisierten, im Winter geheizten Räumen.

Matthias meint, er könne eventuell ein paar Decken organisieren und dorthin bringen. Niemand sagt etwas. Wir würden alle gern mehr tun. Aber humanitäre Hilfe ist nicht unsere Aufgabe. Wir sind PSYOPS. Wir verteilen Stofftiere und Zeitungen, und in die schreiben wir hinein, dass es mit dem Aufbau Afghanistans rasant vorwärtsgeht.

Abends gehen Iain, Susanne und ich essen. Diesen Abend besuchen wir mal wieder das L'Atmosphère, das französische Restaurant. Um uns herum sitzen gutgekleidete Menschen, weiße Tischdecken, Kellner in weißen, gebügelten Hemden laufen herum. Kabuler Restaurants, Kabuler Nachtleben. Ein Hauch ziviles, normales Leben.

Ich trinke meinen Cocktail, wir warten aufs Essen. Wenn wir nachher bezahlen, werden wir dem Kellner mehr Geld geben, als ich heute dieser Frau in die Hand gedrückt habe.

»Stop thinking«, sagt Iain.

»Pardon?«

Um uns herum sitzt und isst und lacht die internationale Gemeinschaft.

»Matthias has told me, where you were today. Stop thinking about it.«

Ich kann nicht.

»Wie viel Sinn macht das, was wir hier tun, tatsächlich«, frage ich.

Iain stellt sein Bier ab.

»Hassan, der Hausmeister in meinem Guest-House«, erzählt er, »hat fünf Kinder. Drei Söhne, zwei Töchter. Alle gehen zur Schule. Bis auf den Jüngsten. Der hat nämlich keine Schulmappe. Keiner von ihnen hat eine richtige Schulmappe, aber die anderen haben wenigstens irgendwelche Taschen, Orangennetze oder so. Nur der Jüngste hat gar nichts.«

»Und?«, fragt Susanne.

»Also habe ich bei TPT einen offiziellen Antrag auf fünf ISAF-Rucksäcke gestellt. Und als Grund für die Anfrage habe ich ins Formular geschrieben: Fünf Rucksäcke für die Kinder des Hausmeisters in meinem Guest-House.«

»Und?«

Iain, mit seinem wilden schottischen Bart, den roten, strubbeligen Haaren und den sanften Augen, schaut auf seine Daumen hinunter.

»Matthias hat mich gefragt, ob das mein Ernst sei. Ich habe gesagt, natürlich meine ich das ernst, weil die Kinder nämlich ansonsten nicht zur Schule gehen können.«

»Und dann?«

»Matthias hat mir fünf Rucksäcke gegeben, und er hat sie bis oben hin gefüllt mit Stiften und Heften. Ganz TPT ist in den Containern rumgekrochen, auf der Suche nach irgendwas, was die Kinder von Hassan noch gebrauchen könnten. Ich hab die Rucksäcke mitgenommen. Hassan hat fast geweint, als ich sie ihm gegeben habe.«

Ich bestelle noch einen Cocktail.

»Wir können nicht jedem Einzelnen helfen«, sagt Iain.

»Aber das ist kein Grund, nichts zu tun, oder?«

Ich bekomme meinen Cocktail. Und trinke das Glas in einem Zug halb leer.

»Ich glaube einfach, wir könnten mehr tun. Auch mit unserem Radiosender oder unserer Zeitung. Tatsächlich aber ist fast alles, was wir tun, Selbstbeweihräucherung. Wir sollten viel mehr Service-Angebote bringen, Bildung lässt sich wunderbar übers Radio transportieren, genauso wie soziale Inhalte. In Deutschland wird das seit Jahren gemacht, mit Schulfunk und Hörspielreihen – und Afghanen lieben Geschichten und Gedichte. Aber was machen wir? Wir berichten. Da eine Brücke, dort ein Brunnen. Und die Leute stehen da und fragen: Und wieso ist mein Leben dann nicht besser? Seit zwei Jahren leben diese Flüchtlinge dort!«

»Ja«, sagt Iain.

»Warum ist diese Rückkehrhilfe, die die Zentralregierung versprochen hat, nicht gezahlt worden?«, frage ich. »Warum bekommen diese Leute nichts?«

»Das Geld ist irgendwo verschwunden zwischen Regierungsangehörigen, Regierungsmitarbeitern, Warlords, Beamten. Genau darum haben die Afghanen ja kaum noch Vertrauen in ihre Regierung. Und auch immer weniger in die internationale Gemeinschaft. Sie fragen: Wo sind denn die Millionen, die ihr uns angeblich gebt?«

»Hm.«

»Die neue Idee der deutschen Regierung, habe ich gehört, ist es jetzt, das Geld direkt der afghanischen Zentralregierung zu geben – mit einer Vorgabe, dass es in Bildung oder Krankenhäuser oder was auch immer gesteckt werden soll. Das soll dann so aussehen, als käme das Geld von Karzai. So soll das Vertrauen der Afghanen in ihre Regierung gestärkt werden.«

»Großartige Idee«, sage ich, mit Ironie in der Stimme. »Und ja auch nicht unüblich. Aber was wir tun, bleibt trotzdem zu wenig, und außerdem: Wieso zum Kuckuck kontrolliert keiner, wo dieses Geld hingeht? Das wäre doch mal ein sinnvoller Ansatzpunkt!«

»Vielleicht kommt ja irgendetwas davon doch bei den Afghanen an«, meint Iain, mehr hoffend als überzeugt.

Dann kommt unser Essen. Die Rechnung liegt später bei achtundneunzig Dollar.

FUSSPATROUILLE

Nein«, sage ich, schüttele den Kopf, schaue auf die Uhr und gähne. »Für mich nichts mehr. Ich verlege auf Stube.«

Mark schaut mich an und fängt an zu lachen.

»Was ist?«, frage ich irritiert.

»Du verlegst auf Stube?«, fragt er, zieht dabei die Augenbrauen hoch, und da lache auch ich. ›Auf Stube verlegen‹ ist reinstes Soldatendeutsch.

»Die Anpassung geht fix«, sagt er.

»So fix auch wieder nicht. Ich bin schon ein Dreivierteljahr hier. Ich habe lange widerstanden.«

Aber der Einfluss ist nicht abzuleugnen. Schleichend habe ich Bundeswehr gelernt. Ich ›verlege auf Stube‹, statt ins Bett zu gehen, gehe ›verpflegen‹ statt essen, ich frage nicht mehr: ›Wie geht es dir?‹, sondern: ›Frage: Lage?‹, und statt: ›Wo bist du?‹, kürze ich ab: ›Frage: Standort?‹.

»O Gott«, sage ich, »wer weiß, ob ich in zivilem Fahrwasser überhaupt noch klarkomme.«

»Das wird schon«, meint Mark und steht auf. »Ich bring dich noch ein Stück.«

»Oh.«

»Soll ich nicht?«

»Natürlich, es ist nur ungewohnt.«

Wir verlassen das Lummerland, gehen die paar Schritte zur Lagerstraße. Irgendjemand läuft an uns vorbei, grüßt. Wer es ist, kann ich im verdunkelten Lager nicht erkennen. Ich müsste nach links abbiegen, Mark eigentlich nach rechts. Stattdessen nimmt er meine Hand, zieht mich weiter geradeaus. Dann stehen wir zwischen zwei Wohnblöcken, ein dürres Bäumchen schaut uns zu.

»Was soll das?«, flüstere ich und frage mich zugleich, warum ich flüstere.

»Ich wollte dich noch rasch küssen«, flüstert er und tut's.

»Und wenn uns jemand sieht«, frage ich zwischendrin.

»Uns sieht keiner«, antwortet er.

Die Grillen zirpen vor sich hin. Eine Schweißperle rinnt mir in den Ausschnitt, es ist Abend, es ist dunkel, heiß ist es trotzdem. Ich sehe mich um. Tatsächlich würde man uns vom Weg aus wahrscheinlich nicht sehen, es ist zu dunkel. Aber die Wache vorne am Eingang hat uns mit einem bisschen Pech auf dem Schirm. Mark muss betrunken sein, denke ich, anders ist das nicht zu erklären. Unsere Treffen liefen bisher immer heimlich ab. Manchmal habe ich das Gefühl, die Sache zwischen uns ist so heimlich, dass selbst ich nichts davon weiß. Und manchmal, nur kurz bisher, will ich genau deswegen nichts mehr davon wissen. Das Problem mit der Heimlichkeit ist, dass sie einen einsam macht.

Ich schiebe ihn auf Armlänge weg. »Ich gehe«, sage ich, und er nickt. »Kommst du morgen mit?«

Da nicke ich. Morgen ist Fußpatrouille.

Fußpatrouillen finden regelmäßig statt. Der Zweck ist, Präsenz zu zeigen, es soll ein Gefühl von Sicherheit vermittelt werden.

Als ich aus Kabul zurückkam, hatte Mark einen neuen Auftrag, er ist jetzt beim Schutz. Ich freue mich, dass er nun endlich seinen Platz im Lager gefunden hat, nach Monaten, die er nicht dazugehörte, immer drinnen saß und kaum etwas zu tun hatte. Allerdings ist unsere gemeinsame Zeit jetzt limitiert. Und dazu auch noch diese verdammte Heimlichkeit. Und so beginnt es, leise, aber vernehmlich, zu knirschen zwischen uns.

Vielleicht deswegen dieser halböffentliche Kuss.

Wir verabschieden uns bis morgen, dann wird er mit seinem Zug die Fußpatrouille laufen. Mit dabei wird außerdem Lukas sein, ein Einsatzoffizier von Cimic, sowie einer unserer afghanischen Dolmetscher und ich.

Wir treffen uns am nächsten Morgen am Parkplatz. Die Wölfe des Schutzes stehen schon dort, als ich ankomme. Das übliche Briefing findet statt. Wir werden hinunter ins Dorf zu Ecolog fahren, dem Hof der Servicefirma der Bundeswehr. Dort werden wir die Wölfe abstellen und in großer Runde über den Bazar laufen.

Mark sitzt auf, Funküberprüfung, dann gibt er die Reihenfolge durch, in der gefahren wird. Er sitzt auf dem Beifahrersitz, trägt die Flecktarnjacke in Heimatgrün statt Einsatzbeige, eine verspiegelte Sonnenbrille sitzt auf seiner Nase. Ich sehe nur meine Augen in diesen Gläsern und weiß trotzdem, wann er mich anschaut.

Wir holpern das Hochplateau hinunter, und eine halbe Stunde später laufen wir die Hauptstraße entlang.

Ein fast weißer Himmel wölbt sich über der Stadt. Die Straße ist breit, rot-weiße Gitter bilden die Abgrenzung zum Bürgersteig, daneben verlaufen die Abwasserrinnen. Autos fahren an uns vorbei, und bei jedem Schritt wirbeln Staubwolken auf, dazu ist es brütend heiß. Der Kreisverkehr liegt ein wenig im Schatten, Menschen überqueren die Straße, Autos hupen, Radfahrer schlängeln sich halsbrecherisch durch den Verkehr. Links davon befindet sich ein Spielzeuggeschäft. Am Eingang baumelt ein Netz voller bunter Kinderbälle.

Das hier ist der Innenstadtbereich, sogar der Bürgersteig ist hier gepflastert, wenigstens ein Stück weit. Weiter hinten wird gehämmert und weitergepflastert. An uns braust ein Moped vorbei, drei junge Männer sitzen darauf, einer winkt, während das hoffnungslos überladene Gefährt um die Ecke knattert.

Wir haben versprochen, Gewürze mitzubringen, also betreten wir den Bazar. Säckeweise leuchtet uns dort Paprikarot, Currygelb entgegen. Dieser Teil des Bazars ist überdacht, nur durch manche Ritzen und Löcher im Dach fällt Licht. In den Strahlen tanzt der Staub. Mitten auf dem Weg steht eine Schubkarre, in der ein Junge sitzt und uns neugierig anschaut, während er die Beine baumeln lässt. Weiter drüben spült jemand einen Topf in einer Abwasserrinne und summt dabei vor sich hin.

Wir erledigen unsere Einkäufe. Im Leben der Stadt Kunduz sind wir ein wichtiger Wirtschaftsfaktor, und auch deswegen werden wir freudig begrüßt. Deutsche Soldaten lassen Geld in der Stadt, ob bei kleinen Einkäufen wie hier oder bei großen. Albrecht von der Polizei will demnächst Autos kaufen für ein Fahrertraining, und die ›Dezentrale Beschaffung‹, die zur Truppenverwaltung gehört, plant den Kauf von Kühlschränken fürs Lager.

Wir gehen weiter, verlassen den Bazarbereich. Es ist brütend heiß. Die Soldaten tragen schusssichere Westen über den T-Shirts oder unter den Feldblusen, sie haben die Ärmel aufgekrempelt. Nur Mark trägt die Jacke. Dazu Handschuhe.

»Ist dir nicht warm?«

»Doch. Aber so habe ich alles dabei, was ich brauche.«

Wir gehen weiter.

Fußpatrouillen werden in Formation gelaufen, in einer genau festgelegten Reihenfolge, Gänsemarsch auf Befehl.

Auf dem Markt steht ein würdevoller alter Afghane mit einem brustlangen weißen Bart, kohlschwarzen Augen und verkauft Eis. Zwei Mädchen stehen vor ihm, strecken ihm die Hände entgegen, beide mit rosafarbenen Kopftüchern, die auf den Schultern liegen, und auf Kinnlänge geschnittenen Haaren. Beide laufen kichernd weg, als sie uns sehen. Der Eisverkäufer lacht, das Gesicht mit der braunen Lederhaut legt sich in tausend Falten.

Und es geht weiter. An Marktständen vorbei, Obst, Gemüse, die Melonensaison steht kurz bevor.

»Wusstest du, dass Marco Polo die Melonen von Kunduz als die besten der Welt bezeichnet hat?«, fragt Mark, und ich schüttele den Kopf, das wusste ich nicht. An einer der zahlreichen Baustellen zu der Straße sind Mauersteine aufgeschüttet, davor steht eine Schubkarre, in der zwei Jungen liegen und uns zuwinken. Dahinter befindet sich die Filiale einer afghanischen Bank, und Mark schaut verträumt: »Da würde ich gerne mal rein.«

»Willst du ein Konto eröffnen?«

»Nein, nur gucken.«

Das ginge schon, sagen die beiden Wachen vor dem Eingang, aber nur ohne Waffen. Und sie deuten auf ein Schild an der Mauer: eine durchgestrichene Pistole und *No weapons allowed* darunter. Mark seufzt und zuckt die Schultern, bedankt sich bei den Wachen. Wir gehen weiter. Die Waffen dürfen die Soldaten natürlich nicht ablegen.

Buden voller Bücher, Schreibhefte und Stifte. Und dann ein Stand in grellem Grün. Der Verkäufer ist alt, trägt eine braune Weste über dem weißen Hemd und einen dunklen Turban auf dem Kopf, und er hat Kundschaft: zwei Jungen, vielleicht zehn, elf Jahre alt – er verkauft Drachen. Bunte Papierdrachen, und wir stehen ebenso fasziniert davor wie die Kinder.

»Drachen tragen Wünsche«, sage ich, »wusstest du das?«

Er schüttelt den Kopf, lächelt, ich weiß genau, wie seine Augen, tief in den Höhlen liegend und hinter Spiegelgläsern versteckt, mich jetzt anschauen. »Und was wünschst du dir?«, fragt er.

»Sage ich dir später.«

Spaziergang mit Soldat. Wir laufen zurück, warten noch kurz am Kreisel, weil Lukas irgendetwas kaufen will. Um uns herum braust der Verkehr.

»Es hat fast etwas Normales«, sage ich, »so normal es hier eben sein kann. Ich meine, du bist komisch angezogen und bewaffnet, aber es ist trotzdem irgendwie ein Stadtbummel.«

»Das ist nicht normal«, lacht er, »überhaupt nicht«, und sein Funkgerät knirscht. »Konnte Sie nicht aufnehmen«, sagt er, »wiederholen Sie!«

Wieder knirscht es, aber jetzt scheint das Knirschen für ihn einen Sinn zu ergeben, und er wendet sich ab, um eine Antwort zu geben. Immer noch scheint die Sonne. Er hat ja recht. Nein, es ist nicht normal.

SALZWASSER

Normal jedoch ist: weißer Himmel, brennende Sonne. Seit Tagen ist das so, und das wird auch nicht mehr anders, lachen die afghanischen Mitarbeiter, es wird nur noch wärmer. Es ist ja erst Mai, also noch Frühling, der Sommer, der echte Sommer, kommt erst noch. Tagsüber sitzen sogar die Spatzen im Schatten. Abends zirpen Grillen, man sitzt vor den Türen, trinkt etwas, unterhält sich. Hin und wieder wird in den Höfen eine Leinwand aufgespannt, Kino unterm Sternenhimmel.

Und bei alldem weiß man, dass sich die Anschlagswarnungen häufen, weiß aber nichts Genaues. Es herrscht »Business as usual« im Lager, beim Verticker geht der Orangensaft palettenweise weg, das Bier auch. Die Sanität sitzt mit Kaffeetasse und Zigarette im Schatten vor dem Rettungszentrum und händigt auf Nachfrage Sonnencreme aus. Die Post kommt regelmäßig. Verspätungen und wochenlange Unterbrechungen kommen fast nur im Winter vor. In der Truppenküche sitzen Kollegen der GTZ oder des DED, die EZ-Gemeinde – EZ steht für Entwicklungszusammenarbeit – holt ihre Post ab oder bringt Briefe und Pakete auf den Weg, tauscht Euro in Dollar um oder hebt Geld im Container hinter dem Stabsgebäude ab. Dort residiert die Bundeskasse Weiden, unsere Lagerbank. Das Geldabheben kostet keine Gebühren, ebenso wie der Brief nach Deutschland nur 1,10 Euro kostet, auch wenn er von einem Kontinent zum nächsten gebracht wird. Der Postweg ist 5000 Kilometer lang und gilt als innerdeutsch.

In den deutschen Zeitungen sind dafür mal wieder die üblichen Klagen der Entwicklungshilfe zu lesen: zu viel Geld koste der Bundeswehreinsatz, was übersetzt bedeutet: Es bleibt zu wenig für uns. ›Für uns‹ heißt ›für den zivilen Wiederaufbau‹.

Dass der Bundeswehreinsatz auch so viel Geld kostet, weil die Bundeswehr den Flughafen Kunduz unterhält sowie das Lager in Termez, die Feldpost und das Rettungszentrum – alles Einrichtungen, die selbstverständlich auch der EZ-Gemeinde zur Verfügung stehen – das wird bei diesen Klagen gern übersehen.

Im Übrigen hört man solche Beschwerden nur selten in Afghanistan selbst, diese Klagen kommen zumeist aus Deutschland.

»Die Entwicklungshilfe«, meint Martin, Cimic-Major und gerade dabei, Kaffee zu kochen, »macht in Deutschland auch normale Lobbyarbeit. Und es ist ein wenig Tradition, dass sie auf Abstand zum Militär geht. Für die stellt sich ja die Frage: Wenn die Soldaten Brunnen bohren, was machen dann wir? Die Frage ist auch ... – Sag mal, hast du schon wieder die Milch geklaut?«

»Nein.«

»Wo ist sie dann?« Er beginnt, Schranktüren zu öffnen, schiebt Ein-Mann-Packungen, Keksdosen und Kaffeepakete zur Seite.

»Weiß ich nicht. Frag den Spieß, der ist für Milch zuständig.«

Martin grummelt, gießt Kaffee ein und verzichtet auf Milch. »Das sind halt«, sagt er dann, »typisch deutsche Funktionärsaussagen. Hier vor Ort funktioniert die Zusammenarbeit ja ziemlich gut. Siehe Kinderberg und das Flüchtlingslager in Bagh-e-Shirkat. Weil schnell etwas passieren musste, übernahmen erst unsere Sanis, als Erste Hilfe sozusagen. Und jetzt steht Kinderberg voll ein für das Projekt.

So läuft die Zusammenarbeit gut, und so soll es ja auch laufen.«

Er guckt in seine Kaffeetasse und zieht die Mundwinkel nach unten. »Übrigens haben wir gerade wieder ein ähnliches Beispiel für zivil-militärische Zusammenarbeit.«

»Ja?«

»Die GTZ hat uns gebeten, eine Erkundung durchzuführen. Es geht um Namak Ab, dort fließt ein Fluss an einem Salzberg vorbei. Immer wenn es Hochwasser gibt, nimmt der Fluss das Salz mit und überflutet die Felder. Damit ist dann die ganze Ernte vernichtet. Die GTZ hat signalisiert, dass sie einen Ausbau zahlen würde, falls dort etwas zu machen ist. Aber ob und wie, das sollen wir rausbekommen.« Er schlürft seinen Kaffee. »Ohne Milch ist Kaffee Mist.«

»Was für eine Erkundung ist das genau«, frage ich.

»Eine Fußerkundung«, sagt er. »Rauf mit den Wölfen, aussteigen, losmarschieren. Rauf auf den Salzberg. Und dann sehen wir weiter.«

»Gesetzt den Fall, ich würde bei mir im Büro doch noch ein Paket Milch finden, meinst du, du fändest dann einen Platz für mich bei der Tour?«

Er schaut über den Tassenrand auf mich hinunter. »Erpresserisches Luder«, sagt er, und ich nicke und klimpere mit den Wimpern.

Zwei Tage später stehe ich um drei Uhr morgens auf und mache mich auf den Weg zum Parkplatz, um von dort mit Cimic loszufahren.

Es ist eine Zweitagestour. Vor dem Besuch in Namak Ab geht es zunächst nach Iskamish, dort sollen wir ein Gesundheitscenter inspizieren: Wie ist die Ausstattung, was brauchen die Menschen dort? Übernachtung im Safehouse in Taloqan, und am nächsten Tag soll es weiter zu den Salzfeldern gehen.

Nun also wieder eine Fahrt durch afghanische Landschaft. Ich knote mir das Tuch wie immer über Haare, Nase und Mund. Der Horizont ist weit, die Sonne sticht herab, und wir fahren, fahren, fahren. Überall Geröll und Sand, hin und wieder Gras. Den Straßenrand säumen rechteckige Steine, sie sind weiß angestrichen auf der einen Seite, rot auf der anderen – das bedeutet: Minen. Nur die Straße selbst ist sicher, denn die weiße Seite der Markierungssteine zeigt zu uns.

Und trotzdem werden wir plötzlich überholt, ein Kleinbus schert hinter uns aus, fährt von der Straße ab, mitten hinein ins Minenfeld. Braust an der vollbesetzten Bundeswehrkolonne vorbei, durchs Fenster sehe ich das Blau einer Burka und ein Kind, das sich die Nase an der Scheibe plattdrückt. Von vorn winkt uns der Fahrer zu, drückt fröhlich auf die Hupe und gibt Gas, dann verschwindet der Bus in einer Staubwolke und schert irgendwo zwischen den minenanzeigenden Steinen wieder auf die Straße ein.

Das Gesundheitszentrum, bei dem wir schließlich ankommen, sieht aus, wie ein Gesundheitszentrum hier eben aussieht. Wir parken die Wölfe vor einer Mauer. Weiter entfernt sitzen ein paar Männer im Kreis, kümmern sich nicht um uns. Der Schutz passt draußen auf die Autos auf, wir gehen hinein.

Drinnen sitzen Frauen im Schatten eines Baumes, in der Hofmitte steht ein Brunnen. Linker Hand findet sich ein kleines Gebäude, Lehmbauweise, das ist die Toilette. Am Hauptgebäude führt eine Außentreppe nach oben zu Sprech- und Wartezimmer. Ein Medikamentenschrank steht auf dem Gang, an den Wänden hängen Schaubilder: Schwangerschaft, Geburt, Impfungen. Ingo von Cimic befragt einen Arzt, beginnt zu ›profilen‹. Soundso viele Patienten am Tag. Vielleicht mehr. Vielleicht auch weniger. Die häufigsten Krankheiten? Das Übliche: Magenverstimmungen, Durchfall, Hautkrankheiten. Medikamente habe man genug, und eine Hebamme gebe es auch. Ingo schreibt mit. Das Gespräch ist zäh; es ist diese afghanische Höflichkeit, die im Wege steht. Es ist diese ganz andere Art der Kommunikation, die hier oft zu Verständnisschwierigkeiten führt. Gespräche zweier Menschen aus fremden Kulturen sind wie eine Art ›Stille Post‹. Bedeutet überhaupt auch nur ›Gespräch‹ das Gleiche für uns? Ich denke an Unterhaltungen mit meinen afghanischen Mitarbeitern, bei denen die Antworten davon abhängen, wie ich die Frage stelle.

»Zahman, die Mädchenschule, die wir letztens mit Computern ausgestattet haben, glaubst du, das war gut, benutzen die Mädchen die Computer?«

»Ja, Miss Kerstin, täglich, und sie sind sehr glücklich über die Computer!«

»Aber«, sage ich, »ich habe gehört, dass die Jungs von der Schule nebenan die Mädchen da gar nicht ranlassen. Haben die Mädchen überhaupt so oft die Gelegenheit, an den Rechnern zu arbeiten?«

»Nein, Miss Kerstin, haben sie nicht, nein.«

Auf dem Tisch zwischen Ingo und dem Arzt liegt ein rostiges Stethoskop.

»Gibt es genug Impfstoff gegen Polio?«, fragt Ingo.

»Ja«, antwortet der Arzt, den gibt es, natürlich. Wunderbar. Was er nicht sagt, ist, ob es eventuell an Spritzen mangelt. Oder an Aspirin. Oder einfach an Platz, Hygiene, Geld – eigentlich an allem. Aber nach Polio-Impfstoff wurde gefragt, an dem mangelt es nicht.

Die Gesprächskultur ist anders. Und man müsste sein Gegenüber viel ernster nehmen in seiner Kultur. Afghanische

Gespräche verlaufen spiralförmig. Man beginnt bei Fragen nach der Familie des Gesprächspartners, fragt nach den Kindern, den Eltern, schließt gute Wünsche an, tastet sich langsam an das eigentliche Thema heran. Dort angekommen, erhält man zunächst die Auskunft, es sei alles gut. Nur langsam erfährt man die Probleme. Bei deutschen Gesprächen knallen dagegen Frage und Antwort häufig wie Schüsse über ein Feld. Schwierig.

Ingo beendet das Gespräch, wir verabschieden uns und brechen in Richtung Taloqan auf. Nach einer weiteren Fahrt über Pisten mit Bodenwellen und Geröll kommen wir dort an.

Das Safehouse in Taloqan ist ein zweistöckiges Gebäude mit einer Veranda und einem Garten, und man sieht ihm an, dass es schon bessere Zeiten erlebt hat. Es wurde einst großzügig angelegt, hinten im Garten verfallen Ställe, dort parken wir die Wölfe. Die Dingos bleiben draußen vor der Straße und blockieren das Tor, ein zusätzlicher Schutz zu den afghanischen Guards, die hier bewachen. Es gibt eine unendlich schmusige Katze hier, die wahrscheinlich keine Maus mehr fangen kann. Muss sie auch nicht, bisher hat sie noch jeder Soldat gefüttert. Sie läuft auf der Veranda zwischen Kai und mir hin und her und kann sich offenbar nicht entscheiden, wo sie die besseren Streicheleinheiten kriegt. Kai ist Führer Schutz auf dieser Fahrt. Außerdem ist er im Lager Marks Stubenkamerad, wie auch die anderen drei Schutzsoldaten.

Es gibt kein fließendes Wasser im Safehouse, und wie üblich fällt der Strom öfter aus, aber es gibt Zimmer mit echten Betten, auf denen wir die Schlafsäcke ausbreiten. In der Küche stehen Kaffeemaschine, Heißwasserkocher und ein Herd, wir können Kaffee oder Tee kochen – wenn der Strom gerade fließt. Außerdem können wir uns von den afghanischen Guards Essen bringen zu lassen. Dann sitzen wir da, am langen Tisch in der Eingangshalle, mit Kabap, Boulani und Pilaw. Ingo hat eine Flasche Wein mitgebracht und Bier; so wird es eine kleine Party. Kurz vorm Schlafengehen sitze ich auf der Veranda, rauche mit Kai eine letzte Zigarette, wir plaudern ins Blaue hinein, über alles und nichts. Lauschen den Grillen und dem Ruf zum Gebet, betrachten den Sternenhimmel.

Nachts wird in Zweiergruppen Wache geschoben: Ein Soldat auf dem Dach, der zweite sitzt drinnen vor den Überwachungskameras.

»Früher«, erzählt Kai, »hatten wir zwei Soldaten zum sichern oben auf dem Dach. Aber von dort aus kannst du in alle umliegenden Häuser reinschauen. Die Nachbarn haben sich beschwert.«

Ich schaue in die Dunkelheit, die warme Abendluft streichelt mein Gesicht. Und ich finde es beruhigend, dass es hier zwischen IED's, Anschlagswarnungen und Minen auch etwas so Normales wie Nachbarschaftsbeschwerden gibt.

Am Morgen gibt es Kaffee.

Danach starte ich einen Versuch in Hygiene. In Jeans und T-Shirt, ungeschminkt, mit dreckigen Haaren und staubigem Gesicht, stehe ich im hinteren Garten neben den Dixi-Toiletten, ausgestattet mit Waschlotion, Feuchttüchern und einer Flasche Mineralwasser. Wische Staub aus dem Gesicht, drücke Zahnpasta auf die Bürste und putze die Zähne. Als ich ausspucke, steht Ingo neben mir, spuckt ebenfalls, und Kai fragt, ob er ein Feuchttuch haben könne.

Natürlich kann er.

Ich binde die Haare zusammen, verschwinde aufs Klo. Ein Dixi-Klo entspricht Fünf-Sterne-Standard bei einer Tour durch Afghanistan. Afghanische Toiletten sind Löcher im

Boden; wenn man Glück hat, gibt es eine Tür, bei noch mehr Glück haben alle Vorbenutzer das Loch getroffen. So viel Glück aber ist selten.

Noch ein Becher Kaffee, dann wird aufgeräumt, Sachen werden zusammengepackt, dann brechen wir auf.

Namak Ab bedeutet ›Salzwasser‹. Wir brauchen nicht lang bis dorthin, die Ortschaft liegt nicht weit von Taloqan entfernt. Wie überall in den Provinzen Kunduz und Takhar ist Landwirtschaft die Haupteinnahmequelle, zusätzlich aber gibt es den Salzabbau.

Berge. Sand. Lehm. Braune Landschaft, gelbe Landschaft, nur hin und wieder flüchtiges Grün, da, wo etwas Gras wächst. Hütten, aus Feldsteinen erbaut, mit Baumstämmen abgestützte Dächer. Auf den so entstandenen Veranden gibt es etwas Schatten. Gelbe Plastikkanister liegen herum, ein Huhn stolziert an einer Hausmauer entlang. Wir fahren durch das Dorf und parken die Wölfe auf einer Anhöhe. Der Bürgermeister von Namak Ab, dem Dorfflecken am Rande des Salzbergs, kommt uns entgegen, begrüßt uns – er wird uns beim Aufstieg begleiten, ebenso zwei weitere Männer und zwei Polizisten. So machen wir uns in einer gemischten deutsch-afghanischen Klettergruppe auf den Weg. Ingo hält Händchen mit dem Bürgermeister, das ist ein Zeichen starker Verbundenheit. Die Sonne beginnt zu brennen. Der Weg führt stetig bergauf. Esel, beladen mit Salzblöcken, werden von afghanischen Jungen, Kindern, an uns vorbei talabwärts getrieben. Kurze Zeit später überholt uns dann eine andere Eselkolonne, auf dem Weg hinauf zu den Abbaustellen. Ich bekomme von einem unserer afghanischen Begleiter einen Esel als Transportmittel nach oben angeboten. Ich lehne ab. Es ist allein mein idiotischer Ehrgeiz, der mich dazu bringt, weiter Fuß vor Fuß zu setzen, während die Mittagssonne immer unbarmherziger brennt.

Vorne sichert der Schutz. Kai kniet sich hin und beobachtet das Tal, Gewehr im Arm, Blick konzentriert, Basecap über schusssicherer Weste. Vor ihm wieder eine Eselkarawane.

So geht es stetig bergan, bis wir schließlich die Abbaustellen erreichen.

Dort leuchtet es uns weiß entgegen, Arbeiter in Pluderhosen und langen Hemden halten Spitzhacken in der Hand und blicken zu uns herüber. In einiger Entfernung steht eine halbbeladene Eselkarawane, zwei Arbeiter tragen gerade Salzblöcke hinüber.

Salzabbau ist Knochenarbeit.

Noch in der Dämmerung besteigen die Arbeiter den Berg, hacken das Salz in Blöcken aus dem Gestein. Beladen die Esel. Und dann geht es wieder hinunter ins Dorf.

Ein Block wiegt fünfzehn bis zwanzig Kilo, ein Esel kann bis zu vier Blöcke tragen. Salzabbau ist ein Geschäft für Hungerleider. Zwei Dollar gibt es für die drei Eselladungen Salz, die ein Arbeiter pro Tag schafft. Und dabei ist der Salzberg von Namak Ab noch der bessere Platz zum Arbeiten, erzählt Ingo. In Chal, einem weiter westlich gelegenen Distrikt, sind die Arbeiter nicht angestellt, sondern arbeiten auf eigenes Risiko. Zwanzig Afghani sind pro Eselladung an den Pächter des dortigen Salzbergs zu zahlen. Nach dem Abbau und dem Transport muss der Tagelöhner das Salz reinigen, mahlen, er muss es zum Markt in Taloqan transportieren und dort verkaufen. Eine Eselladung Salz bringt dort rund zweihundert Afghani, das sind circa vier Dollar. An manchen Tagen gibt es mehr, an manchen auch weniger, das unternehmerische Risiko gibt es kostenlos dazu. Und trotzdem drängen sich die Männer um die Plätze an den Abbaustellen. Salzabbau ist Arbeit. Es ist immerhin ein Einkommen.

Man könnte daher froh sein über den Salzberg von Namak Ab, wäre da nicht der Fluss. Wir stehen oben auf dem Berg, und der Bürgermeister deutet hinunter ins Tal. Es ist, wie die GTZ es geschildert hat: Das Wasser fließt am Berg vorbei und weiter an den Feldern entlang. So werden die Äcker ausreichend bewässert, aber nach den Regenfällen des Frühlings herrscht regelmäßig Hochwasser. Und dann schwemmt der Fluss das Salz des Berges auf die Felder. Hochwasser bedeutet dann: Die Ernte ist verloren, die Böden sind versalzen.

Wir blicken hinunter ins Tal, auf den Fluss. Aber aus dieser Höhe können wir uns kein Bild machen. Es hilft nichts, wir müssen da runter, um der GTZ einen aussagekräftigen Bericht abliefern zu können. Auch wenn da kein Weg ist, nur eine Grasnarbe voller Steine und Geröll. Ingo guckt mich an. Kai auch. Ich beiße mir auf die Oberlippe, zucke dann die Schultern. Auch das ist Afghanistan: Unterwegs aussteigen geht nicht. Wir machen uns an den Abstieg, ohne irgendeinen Weg und ohne eine Leine, ohne eine Sicherung. Es hilft nichts. Bei der Bundeswehr sagt man dazu: »Leben in der Lage«, was so viel bedeutet wie: Es ist Mist, aber es muss nun mal sein.

So stolpern wir hintereinanderher, halten uns an vereinzelen Büschen fest und erreichen kletternd irgendwie das Tal. Am Fuß des Berges, in einem Flussbett, kommen wir schließlich zum Stehen. Der Boden hier ist nass und matschig. Der Fluss besteht derzeit aus kleineren und größeren Rinnsalen, ansonsten ist sein Bett nur feucht und schlammig, und Feldsteine wurden für eine Art Weg aufgeschüttet und mit Maschendrahtzaun befestigt. Wir klettern hinauf auf diesen dammartigen Pfad, dabei reiße ich mir die Hände auf, schlage mir die Knie blutig.

Oben angelangt, können wir komfortabel am Fuß des

Berges entlangspazieren. Ingo deutet auf kleine Salzkristalle im Erdreich, es sieht nicht gut aus. Auch am Fuß des Berges sehen wir immer wieder Löcher. Wir gehen weiter.

»Gott«, sagt Kai plötzlich vor mir und schiebt sein Basecap zurecht, »was ist das denn?«

»Was meinst du?«

»Riechst du das nicht?«

Doch. Da ist ein Hauch Fäulnis in der Luft, wird schlimmer, bis es schließlich wirklich bestialisch stinkt. Den Grund dafür sehen wir hinter einer Kurve. Dort liegt eine tote, halb verweste Ziege auf den Steinen, sie ist offenbar vom Felsen gestürzt. Ein dichter Fliegenschwarm stiebt auf, als wir über den Kadaver hinwegsteigen, ich bemühe mich, nicht hinzusehen.

Wir setzen unseren Weg fort. Das Flussbett wird breiter, der Wasserstand steigt und steigt, je weiter wir gehen. Dann sehen wir es: Das ist kein einfacher Zu- oder Abfluss, kein Loch, das man mit einer Sprengung stopfen könnte. Da ist eine Höhle. Ein Loch im Fels gähnt uns an. Unsere afghanischen Begleiter schauen uns an, wir starren auf den Felsen und den Fluss.

»Wäre es möglich, weiter oben zu sprengen?«, fragt Timo, einer der Hauptfeldwebel.

»Damit Steine von oben das Loch versperren?« Ingo zuckt die Schultern. »Ich glaube, dazu ist es zu groß.«

»Außerdem ist es wahrscheinlich nicht das einzige«, meint Kai.

»Der ganze Berg«, sagt Ingo, »ist ein verdammter Schweizer Käse.«

Kai nickt.

»Da können wir nichts machen.«

Kai nickt wieder.

Der Fluss dröhnt an uns vorbei.

Das Problem des Flusses, des Hochwassers und des Salzberges ist nicht zu lösen. Es sind zu viele Löcher im Berg, in die der Fluß bei Hochwasser hineinfließt und Salz aufnimmt. Wir machen Fotos, detailgenau und aus allen möglichen Perspektiven, vielleicht fällt den Experten der GTZ ja doch noch eine Lösung des Problems ein – auch wenn wir das bezweifeln. Wir setzen unseren Weg fort, klettern irgendwann von unserem Damm herunter und marschieren durch afghanische Bergwelt. Der Zweck einer Fußerkundung ist es schließlich, das Gelände kennenzulernen. Mag sein, dass der Weg zurück einfacher wäre. Er ist aber bereits in allen Plänen verzeichnet. Vor uns hingegen liegt bisher unbekanntes Gelände, das nur unsere afghanischen Führer kennen, die uns zugesichert haben, dass man das Dorf auch aus dieser Richtung erreichen könne. Was sie uns nicht gesagt haben, ist, dass der Fluss immer breiter und reißender wird. Und wir müssen hinüber. Auf die andere Seite.

Kai nickt mir zu. »Ich trage dich.«

»Nein«, antworte ich, »ist nicht nötig, ich bin schon okay.«

»Zick nicht rum. Hast du dir die Strömung angeschaut?«

»Ja. Darum. Du bist deutlich instabiler, wenn ich auf deinen Schultern sitze.«

Er reicht die Langwaffe seinem Oberfeldwebel und gibt das Kommando: »Los.«

Mir ist nicht wohl dabei. Die Strömung ist verflucht stark, das Wasser, sehe ich, ist tief. Ingo steht schon drin, und es reicht ihm bereits bis an die Oberschenkel. Mit einem mulmigen Gefühl klettere ich auf Kais Schultern. Er schwankt, marschiert dann los, hinein in den Fluss. Und trägt mich hinüber.

Auf der anderen Seite werden wir von den anderen lachend

in Empfang genommen. »Siehste«, sagt Kai, und nun kann ich auch lachen.

»Mit dir«, sage ich, »würde ich barfuß durchs ganze Land laufen.«

Er grinst. Alle außer mir sind klatschnass. Ich habe ein schlechtes Gewissen.

Wir marschieren weiter und stellen fest, dass die Schwierigkeiten noch längst nicht überwunden sind, denn jetzt müssen wir wieder nach oben. Und der Weg, den es jetzt hochgehen soll, ist deutlich steiler als der, den wir vorhin runtergeklettert sind. Ich lege den Kopf in den Nacken, schaue nach oben und denke: Das klappt niemals.

Aber uns bleibt keine Wahl, es gibt keine Alternative. Wir beginnen den Aufstieg. Ich grabe mich mit Händen und Füßen im Gestein fest, klettere irgendwie hinter Ingo her, immer bergan. Und natürlich passiert es dann: Ich setze den Fuß falsch, kann nicht vor und nicht zurück, bin mir sicher, dass ich, mache ich nur eine Bewegung, abstürze – also besser gar keine Bewegung. Ich stecke in dieser Wand fest. Einer der Afghanen klettert zurück, hält mein Fußgelenk, stabilisiert, stützt meinen Standfuß, und ich setze den anderen Fuß um. Und ziehe mich nach oben.

Das Schlimmste liegt damit hinter uns. Mein Herz klopft immer noch einen Paniktakt.

»Alles okay?«, fragt Kai.

Ich nicke.

Hinter einer Biegung müssen wir den Fluss, der sich fröhlich durch die Gegend windet, noch einmal durchqueren. Diesmal verweigere ich jede Hilfestellung und wate, unter Schwierigkeiten, selbst hindurch.

Wir erreichen das Dorf und die Wiese, auf der die Wölfe parken, ziehen die Stiefel aus und wringen das Wasser aus den Socken – in der Hitze werden wir bald wieder trocken sein.

Die Einladung zum Tee müssen wir ablehnen, stattdessen fahren wir zurück ins PRT. Wir werden die Fotos vom Fuß des salzigen Berges der GTZ zeigen und einen Bericht schreiben. Darin wird stehen, dass hier nichts zu machen ist. Namak Ab bleibt salzig.

DIE HOCHZEIT VON KATACHEL

Ohne einen Ehemann geht gar nichts«, sagt die Leiterin der Hilfsorganisation Katachel mit bestimmtem Tonfall und energischem Blick. »Also musste ein Ehemann her.« Sie zuckt mit den Schultern. Ich nicke. Sie setzt die Teetasse ab. Einen kurzen Augenblick lang frage ich mich, warum ich dieses ›Ohne einen Ehemann geht gar nichts‹ nicht sofort in Frage stelle. Warum nehme ich das einfach so hin? Aber die Geschichte geht schon weiter, der Moment zieht vorüber, Sybille Schnehage, Gründerin und Vorsitzende der Hilfsorganisation Katachel, erzählt Saalehas Geschichte.

Wir sitzen im Vorhof des Vereinshauses in Katachel. Katachel ist ein Dorf, vielleicht zehn Kilometer entfernt von Kunduz. Da fließt ein Fluss durch die Landschaft, irgendwo stehen wie immer Kinder, winken einem zu. Die Landschaft ist lehmbraun mit grünen Tupfen, wahrscheinlich Baumwolle. Pflanzen tanzen in der leichten Brise, die braunen Lehmhütten verschmelzen mit der Landschaft, eigentlich bemerkt man sie erst, wenn man schon drinsteht im Dorf.

Hier also hat der Verein Katachel seinen Sitz. Es gibt eine Schule, eine Strickfabrik, einen Fußballplatz – auf dem hat vor kurzem eine Auswahl des PRT gegen die Jungen der Schule gespielt. ISAF gegen Katachel, Soldaten gegen Afghanen. ISAF hat gewonnen. Aber es war ein hartes Spiel, sagt Lukas von Cimic. Und anschließend gab es ein Fest und ein Festessen, verschwitzte deutsche Soldaten saßen unter den Bäumen Katachels zusammen mit begeisterten afghanischen Schuljungen.

Aber jetzt geht es um Saaleha.

Sybille Schnehage fand Saleeha vor einigen Jahren in einer

Schule. Saaleha mit den mandelförmigen dunklen Augen und dem lockigen, langen schwarzen Haar, eine Kinderschönheit, die über den Boden kroch.

»Ich dachte zuerst, das sei ein Spiel, sie mache Spaß«, erinnert sich Katachels Vorsitzende und streicht die weißen Haare aus dem Gesicht. Es war aber kein Spaß, sondern eine Behinderung, angeboren oder wie auch immer erworben. Ein Bein des Mädchens war so gekrümmt, dass es nicht benutzbar war, nicht zum Stehen oder Gehen; ein nutzloses Anhängsel an einem Mädchenkörper, der sich nur auf dem Boden kriechend fortbewegen konnte. Die Gründerin der Hilfsorganisation für Afghanistan Katachel e.V. ist keine Frau, die lange über nötige Schritte nachdenkt. Sie rief bei der Bundeswehr in Kunduz an. Sagte: »Für dieses Kind müssen wir etwas tun«, legte auf, setzte Saaleha ins Auto und fuhr mit ihr ins PRT.

Im Rettungszentrum wurde das Bein operiert, gestreckt und in Gips gelegt. Als Sybille Schnehage das nächste Mal nach Afghanistan kam, konnte das Mädchen immerhin schon stehen. Katachels Leiterin nahm Saaleha beim Rückflug mit nach Deutschland, brachte sie in einer Pflegefamilie unter und organisierte die weitere Behandlung. Es dauerte eine Gewöhnungsphase lang, erzählt sie, aber dann blühte das Mädchen in Deutschland auf: Bücher und Schwimmbadbesuche, Jeans und Kino, Karussells auf Jahrmärkten, Bikini und T-Shirts.

Und dann war die Behandlung abgeschlossen.

Sybille Schnehage atmet tief durch. »Sie können«, sagt sie, »jemandem nicht zeigen, wie das Leben auch sein kann, und ihn dann zurückstoßen in die Armut Afghanistans.«

Abdul wird es demnächst genauso gehen, denke ich bei mir. Nach Hunderten von Telefonaten, Papierkrieg auf höchstem Niveau und mit schwerstem Geschütz, konnte der Junge endlich ausgeflogen und in Deutschland operiert werden, es ist alles gut verlaufen. Irgendwann demnächst wird er zurückkommen. Und was dann?

Rund ein halbes Jahr war Abdul im Rettungszentrum, bevor er nach Deutschland gebracht wurde. Er hat saubere Krankenhausflure erlebt, möglicherweise ein Zimmer für sich allein gehabt, in jedem Fall ein sauberes Bett, Krankenschwestern ohne Kopfbedeckung, dafür mit Uniform – selbstbewusst auftretende, arbeitende Frauen um sich gehabt. Was wird aus einem Kind wie Abdul, wenn er nun zurückkommt in die Armut Afghanistans? Kann er sich schneller anpassen als erwartet? Bleibt er traumatisiert und wird ewig unzufrieden sein? Und wenn es so kommen sollte – was wäre die Schlussfolgerung? Etwa, dass man ihn nicht nach Deutschland hätte schicken dürfen, dass man ihn hätte dabehalten sollen, im Kunduz Provincial Hospital? Hätte man ihn den Rest seines – dann kurzen – Lebens mit Katheter und Urinbeutel verbringen lassen sollen, bis er an einer Infektion gestorben wäre?

»Wir müssen uns weiter um solche Fälle kümmern«, sagt Sybille Schnehage. »Darum haben wir für Saaleha schon geplant, während sie noch in Deutschland war.«

Das Mädchen sollte Arbeit bekommen, das war der erste Beschluss. Arbeit in einem von Katachels Projekten, und zwar in der Strickfabrik.

»Ein unverheiratetes Mädchen kann aber nicht einfach so arbeiten gehen. Ohne Ehemann geht gar nichts. Also musste ein Ehemann her.«

Hinter Sybille Schneehage trillert ein Vogel.

Man suchte vor Ort in der Provinz Kunduz nach einem passenden Ehemann, und man fand Mahfuz. Sybille Schnehage fotografierte den Bräutigam in spe, schickte das Foto zu Saaleha nach Deutschland, stattete das Mädchen mit einem Handy aus, damit man sich zumindest ein wenig kennenlernen konnte. Saaleha gefiel offenbar sowohl, was das Foto zeigte, wie auch, was die Gespräche hergaben. Und in Afghanistan trat man in Verhandlungen. Normalerweise ist es die Familie des Mannes, die die Verhandlungen um ein Mädchen eröffnet. Normalerweise zahlt der Mann einen Brautpreis für das Mädchen. Um den Brautpreis hochzutreiben, lehnt die Familie des Mädchens den Bewerber normalerweise zunächst ab. Hier, in den Verhandlungen zwischen Saalehas und Mahfuz' Eltern mit Katachel als ungeduldigem Helfer dazwischen, war nichts normal. Geeinigt hat man sich trotzdem. Da machte es auch nichts, dass Mahfuz während der Verhandlungen in Pakistan war. Er musste nicht dabei sein, Verlobungen sind Familiensache. Der Bräutigam darf fehlen. Mahfuz war in Pakistan, und als in Katachel die Verhandlungen abgeschlossen waren, da war er verlobt.

»So war das«, sagt Sybille Schnehage zufrieden. Mittlerweile kann Saaleha laufen, Mahfuz ist aus Pakistan zurück, jetzt wird geheiratet. Danach hat Saaleha einen Arbeitsplatz, ein kleines Haus mit Grundstück bekommt sie außerdem von Katachel. Ein afghanisches Rundum-sorglos-Paket.

Zur Hochzeit ist das PRT eingeladen. Da die Bundeswehr einen nicht unerheblichen Anteil am Gelingen von Saalehas Operation hatte, sieht Katachel sie ein wenig als Paten des Mädchens.

Und so wird ein paar Tage später auf dem Parkplatz des PRT für die Hochzeit aufgeladen. Geschenke – darunter ein Karton mit so ziemlich allem, was der Verticker an Parfüms zu bieten hat – gehören ebenso dazu wie Stühle, davon gibt es in Katachel nicht genug für diese Party. Im Hof der Organisation wird getrennt: Männer nach links, zu einem geschmückten Tisch, an dem die Vorsitzende Katachels, ihr Projektleiter und eben die ›Männerrunde‹ sitzt. Ich und drei Soldatinnen werden dagegen über einen bewachsenen Schleichweg an einer Lehmmauer entlanggeführt. Wir weichen einem Zweig aus, der über dem Weg hängt, straucheln im Gras. Dann hören wir Musik von fern, durchqueren ein Tor und stehen auf der Veranda des Frauenhofs. Da steht das Brautpaar, Saaleha im weißen Hochzeitskleid mit westlichem Brautschleier, Mahfuz im Anzug daneben, und beide sehen im Augenblick nicht gerade glücklich aus, dafür aber vollkommen erschöpft.

Irgendwo neben ihnen steht ein Kassettenrecorder, der verzerrt und brüllend laut afghanische Musik in den Himmel dröhnt. Vor der Veranda ist ein Gewimmel von Frauen. Es gibt kaum genügend Platz, jede Altersklasse ist vertreten, farbenprächtige Gewänder und kunstvoll aufgesteckte oder lose herabfallende Haare sind zu sehen.

Dazu die Musik, und wir werden begrüßt, angestrahlt, angefasst, gestreichelt, wir versinken in einer Menge von feiernden, tanzenden Frauen, es erschlägt einen beinahe. Hände recken sich zum Himmel, es wird gelacht, gesungen. Weiter hinten auf der Veranda sitzt das Brautpaar, kaum zu sehen hinter dieser Menge von wogenden, tanzenden Körpern und wehenden Schleiern. Kannte man Afghanistan nur von Fahrten durchs Land, sah man Frauen bisher nur als Schatten unter der Burka, schmuddelig weiß oder kabulblau, dann hält man das hier nicht für möglich. Kinder mit bemalten Händen und Schleifen oder Spangen im Haar, junge Mädchen mit kajalumrandeten Augen, Frauen mit Babys auf dem Arm, farbenprächtig gekleidet, aufwendige Stickereien überall, alte Frauen mit lederner Haut und leuchtenden Augen klatschen den Takt, wiegen sich in den Hüften. Eine Afghanenhand, hennabemalt, schiebt sich Jeanette entgegen, sie nimmt sie und findet sich Sekunden später im Zentrum des Tanzes wieder. Jemand legt ihr einen Blumenkranz um die Schultern, Flecktarn und blonde Haare inmitten von tanzenden Afghaninnen.

Irgendwann werden wir ins Haus gebeten. Erschöpft vom Tanzen, vom Singen, vom Feiern, fallen wir auf Sitzkissen, die an den türkisfarbenen Wänden auf uns zu warten scheinen. Draußen tobt die wilde Party weiter, wir aber bekommen jetzt Essen serviert und werden zum Zugreifen aufgefordert: Boulani, Pilaw, Mantu. Dazu gibt es Hausmusik, Gesang und Gelächter, dann steht eine alte Frau auf und beginnt zu tanzen, greift Sabines Soldatinnenhand und zieht sie hoch, und im Rund afghanischer, tambourinspielender und singender Frauen tanzen wir, feiern diese Hochzeit und uns, bewegen uns zur Musik, es fällt so viel von einem ab dabei.

Mir gegenüber sitzen zwei Mädchen die in hellstes Gelb und strahlendes Orange gekleidet sind, die Haare zurückgebunden und mit farblich passenden Bändern geschmückt, sie klatschen und singen. Es wird geredet, gelacht, Sabine beugt sich vor und fasst nach Nargis' Hand, bestaunt die kunstvolle Hennabemalung: Gepunktete Linien ziehen sich über Finger und Handrücken.

»Wunderschön«, sagt sie.

»Willst du auch?«, fragt Nargis, eine kleine, junge Afghanin, die bei Katachel beschäftigt ist.

Innerhalb weniger Minuten liegt schon ein Handtuch auf dem Boden, Sabine streckt ihre Hand aus, und Nargis beginnt, mit einer feinen Düse an einer Papiertüte, Punkte, Linien und Muster aus Hennapaste zu malen.

Dann ist Martina dran, dann Jeanette und schließlich ich, und dann sitzen wir alle da mit der rotbraunen Paste auf Fingern und Handrücken, warten, dass es trocknet, und begeistern uns an unseren geschmückten Händen. Es ist eine Erinnerung, die wir lange behalten werden.

Viel zu schnell kommt dann die Ansage über Sabines Funkgerät: Sammeln zur Abfahrt. Wir vier gucken uns enttäuscht an, aber da ist nichts machen, wahrscheinlich langweilen sich unsere Soldaten bei der Männerparty. Wir haben uns nicht gelangweilt, im Gegenteil: Wir konnten einen kleinen Blick hinter die Kulissen werfen, Afghanistan erleben, wie es auch ist. Wir gehen mit der Einladung wiederzukommen, bald. Werden verabschiedet und stolpern, müde, aufgekratzt, verschwitzt und erschöpft nach draußen.

Im Lager mache ich einem kurzen Zwischenstopp im Büro, rufe E-Mails ab, muss noch einen Artikel redigieren und rufe noch kurz zu Hause an. Nach kurzem Gespräch mit meinem Kollegen Lukas entschließe ich mich dazu, heute mal früh ins Bett zu gehen, ich bin zu aufgewühlt von dem Erlebten. Nach einer heißen Dusche und reichlich Gesichtscreme schlüpfe ich in den Bademantel, und es klopft an meiner Tür. Es ist Mark. Er nimmt mich in die Arme.

Das ist länger nicht mehr vorgekommen, der neue Job ist fordernd, ich versteh's. Zu Fußpatrouillen kamen Nachtpatrouillen, zu Nachtpatrouillen Fahrten und zu Fahrten Sicherung bei Politikerbesuchen; er hat einen normalen Einsatz jetzt, keinen ›Einsatz light‹ mehr wie zuvor.

Ich habe ihn vermisst.

Er bleibt über Nacht.

ANSCHLAG

Es ist früh, als sich Mark neben mir regt, Bundeswehrbetten sind nicht für zwei Personen gemacht. Wir hatten wenig Schlaf. Ich blinzle auf den Wecker: fünf Uhr. Mark schnürt die Stiefel, leise.

»Ich bin wach«, sage ich, strecke die Hand aus, berühre seinen Rücken. Es ist diese Stimmung eines Morgens. Noch hat der Tag keine Bedürfnisse angemeldet, noch ist der Körper schlafwarm, ein Augenblick im Nirgendwo. Er drückt meine Hand, küsst sie, fährt mir durch Haar.

»Schlaf noch«, sagt er, leise, mit morgenzärtlicher Stimme.

Wenn er gleich durch die Tür geht, sie hinter sich zuzieht, hat ihn das Lagerleben wieder, mit Befehlsausgaben, vielleicht einem Antreten, mit Aufträgen: die Realität eines Einsatzes. Noch aber ist er hier.

Ich strecke die Beine unter der weiß-gelb-grün gestreiften Bundeswehrbettdecke hervor. »Bist du heute unterwegs?«, frage ich.

Er nickt. »In Kunduz«, sagt er, »in der Stadt. Eine Routinefahrt. Ich melde mich, wenn ich zurück bin.«

Ich nicke, er küsst mich rasch, steht auf, durchquert den Raum mit zwei Schritten, dann fällt die Tür zu.

Ich drehe mich um und schlafe weiter.

Auch im Büro herrscht heute Routine. Ich fahre die Rechner hoch, rufe Mails ab, draußen sitzen die Belgier im Rund unseres Hofs, Rosen blühen um die Wette. Die Belgier besprechen den Tag oder die Woche. Von gegenüber winkt Lukas, beim Auswärtigen Amt wird lautstark telefoniert.

Meine beiden Mitarbeiter kommen spät heute.

Ich schicke zwei Radioberichte per E-Mail nach Kabul, beantworte zwei Anfragen aus Mazar-i-Sharif. Hole mir Kaffee, plaudere mit Georg, einem Polizisten, der neu im Lager ist. Rauche eine Zigarette mit Lukas.

»Und«, fragt der, »was hast du heute noch vor?«

»Zwei Texte durchschauen. Außerdem muss ich Wäsche wegbringen.«

»Zwei Aufgaben? Das nenne ich mal ein ordentliches Tagewerk.«

»Genau. Eine von den zwei Aufgaben kann wahrscheinlich warten.«

»Ja?«

»Ja. Nicht die Wäsche.«

Es mag gegen halb elf sein, als ich meinen Rechner zuklappe und mich auf den Weg zurück zur Stube mache. Dort liegt Marks Handy auf dem Fußboden – es muss ihm aus der Tasche gefallen sein beim Anziehen. Ich stecke es ein und beginne, meinen Wäschesack zu packen, den ich wie jeder hier zu Beginn des Einsatzes bekommen habe. Der Wäschesack wird zu Ecolog gebracht, die Servicefirma hat einen Container im PRT und ein großes Gelände unten in der Stadt. Man gibt den Wäschesack beim Container ab, schwatzt mit dem freundlichen Kosovaren dort und holt die frisch gewaschene Wäsche am nächsten Tag wieder ab. »We take care of your needs« ist der Firmenslogan.

Ich will den Container gerade betreten. In der Tür steht, lächelnd wie immer, der Kosovare, streckt schon die Hände nach dem Wäschesack aus.

Das ist der Moment, in dem die Sirene losheult.

Vom Tonband dröhnt: »Alarm, Alarm. Achtung. Ich wiederhole …« Dann erklingt wieder die Sirene.

Es ist ein Angriff, draußen, auf unsere Kräfte. Bisher war

so etwas immer nur eine Kleinigkeit. Manchmal auch nur eine Übung. Bisher betraf es die Amerikaner oder die Angehörigen der afghanischen Armee. Nie uns. Bisher.

Aber das hier ist anders; ich kann nicht sagen, woran es liegt, aber ich weiß: Das ist ernst. Es sitzt im Hinterkopf, das Wissen, das Gefühl, läuft, leicht wie eine Spinne, den Nacken entlang, die Wirbelsäule hinunter; ich stehe vor dem Wäschecontainer, lausche auf die Sirene und weiß: Etwas ist passiert.

Vor mir das Gesicht des Kosovaren, freundlich lächelnd, graue Strähnen in ehemals dunklem Haar und Bart, schlechte Zähne, sein Mund bewegt sich, ich höre nichts. »Alarm, Alarm. Achtung.«

Ich lasse den Wäschesack fallen, drehe mich um und renne ins Büro. Dort erwarten mich ernste Gesichter. Zahman hat bereits telefoniert, Kabhir, einer der Dolmetscher auch. Wahrscheinlich haben sie alle sofort telefoniert, ihre Familien sind schließlich da unten.

Und sie wissen bereits: Es ist ein Selbstmordanschlag. Unten in Kunduz. Beim Bazar.

Mark, denke ich.

»Was ist genau passiert?« Kabhir steht vor mir, sagt nichts, beißt sich auf die Lippen. Ich sehe es in seinem Blick, das ist noch nicht alles.

»Was ist genau passiert?«

Er schweigt. Ich könnte ihn schütteln, bohre mir die Fingernägel in die Handballen.

»Kabhir, was ist noch?«

Zahman schaut ernster als je zuvor.

Es ist ein Anschlag auf die Deutschen. Eine Patrouille ist betroffen. Eine Fußpatrouille. Es gibt Verletzte. Viele.

Ich kann nicht atmen, denke ich. Bisher habe ich das für

eine Phrase gehalten, jetzt erfahre ich, dass es stimmt: Die Luft scheint zähflüssig geworden zu sein, sogar fest, ich kriege sie nicht in meine Lungen, und ich kann nicht sprechen, ich würge an den Worten.

»Sind deutsche Soldaten dabei?«

Er nickt. Dann klingelt sein Telefon, dann Zahmans, und im Minutentakt dringen jetzt die Informationen zu uns durch. Verletzte. Das wissen wir schon. Viele. Ja. Afghanen. Und Deutsche? Auch. Dann: Es gibt einen Toten. Ein deutscher Soldat ist tot. Und dann: Nicht einer. Drei.

Drei Tote, zwei Verletzte.

›In Kunduz‹, hat Mark gesagt, ›in der Stadt.‹ Und er melde sich, wenn er zurück sei.

In meiner Jeanstasche steckt sein Handy.

So also ist Angst. Fängt im Kehlkopf an, macht Schlucken unmöglich. Atmen auch. Kabhir schaut mich an, Zahman, Safi, unsere afghanischen Mitarbeiter. Meine gesamte Wahrnehmung ist eingeschränkt, gleichzeitig intensiviert. Jedes Geräusch ist lauter, alles, was ich sehe, ist stechend scharf. Dafür sind die Ränder meines Blickfelds enger: Tunnelblick.

Ich kann hier nicht einfach nur rumstehen, es ist, als ob in mir etwas wütet, tobt, nicht herauskann; etwas in mir wirft sich gegen Wände.

»I want to go there«, sagt Zahman.

Ich nicke. Aus weitester Ferne taucht eine Erinnerung an mein erstes militärisches Briefing in meinem Kopf auf. HQ ISAF, Kabul, ein Sommertag, Kaffee trinken mit Major. »Falls Sie in einen Anschlag geraten und noch laufen können, machen Sie, dass Sie wegkommen.«

Ich antworte. »I'm coming with you.«

Zahman zuckt zurück.

Drei Tote, zwei Verletzte. Mark ist da unten. »Let's go.«
Ich greife meine Jacke. Zahman folgt mir.

Wir kommen am Parkplatz vorbei, dort fährt jetzt alles
auf, was das Lager zu bieten hat: Dingos, Schutz, schwer
bewaffnet, der TPZ der Sanität, das rote Kreuz auf Weiß auf
Grün, es leuchtet so hell, dass es weh tut.

Aber sie stehen. Da willst du brüllen, sie anschreien, schütteln: Fahrt los, verdammt nochmal, was steht ihr da rum!

Sie warten auf das All-Clear. Selbstmordanschläge sind
schon so abgelaufen, eine erste Bombe geht hoch, wenn Soldaten zum Anschlagsort eilen um den Getroffenen zu helfen,
wird die zweite Bombe gezündet.

Wir gehen am Parkplatz vorbei und erreichen das Tor.
Afghanische Arbeiter stehen vor der Tür zur Schleuse. Ich
lege den Finger auf die Klingel, drücke. Stemme mein ganzes Gewicht dagegen, bis die verdammte Tür endlich aufgeht. Aber vor mir steht der wachhabende Soldat. Er schüttelt den Kopf. Das Lager ist geschlossen, niemand darf rein
oder raus, es sei denn, er befindet sich auf einem militärischen Transport. Ich weiß, dass ich keine Chance haben
jetzt auf einen militärischen Transport zu kommen. Davon
abgesehen steht die gesamte gottverdammte Kavallerie auf
dem Parkplatz und wartet. Ich muss aber jetzt da runter,
jetzt!

Einen Augenblick lang überlege ich, ob ich es auf eine
Konfrontation mit den afghanischen Guards ankommen
lasse, nebenan, auf der Straße für die militärischen Trans-
porte. Einfach durch, ich bin immer noch Westlerin, immer
noch Frau – afghanische Guards würden mich nicht anfas-
sen. Zahman sieht die blinde Entschlossenheit in meinem Gesicht, aber weiß auch nicht, was er tun, wie er mich stoppen
soll. Ich drehe um, gehe um die Hescos zur Lagerstraße. Statt

einem stehen dort inzwischen drei Guards, die Waffe im Arm.

Zahman schaut mich an. Schüttelt den Kopf. Und legt mir die Hand auf den Arm.

Auch das ist noch nie vorgekommen.

»Don't do it«, sagt er. Und dann ist Trudie da, die Repräsentantin der USA, steht hinter mir, nimmt mich sanft in die Arme.

»How about going back«, sagt sie.

»Can't«, sage ich, kriege kaum die Kiefer auseinander.

»You will get all informations in your office.«

Als ob es um Informationen ginge!

In mir läuft die Angst Amok.

»Come on«, sagt sie und legt den Arm um mich, ruhig, mütterlich, unbeirrbar. In ihrer Ruhe kann ich atmen. Sie stützt mich, führt mich zurück.

Und dann beginnt das Warten. Ich stehe gegenüber vom Parkplatz, irgendwann, endlich, fahren sie los, die Dingos, die Sanität, der TPZ mit dem roten Kreuz fährt endlich, endlich los. Ich stehe da. Lehne an der Wand, ohne die im Rücken würde ich umfallen, ich könnte mich keine drei Sekunden auf den Beinen halten. Ohnehin habe ich nicht das Gefühl, ich könnte eine einzige Bewegung machen, außer dem regelmäßigen Führen der Zigarette an die Lippen, ich rauche eine nach der anderen. Grabe zwischendrin die Finger in das feine Gewebe meines Schleiers, zerreiße ihn dabei, merke es nicht einmal. Die nächste Zigarette. Angst, Panik und Tränen dränge ich zurück, dann kratzen sie in der Kehle. Ich warte. Spreche in Gedanken Gebete. Was ich sonst nie tue, aber jetzt ist es das Einzige, was ich tun kann. ›Lass ihn leben, lieber Gott‹ wandelt sich zu ›Lass ihn wenigstens nur verletzt sein‹, wandelt sich zu nur noch ›Bitte‹.

Nicht anderes bleibt mehr übrig.

Dann kommt das Fahrzeug der Sanitäter. Der TPZ fährt mit hoher Geschwindigkeit an mir vorbei, hoch zum Rettungszentrum, ein Dingo und zwei Wölfe halten auf dem Parkplatz. Türen öffnen sich, Soldaten steigen aus. Ihre Gesichter sind ebenso weiß wie meines, und ich sehe den gleichen Ausdruck in ihren Gesichtern, den ich auf meinem fühle: irgendwo zwischen versteinert und Wut. Ein Soldat reißt sich den Helm vom Kopf, wirft ihn auf den Boden und tritt dagegen.

An den Flaggenmasten am Parkplatz flattern die Fahnen im Wind. Nato, ISAF, Deutschland, Frankreich und so weiter. Morgen, denke ich, werden sie auf Halbmast geflaggt sein.

Der Leiter der JOC läuft an mir vorbei, Trudie zupft mich am Arm. »Are you all right?«

Ich kann nur den Kopf schütteln. Und warte weiter.

Dann fahren zwei Wölfe auf den Parkplatz. Ich sehe sie und gehe vorwärts, zwei Schritte, so schwer wie unter Wasser, halte mich an der Wand fest, meine Augen auf diese Wölfe gerichtet, die aussehen wie alle anderen.

Die Tür des ersten öffnet sich. Und heraus klettert Mark. Staubbedeckt, einen Ausdruck im Gesicht, den ich noch nie gesehen habe, etwas, für das es keine Worte gibt.

Ich gehe fast in die Knie, halte mich an der Wand fest. Er sieht mich, seine Augen klammern sich an mir fest, er kommt auf mich zu. Steht vor mir, greift nach meiner Hand. Legt die andere auf meinen Arm, schaut zu Boden, dann wieder zu mir.

»Muss Meldung absetzen«, murmelt er, »in der JOC.«

Ich nicke. Er lässt nicht los. Oder ich. Wir kriegen die Hände nicht auseinander, er lächelt, hebt die Hand, als wolle er mein Gesicht berühren. Lässt sie wieder sinken, nickt ein Nicken, das ›Später‹ heißt.

Und geht.

Ich wanke hinein ins Atrium, komme gerade noch bis zu Trudies Büro, sie fängt mich auf, ich breche heulend zusammen.

Er lebt. Kein anderer Gedanke mehr. Er lebt.

Trudie flößt mir einen Cognac ein.

Es hilft ein bisschen.

Die Nachricht vom Anschlag gelangt blitzschnell nach Deutschland, läuft über die Agenturen, die Nachrichtenticker: Selbstmordattentat in Kunduz.

Rasch kommen auch die ersten Politikerreaktionen. Man trauere mit uns, heißt es. Selten hat mich ein Satz so kaltgelassen. Betroffenheitsreaktion, denke ich, und dann zurück zum Tagesgeschäft.

Bei uns aber stehen drei Särge. Kameraden werden eingeteilt zur Totenwache. Lukas ist dabei.

»Ich habe Michael«, sagt er, »noch am Morgen beim Frühstück getroffen. Habe einen blöden Spruch gemacht, dass ich sein dummes Gesicht nun schon wieder sehen müsse.« Er zuckt mit den Schultern. »Und jetzt werd ich das dumme Gesicht nie mehr sehen.«

Die drei gehörten zur Einsatzwehrverwaltung. Sie waren auf einer Fußpatrouille unterwegs, um Kühlschränke fürs Lager zu kaufen.

Am Abend, es ist dunkel, zirpen die Grillen wie immer. Aus einer Ecke des Atriums kommt ein Schluchzen. Grüppchen sitzen im Dunkeln beieinander. Irgendwo stehen drei leere Betten.

Ich sitze noch in meinem Büro, als Mark vorbeikommt. Mich umarmt, festhält. Ich kann noch immer nichts anderes denken, außer, dass er lebt.

Er bleibt nicht lang. Auf eine Zigarette, ein paar Minuten Händchenhalten, einfach nur beieinander sein.

Sein Funkgerät knackt. »Adler an alle«, rauscht es »Befehl. Heute absolutes Alkoholverbot. Kommen.«

Mark fängt leise an zu lachen.

»Was ist los?«

»Eigentlich«, sagt er, »müssten jetzt vierhundert Funk-
kreise antworten.«

Es knackt wieder.

»Adler an alle. Korrigiere. Ende.«

»Hat er auch schon gemerkt.«

Ich streiche ihm die Haare aus der Stirn. Er lebt.

»Sehen wir uns morgen?«, fragt er.

Ich nicke.

»DANN SPIELEN WIR GOTT«

Es tut uns so leid«, sagt Farzana und lässt mich kaum noch los, »es tut uns allen so leid.«

Hinter ihr steht der Agaje, nickt, legt die Hand aufs Herz und neigt den Kopf. Shanaz und Mahbouba haben Grüße und ihr Bedauern gesandt, und in Kunduz hat es eine Versammlung gegeben: Über fünfhundert Älteste, Mullahs und Einwohner der Stadt haben in der Konferenzhalle des Verteidigungsministeriums der toten Soldaten gedacht. »Wir wissen, dass die Soldaten hier sind, um uns zu helfen«, hieß es in einer Rede, »und sie sind hier als unsere Gäste. Und der Grund für diese feige und hinterhältige Attacke ist, dass die Feinde Afghanistans nicht wollen, dass der Wiederaufbau weitergeht.«

Da ist was dran.

Farzana drückt mich noch einmal.

»Mir tut es auch leid«, sage ich und denke an die afghanischen Toten, die bei dem Anschlag ums Leben gekommen sind. Und an die, die schwer verletzt wurden.

»Werdet ihr jetzt fortgehen?«, fragt Farzana, und das ist die Frage, die schon von so vielen Afghanen gestellt wurde, immer mit diesem ängstlichen Unterton, und wenn ich nichts sage, weil ich nichts sagen kann, dann kommt ein: »Lasst uns nicht allein.«

Zu Hause werden unterdessen schon die Stimmen laut, die den Abzug fordern, wobei die Bundeswehr von den einen als Besatzungsarmee angesehen wird, die irgendwie selbst schuld sei, von den anderen dagegen als unschuldiges Opfer verteidigt wird, als arme Jungs, die man jetzt so schnell wie möglich da wegholen müsse, um stattdessen den zivilen Aufbau zu stärken. Vergessen wird dabei gern, dass es zivilen Aufbau ohne Sicherheit nicht geben kann.

»Wie geht es den Verletzten?«, fragt Farzana.

»Den Umständen entsprechend.« Was für eine Phrase. Sie liegen im künstlichen Koma und werden im Rettungszentrum versorgt. Und hinter dem Rettungszentrum steht die Ehrenwache bei den Särgen.

Am Abend findet im Lager ein Gottesdienst statt. Es gibt keinen Befehl, aber das ganze Lager ist anwesend. Nach Ansprache und Gebet steht Martina auf, sie hat ihre Querflöte mitgebracht in den Einsatz. Jetzt setzt sie an, spielt *Amazing Grace*. Zweimal versagt ihr kurz der Atem. Neben mir wischt sich jemand Tränen aus dem Gesicht.

Später, im Rosengarten von Block B, setzt sich einer unserer Ärzte neben mich. Es zirpen die Grillen.

»Ich bin nur froh«, sagt er, »dass es nur zwei Verletzte sind.«

»Sind wir doch alle.«

»Ja, aber ...«

»Was?«

Er zögert, streicht sich durchs Haar. »Wäre es umgekehrt gewesen – zwei Tote, drei Verletzte ...«

»Dann?«

»Wir haben nur zwei Intensivbetten.«

Zwei Intensivbetten. Das Rettungszentrum hat vierzehn Pflege- aber nur zwei Intensivbetten, in denen Schwerverletzte beatmet und künstlich ernährt werden können und vierundzwanzig Stunden lang über Monitore überwacht werden.

»Und das hätte bedeutet?«, frage ich und ahne die Antwort bereits.

»Wenn wir mal mehr als zwei Schwerverletzte haben, meinst du?« Ich nicke.

»Dann spielen wir Gott.«

Darüber will man nicht nachdenken. Weiter hinten sitzt Martina mit zwei weiteren Soldatinnen an einem Tisch, Coladosen vor sich. Überall im Atrium sitzen kleine Grüppchen zusammen. Anders als sonst: das Gelächter, der Flirt, die Gespräche, all das fehlt. Natürlich.

»Wie geht es jetzt weiter mit den beiden«, frage ich.

»In Termez stehen zwei speziell ausgerüstete Hubschrauber, die holen sie hier ab, wenn wir sie für transportfähig erklären. Von Köln kann unterdessen schon das fliegende Lazarett losgeschickt werden. Das ist eine Intensivstation mit Flügeln. Der Airbus ist komplett ausgerüstet und immer einsatzbereit, die Ärzte die da Dienst tun, sind grundsätzlich in Bereitschaft. Das fliegende Lazarett ist sechs Stunden nach der Anforderung in Termez.«

»Hört sich beeindruckend an.«

»Ist es. Und trotzdem.«

Ich nicke. Trotzdem haben wir Glück gehabt.

In den kommenden Tagen werden nach unseren Verletzten auch die Särge ausgeflogen. Das ganze Lager ist dazu am Hubschrauberlandeplatz angetreten. Aus der Stadt kommen die Entwicklungshelfer, der kleine zivile Anteil hier versinkt in dem Meer aus Flecktarn. In seiner Rede gedenkt der Oberst ausdrücklich auch der afghanischen Opfer. Neben den Särgen stehen die Sargträger mit Handschuhen und Helm. Lukas ist einer davon, er hat sich freiwillig gemeldet. Er strauchelt, stolpert fast, als die Särge angehoben werden, fängt sich, dann tragen sie die Särge hinüber zu den wartenden Hubschraubern. Als sie verladen sind, heben die Helikopter ab. Drehen bei, fliegen weg, verwandeln sich in immer kleiner werdende schwarze Punkte am blauen Himmel. Und sind kurze Zeit später außer Sicht.

SÄUGLINGSSTERBLICHKEIT

Es ändert sich alles, anschließend. Schutz und Feldjäger sind beinahe ständig draußen: Präsenz zeigen, Patrouillen fahren, Ermittlungen. Dafür sitzt Cimic rum. Ihre Fahrten sind gestrichen, die zivil-militärische Zusammenarbeit findet quasi nicht mehr statt. Die Stimmung ist entsprechend.

»Rumsitzen«, sagt Lukas und bringt damit die allgemeine Stimmung auf den Punkt. »Rumsitzen kann ich auch zu Hause.«

Er schnipst einen Zigarettenstummel weg, der landet knapp neben der Bereichs-Schildkröte, die sich an einem der Rosensträucher vorbeipflügt.

»Hier habe ich einen Auftrag. Wenn ich den nicht erfüllen darf, dann können sie mich auch nach Hause schicken.«

Der Spieß nickt ebenso wie der Abteilungsleiter. Ändern kann es keiner. Lukas organisiert inzwischen ein Volleyball-turnier im Lager, Dennis steuert ein Modellflugzeug durch die Luft, und Dirk spielt Cross-Golf.

Die wichtigste gemeinsame Entscheidung ist, welcher Film abends im Atrium angeschaut werden soll. Freiluft-Kino bei Cimic.

Im Lager hat sich infolge des Anschlags eine Jetzt-erst-recht-Stimmung entwickelt. Nur genutzt wird sie nicht, Cimic sitzt drin – Sicherheitsbedenken.

Mindestens drei Selbstmordattentäter sollen noch in unserer Region unterwegs sein.

Und so sitze auch ich in einem gepanzerten Wagen, als ich mit dem Auswärtigen Amt und einem Projektleiter der Hilfs-organisation Kinderberg nach Taloqan aufbreche. Geschützt und flankiert von Bundeswehr-Dingos.

»Es ist mit das Schlimmste, was einem hier passieren kann«, sagt der Projektleiter, während wir zusammengequetscht im gepanzerten Jeep nach Taloqan fahren.

Afghanistan, denke ich, ist voll von Dingen, die in die Kategorie ›Das Schlimmste, was einem passieren kann‹ gehören. Dein Kind kann über ein Minenfeld laufen, zum Beispiel. Dafür besteht eine gute Chance. Wenn es Glück hat, verbringt es anschließend den Rest seines Lebens mit nur noch einem Bein – oder nur noch einem Arm. Wenn es Pech hat, und du auch, dann gibt es keinen Rest des Lebens mehr. Weiter kann das Gasgemisch im Herd in die Luft fliegen, während deine Frau davorsteht. Oder du kannst auch das ganz allgemein gehaltene Pech haben, eine Frau zu sein in Afghanistan. Oder du kannst eine Straße entlanglaufen, in der gerade ein IED explodiert, oder durch eine, in der sich ein Selbstmordattentäter in die Luft sprengt. Afghanistan ist voll vom ›Schlimmsten, was einem passieren kann‹, die Chancen, irgendetwas davon zu erleben, stehen ziemlich gut. Ansonsten hat man noch die Auswahl an kleinerem Elend: keine Arbeit haben, betteln gehen. Oder auch sich krumm schuften und trotzdem nicht genug Geld verdienen und dabei zusehen müssen, wie deine Familie verhungert. Du benutzt Wasser zum Kochen, zum Trinken und zum Waschen, aus dem dir die Bakterien entgegenlächeln, irgendjemand zündet vielleicht dein Feld an, weil deine Tochter in die Schule geht. Im Winter siehst du dein Vieh erfrieren. All das gibt es.

Ich habe, scheint es, mal wieder den Afghanistan-Blues. Packt einen öfter. Dieses Gefühl, dass man nicht vorankommt, dass man watet im Sumpf der Vergeblichkeit. Die Angst, dass der Anschlag nur der erste einer Serie war, dass er die Wende zum Schlechteren markiert. Da wird versucht, die Bundeswehr und die Bevölkerung zu entzweien – und das scheint auch noch zu gelingen. Schon hören wir: »Geht bitte nicht weg, aber parkt bitte nicht vor meinem Geschäft.« Denn es ist zwar die Bundeswehr, die das Ziel der Anschläge ist, aber getroffen werden auch afghanische Zivilisten. Sogar in größerer Zahl.

Es ist eine perfide Strategie: Die, die den Terror bringen, die bomben, zerstören und töten, behaupten, sie seien für die Bevölkerung der Garant für Sicherheit. Und wir können nichts tun. Denn durch das eingeschränkte Mandat der Bundeswehr sind uns die Hände gebunden, ein Zugriff auf Attentäter ist nicht möglich – selbst wenn wir wissen, wer, wann und wo sie sind. Das untergräbt die Einsatzmoral. Und bringt die Soldaten vor Ort in Gefahr.

Dabei gibt es hier auch so viele Projekte, die hoffen lassen.

Das hier ist so eins. Es ist ein heißer Tag, als wir nach Taloqan fahren, natürlich, denn mittlerweile gibt es keine anderen mehr. Die Straße windet sich durch die karge staubige Landschaft, Berge rechts und links, wie oft bin ich hier inzwischen schon langgefahren. Wir überholen einen Toyota, afghanisch üblich überladen: zwei Frauen vorn neben dem Fahrer, eine unbekannte Anzahl von Menschen quetscht sich auf der Rückbank zusammen, der Kofferraum ist offen, und darin sitzen drei, nein, vier Kinder, winken uns zu, als wir überholen. Wir winken zurück. Vor einigen Monaten noch hätte ich nur entsetzt geguckt.

Wir fahren nach Taloqan hinein, das Basic Health Center der Hilfsorganisation Kinderberg liegt nicht weit vom Stadtzentrum entfernt. Es ist eine afghanische Straße, wie viele: Mauern, Wellblechtore, irgendwo ein Baum mit verstaubten Blättern, ein Wagen, gezogen von einem Esel, fährt an uns vorbei, kleine Staubwolken wirbeln auf. Der Wagen des Auswärtigen Amts fährt durch eines der Blechtore hinein. Der Schutz bleibt draußen, sichert. Das Tor geht zu, wir steigen aus und sehen uns um. Das Basic Health Center hat einen neuen Hals-Nasen-Ohren-Behandlungsraum, den werden wir heute eröffnen. An der zart türkisfarbenen Wand zur Linken prangt ein riesiges Schild: *Kinderberg International. German Humanitarian Aid. Project sponsored by Federal Foreign Office Germany. Patient Care Center & Baby Care Station Takhar.* Flankiert ist der Text von der deutschen und der afghanischen Flagge. Das Auswärtige Amt nickt erfreut.

Auf einer Bank im Schatten sitzen afghanische Männer, ein schüchternes Mädchen versteckt das Gesicht in den Falten der Hose ihres Vaters. Ein vielleicht acht Jahre alter Junge guckt uns neugierig an, turnt auf der Bank herum und kaut Fingernägel. Neben ihm führen drei Stufen in einen Hausgang, dort liegt das neue Behandlungszimmer.

Im Hof reparieren zwei Männer einen Brunnen, Kinder spielen dort in der glühenden Sonne. Und dann liegt da, halb versteckt hinter einem Baum, ein zweites Gebäude.

Das ist die Baby Care Station, die Säuglingspflegestation. An der Tür steht eine ältere Frau und nickt mir freundlich und auffordernd zu, ich trete ein.

Es ist ein großes Zimmer. Teppiche, die Fenster sind mit Vorhängen verdunkelt, durch einen Spalt fällt das gleißend helle Licht von draußen herein. Hier herrscht Dämmerung. Neun Frauen sitzen oder liegen auf Sitzkissen, zwei, drei Kinder sind auch da. Auf einem Kissen liegt ein mageres Mädchen, riesige Augen gucken zweifelnd in die dämmerige Welt.

Weiter hinten kocht Tee auf einem Ofen.

Zahera, ein zerbrechliches Mädchen von neunzehn oder zwanzig Jahren, kommt herein. Barfuß, ein Kind auf dem

Arm. Sie setzt sich, rückt ihren Schleier zurecht und gibt ihrem Sohn eine Flasche.

Elf Monate ist der Junge alt, und er saugt an der Flasche, als gelte es sein Leben. Tut es auch. Walid, erklärt Abdul Rab, der leitende Direktor von Kinderberg in Afghanistan, wiegt rund fünfeinhalb Kilo. Er ist elf Monate alt. Fünfeinhalb Kilo sind die Hälfte des Gewichts, das er in seinem Alter und bei seiner Größe haben sollte.

Man sieht es dem Kind an. Walids Arme sehen aus, als würden sie bei der ersten Berührung zerbrechen. Sein Gesicht ist eingefallen. Unterernährung ist ein Problem in Afghanistan.

»Wie kommt das«, frage ich, »ist es, weil die Leute arm sind?«

Nein, das ist es nicht. Zahera und ihr Mann haben genügend Geld, und es ist auch nicht so, dass die Nahrungsmittel fehlen. Was fehlt, ist das Wissen. Zahera und viele andere Mütter wissen nicht, was gut ist für ein Kind und wie man es richtig ernährt.

Unterernährung hat viele Ursachen, erklärt Dr. Rab. Die Frauen, vor allem die aus den Provinzen, seien zu oft schwanger, könnten die Kinder deswegen nicht lange genug stillen. Dann stillen sie sie ab und ernähren sie nicht mit Milch oder etwas, was gut für sie wäre. Stattdessen gehen sie auf den Markt und kaufen Kekse aus weißem Mehl. Der Nährwert ist gleich null.

»Dann bekommt das Kind irgendwann noch Durchfall, das geht ja schnell hier«, sagt der Arzt. »Und sofort befinden sie sich in einem Kreislauf, der zum Tod des Kindes führen kann.«

Die Säuglingssterblichkeit in Afghanistan liegt bei rund sechzehn Prozent. Es ist eine der höchsten der Welt. Unterernährung, Infektionskrankheiten, Unwissenheit – es ist eine fatale Mischung. Ich schaue mich in dem dämmrigen Raum um. Mütter auf Sitzkissen, Kinder neben sich. Was auffällt: Es ist so leise. Es herrscht eine fast schon gespenstische Ruhe. Man sitzt, man wartet. Man schaut das Schicksal an und wartet, was passieren wird. Wartet einfach nur auf den nächsten Schlag. Afghanischer Fatalismus.

»Keines der Kinder hier hat schwere Krankheiten«, sagt der Arzt. Es sind ›minderschwere Fälle‹, aber würde man den Müttern nur Medikamente in die Hand drücken und sie nach Hause schicken, binnen einer Woche wäre die Situation wieder genauso wie vor der Medikamentenabgabe. »Es kommt darauf an, ihnen Wissen zu vermitteln«, sagt der Arzt. »Das Wissen, wie man ein Kind füttert, was ein Kind braucht.«

Hier in Taloqan werden die Mütter mit ihren Kindern deswegen stationär aufgenommen. Zehn Tage. In dieser Zeit werden die Kinder mit einer speziell auf sie zugeschnittenen Diät aufgepäppelt, bis sie in etwa das angemessene Gewicht haben. Die Mütter bekommen Unterricht: Wie lange sollte man einen Säugling stillen. Wie ernährt man ein Kind, nachdem es abgestillt wurde. Wie verhindert man Durchfall, und was ist zu tun, wenn ein Kind Durchfall hat?

Dieses ganze Wissen ist durch die Isolation der Frauen unter den Taliban verschwunden.

Die Lektionen werden in der Baby Care Station von afghanischen Hebammen erteilt.

»Ja«, sagt der Projektleiter, als wir im Schatten der Bäume sitzen, »das ist die grundlegende Politik von Kinderberg. Wir arbeiten mit einheimischen Kräften, wo immer es geht. Damit hatten wir natürlich hier wieder ein Problem: Wo findet man in einem Land wie Afghanistan, in dem Frauen über

Jahre Schulbildung und Berufsausübung verboten war, afghanische Hebammen?«

Eigentlich gab es keine. Eine der wenigen aber, die man fand, war Fauzia.

Fünfundvierzig Jahre alt, ein zerfurchtes Gesicht, kräftige, wie gegerbt wirkende, faltige Hände. Eine Haut wie Baumrinde. Aber mit diesen Händen hat sie unzählige Babys auf die Welt geholt, vielen Menschen geholfen. Sie spricht langsam, leise. Während der Talibanzeit war sie in einem Flüchtlingslager in Pakistan.

»Es war schrecklich«, sagt sie. Blickt zu Boden. »Es fehlte an allem.« Fauzia, die ausgebildete Hebamme, tat, was sie konnte. »Aber das ist eben nicht viel, wenn es keine Medikamente gibt.«

Ihre Fachkenntnis sprach sich trotzdem herum. Binnen kurzem wurde sie an ein Krankenhaus in Pakistan geholt. Sie hätte dort bleiben können, aber nach dem Sturz der Taliban entschied sie sich, zurückzugehen nach Afghanistan. Arbeitete zuerst in einer Notaufnahme in Kabul, dann kam sie zu Kinderberg. Heute ist sie hier eine der Ausbilderinnen.

»Wir versuchen, verlorenes Wissen zu reaktivieren und es weiterzugeben«, sagt der Projektleiter. »Die Idee war: Überall und zu allen Zeiten hat es Frauen gegeben, die etwas vom Kinderkriegen verstanden haben, die man rief, wenn eine Frau zur Niederkunft bereit war. Das ist auch in Afghanistan so. Diese kundigen Frauen haben wir gesucht, wir haben in den Dörfern gefragt, und wir haben ihnen Ausbildung und Arbeit bei uns angeboten.«

Für die Hebammenausbildung betreibt Kinderberg heute ein Ausbildungscenter in Feyzabad, für Mädchen und Frauen, die Hebammen oder Krankenschwestern werden wollen. Zwei Fliegen mit einer Klappe geschlagen: Frauen werden ausgebildet und bekommen Arbeit, und sie geben ihr Wissen an andere Frauen weiter. Um den Tod der Kleinsten zu verhindern. Und die hohe Kindersterblichkeit zumindest einzudämmen.

Die Arbeit von Kinderberg ist in der Bevölkerung hoch angesehen. Das Projekt der Basic Health Centers wird von Mullahs und Dorfältesten unterstützt.

»Es wurde«, sagt der Projektleiter, »hier durchaus als Problem erkannt, dass es in ländlichen Gebieten keine medizinische Versorgung und keine Hilfe für Schwangere gibt.«

Langsam und nicht zuletzt durch die Arbeit von Kinderberg setzt sich im Land auch ein Bewusstsein für die Notwendigkeit von Vorsorgeuntersuchungen durch.

Es gibt sie immer noch, die Fälle, wo ein Mann über Stunden dabei zusieht, wie seine Frau in den Wehen liegt. Sich heiser schreit und nur zu schreien aufhört, weil die Stimme bricht. Irgendwann setzt er die Frau dann auf einen Esel, wenn er einen hat, um sie zu einem Arzt zu bringen. Sieben Stunden marschieren sie dann bis zur nächsten größeren Stadt, in der es vielleicht einen Arzt gibt. Und unterdessen sitzt die Frau auf dem Esel. Und hat immer noch Wehen.

»Selbst wenn die dann bei uns ankommen«, sagt der Projektleiter, »da ist nichts mehr zu machen. Diese Akutfälle … da kann man nicht mehr helfen.«

In Gesprächen mit Projektverantwortlichen und mit der Bundeswehr baten Mullahs und Älteste ausdrücklich darum, dass die Projekte von Kinderberg fortgesetzt und ausgebaut werden sollen.

»Wir tun, was wir können«, sagt der Projektleiter.

Wir weihen noch das Sprechzimmer ein – Zeremonie, Gebet, Essen. Dann machen wir uns auf den Rückweg. Ich fahre diesmal nicht beim Auswärtigen Amt mit, sondern im Dingo

246

der Bundeswehr. Und erfahre hier, dass es am Morgen, als wir gerade losfuhren, in Kunduz einen weiteren Selbstmordanschlag gegeben hat. Das Attentat wurde auf den Wagen der Amerikaner verübt, die im Regional Police Training Center afghanische Polizisten ausbilden. Es fand statt vor dem Kunduz Provincial Hospital. Zwei Afghanen starben, zwei wurden verletzt. Den Amerikanern ist nichts passiert.

DIE SCHREIBER VON KUNDUZ

Ich find es doof, dass ich dich jetzt drei Monate nicht sehe.«

»Ich find es gut, dass du hier raus bist.«

»Pass auf dich auf.«

»Mach ich.«

Es ist die letzte Nacht. Wir sind im Kontingentswechsel, und morgen endet Marks Einsatz, nach sieben Monaten geht es auch für ihn nach Hause. Packen, Materialübergabe, am letzten Tag ist er auf den Hochturm im Lager geklettert – ein letzter Blick über das Land.

Jetzt ist er bei mir. Ebenfalls zum letzten Mal.

Kam in der Dunkelheit, wie immer. Stahl sich hinein.

»Stört es dich, wenn ich das Licht anmache? Ich will dich sehen.«

Er schüttelt den Kopf. »Du kennst mich doch.«

Ja, denke ich, vielleicht kenne ich dich.

Fahre ihm durch die Haare, die sind brutal kurz, Armee-Haarschnitt.

»Wenn du in Deutschland bist, kommst du zu mir.«

»Ja.«

»Ich mach Nudeln.«

»O Gott.« Ich lache, er guckt empört.

»Ich mache gute Nudeln.«

»Okay.«

Er gräbt die Haare in meine Haare. Schaut mich an. »Du bist die erste Frau, für die ich koche.«

Er hält mich fest. Und ich ihn.

Wir können nicht die Finger voneinander lassen in dieser Nacht.

Müssen es irgendwann doch. Weil es nicht mehr Nacht ist.
»Guck nicht so.«

»Okay.«

»Drei Monate.«

»Ja.«

Ich liege in seinen Armen.

»Weggehen ist gar nicht so schlimm«, sage ich.

»Was?«

»Weil Wiedersehen schön ist.«

Er lächelt, ich versuche es zu glauben. Fällt mir schwer im Augenblick.

»Wir sehen uns wieder?«

Ich nicke. »Wenn du willst.«

»Natürlich will ich.«

»Okay.«

»Du schreibst?«

Ich nicke wieder. »Du auch?«

»Ja.«

»Versprochen?«

»Versprochen.«

Dann klappt die Tür hinter ihm zu, wie schon tausendmal, aber diesmal endgültig. Ich rede mir ein, es sei ein ganz normaler Tag. Ungefähr eine Stunde später sehe ich die Transall.

In einer Stunde wird er in Termez sein. Und am nächsten Tag in Deutschland.

Wir sehen uns ja wieder, denke ich, und dann: Und vielleicht wird er schreiben.

Takjudin zuckt die Schultern und lacht.

»Buchstaben sind Zeichen, die nicht zu jedem sprechen«, sagt er. Takjudin ist um die sechzig, er hat Gelehrtenhände, ist glattrasiert, und sein Turban ist sauber und ordentlich. Takjudin ist einer der Schreiber von Kunduz.

»Man muss ihre Sprache lernen«, sagt er, »sie sich vertraut machen. Dann erst sprechen sie zu einem. Das ist wie in der Liebe.«

Er lacht wieder.

Liebesbriefe schreibt Takjudin nicht. Das kommt nicht vor in Kunduz, oder wenn, dann wahrt er Diskretion. Meist schreibt er Briefe an Behörden, füllt Anträge für Pässe aus, liest Beschwerdebriefe vor.

Vierundsechzig Prozent der Menschen in Afghanistan können nicht lesen und schreiben. Ungefähr. Damit belegt es Platz fünf der am wenigsten alphabetisierten Länder. Vor Afghanistan liegen nur noch Niger, Guinea, Burkina Faso und Sierra Leone. Vierundsechzig Prozent der Afghanen sind, wenn doch mal Schriftverkehr nötig ist, angewiesen auf Leute wie Takjudin.

Sie sitzen an der Hauptstraße von Kunduz, die Schreiber, zentral, aber weit genug weg vom Innenstadtbereich. Hier ist der Verkehr ruhig, und Bäume spenden Schatten. Weiter die Straße hinunter, denke ich, käme man zum Bazar. Das letzte Mal war ich mit Mark dort. Auf einer Fußpatrouille. Auch auf dem Markt werden auf den Bürgersteigen rechts und links Dienstleistungen angeboten: Männer sitzen auf Decken oder kleinen mitgebrachten Bänken, es werden Köpfe geschoren, Bärte gestutzt, Schuhe geputzt und Kleider genäht. Ein lächelnder Hazara mit einer Narbe über der Oberlippe sitzt, eine Zigarette rauchend, vor einem Berg von Schuhen; ob er sie verkauft oder neu besohlt hat und sie jetzt auf Abholung warten, habe ich nie herausgefunden. Nicht weit von dem Hazara steht immer ein Karren voller Gemüse, daneben sitzt ein alter Mann mit Hornbrille über eine altmodische Singer-Nähmaschine gebeugt. Staub wird von Pferdekarren, Autos und Fußgängern aufgewirbelt, Kinder rennen vorbei,

Rufe hallen über die Straße, Autohupen, Motorengeknatter. Für die Schreiber wäre es dort viel zu laut.

»Schreiben erfordert Konzentration«, sagt Takjudin, »auch fürs Zuhören braucht man Konzentration, ich muss ja verstehen, um was es eigentlich geht.«

Der Sechzigjährige ist Lehrer. Als Schreiber arbeitet er zusätzlich, das Einkommen eines Lehrers reicht hinten und vorne nicht. Mit seiner Nebentätigkeit bringt er seine Familie über die Runden. Ein Brief kostet zwischen dreißig und fünfzig Afghani, fünfzig Afghani sind ein Dollar. Um die zwei bis fünf Dollar verdient Takjudin pro Tag, dafür sitzt er auf seinem Bänkchen im Schatten eines Baumes, einen Tisch vor sich, dahinter zwei Hocker. Das in der brütenden Hitze des Sommers und in der Kälte des Winters. »Im Winter bauen wir ein Dach«, sagt er. »Aber es ist natürlich immer noch seitlich offen.«

Um das Dach aufzubauen, braucht er die Erlaubnis der Stadtverwaltung. Takjudin weicht der Frage aus, aber ziemlich sicher kostet diese Erlaubnis etwas. Auch die Lizenz, überhaupt als Schreiber zu arbeiten, kostet. Eine Gebühr, deren Höhe nicht pauschal angegeben werden kann. Es hängt davon ab, wer den Fall bearbeitet. Ob und wen man kennt. ›Jemanden kennen‹ ist wichtig. Um ›jemanden kennen‹ dreht sich die ganze afghanische Gesellschaft. Auch ob man einen Job bekommt, hängt zu großen Teilen davon ab, ob man ›jemanden kennt‹.

Bei uns heißt das Korruption. Hier ist es normal, es lohnt nicht, sich darüber aufzuregen.

Takjudin bekommt unterdessen Kundschaft. Zwei Frauen in Burka setzen sich zu ihm. Eine mit Henna bemalte Hand schlüpft aus dem Blau, reicht einen Brief, es folgt ein Wortwechsel, Takjudin beugt sich so nah es die Etikette erlaubt zu ihr, um der durch den Gitterstoff gesprochenen Erklärung zu folgen. Für die nächste halbe Stunde wird er beschäftigt sein, ich spaziere daher hinüber zu Islamuden, der gerade nichts zu tun hat und gedankenverloren Tee trinkt. Für Islamuden mit dem eisengrauen Haar ist das Schreiben kein zusätzlicher Job wie für Takjudin. Islamuden muss sich und seine Frau mit dem durchbringen, was er als Schreiber verdient. Seine Söhne haben Arbeit, sagt er. Sonst würde es nicht gehen. Seit vier Jahren sitzt er jeden Tag auf der Straße. Vorher arbeitete er in der Verwaltung für Landwirtschaft. Warum er diesen Job verloren hat, will er nicht sagen. Er schaut ein wenig enttäuscht hinüber zu Takjudin, er selbst, sagt er, habe heute noch keinen Klienten gehabt. Ob es schwer ist, Schreiber zu werden, frage ich. Ja, schon, antwortet Islamuden. Es reiche ja nicht aus, schreiben zu können, die Leute, die zu einem kommen, diktieren einem nicht einfach, was man schreiben soll. Anträge für Pässe ausfüllen, das ist einfach, aber die meisten Aufträge seien schon anspruchsvoller.

Drüben ist Takjudin inzwischen fertig geworden, schneller als erwartet. Er setzt sich auf einen Tee zu uns.

Unterdessen fährt Islamuden mit seinen Ausführungen fort: »Ich muss den Brief, sagen wir mal, von einer Behörde, lesen. Dann muss ich ihn erklären. Ich muss dem Klienten sagen: Die schreiben dies und jenes, stimmt das so? Dann muss ich überlegen, was der Klient erreichen will und wie ich das am besten formuliere.«

Also mehr wie ein Anwalt, frage ich und Takjudin nickt. Letztens, erzählt er, lehnt sich zurück und faltet die Hände über seinem Bauch, er sieht in dem Moment aus wie ein arabischer Märchenerzähler. Letztens also habe er einen Fall gehabt, es sei um einen Streit gegangen, den einer der Laden- inhaber des Bazars von Kunduz geführt habe. Das Gericht hatte schon zugunsten der Gegenpartei entschieden, dann aber habe er einen Brief geschrieben. Danach hat das Gericht die Entscheidung revidiert, und der Ladenbesitzer hat gewonnen. Nur wegen des Briefes.

Takjudin guckt außerordentlich zufrieden.

»Das ist es, was ein Schreiber können muss«, meint Islamuden. »Es geht nicht nur darum, Briefe für Leute zu schreiben, die selbst nicht schreiben können, sondern es gibt eben auch Leute, die Hilfe brauchen, weil sie nichts von den Gesetzen verstehen.«

»Und wer tut das schon«, wirft Takjudin ein, »in diesem Land?« Und er lacht, und Islamuden schüttelt bedächtig den Kopf, dann nickt er und fragt: »Ja, wer?«

Es ist eine rhetorische Frage.

Eine Frage, die sich auch Abdul Malik vom Gericht in Takhar gestellt hat, als ich vor einigen Tagen mit ihm darüber sprach. ›Etwas vom Rechtssystem zu verstehen‹, wie es die Schreiber nennen, das ist nicht einfach, sagt der Richter. Wie so oft in Afghanistan: Die Situation sei zwar besser als früher, aber noch immer gäbe es diesen Mix aus altem System und neuem System, beim neuen kenne man sich noch nicht so richtig aus, das alte gelte aber nicht mehr. Schwierig. Aber die Probleme würden gelöst werden. Irgendwann. Bald. Abdul Malik kratzt sich, halb verlegen, am Kopf.

Vor kurzem, sagt er, habe es einen Workshop gegeben, ein Training für Richter. Abdul Malik hat daran teilgenommen. Was er gelernt habe, frage ich, und er antwortet, er wisse jetzt, dass Angeklagte Rechte haben: das Recht zu schweigen zum Beispiel, aber auch das Recht auf einen Anwalt und das Recht, sich selbst zu verteidigen. Er habe diese Rechte, der Angeklagte, weil er eben nur angeklagt sei, aber noch nicht verurteilt. Das sei ihm theoretisch alles bereits klar gewesen, aber jetzt habe er in diesem Workshop ein praktisches Training dazu bekommen. Das sei schon sehr hilfreich.

Solche Hilfen haben die Schreiber, die Quasi-Anwälte, nicht.

»Richtig schwierig wird es«, fährt Islamuden auf der Straße in Kunduz fort, »wenn Leute aus entfernten Dörfern kommen, ungebildete Leute. Die haben vielleicht zum ersten Mal in ihrem Leben mit Verwaltung oder Regierung oder Gericht zu tun, und sie denken, wenn nur der Brief erst geschrieben ist, dann bekommen sie damit auch ihr Recht.« Er seufzt. »Da müssen wir dann erklären, dass es erst mal nur ein Brief ist, dass die Gegenpartei antworten wird und dass noch viele Briefe folgen können, bis es eine Entscheidung gibt. Das ist manchmal nicht einfach.«

Anwalt, Berater, oft auch Kummerkasten. Schreiber in Kunduz ist ein vielfältiges Berufsbild.

»Um ein guter Schreiber zu sein, muss man das Recht verstehen«, sagt Takjudin. »Man muss viel gelesen haben und sich auskennen in unserem Rechtssystem. Und man muss es den Menschen erklären können. Es reicht nicht, die Sprache der Buchstaben zu verstehen. Man muss auch die der Menschen verstehen. Und sie sprechen.«

Für fünfzig Afghani, einen Dollar, pro Brief.

»Hilft ja nichts«, meint Islamuden. Und nickt einem Mann zu, der etwas entfernt vor seinem Tisch steht, ja, er sei frei. Dann entschuldigt er sich bei uns: Da ist Kundschaft. Endlich.

FAHRSCHULE PRT KUNDUZ

Tschahar«, sage ich, »und ... warte, warte, warte: Jazdah, und dann hab ich noch die Pantschdah.«

»Nein, hast du nicht«, Farzana schaut über ihre Lehrerinnenbrille und lacht. »Schau noch mal genau.«

»Doch«, sage ich und betrachte den ersten Buchstaben, und dann: »Nein, warte! Schanzdah!«

»Ja, genau. Richtig«

Vier, elf und fünfzehn, und die verwechsele ich immer noch mit der Sechzehn.

»Oh, Mist! Warum klappt das denn immer noch nicht!«

Das ist ein fast schon mütterlicher Blick, mit dem sie mich betrachtet. »Westlerin«, sagt sie, und es klingt zärtlich, »ihr Westlerinnen seid so ungeduldig!« Sie räumt Block und Stifte weg, unser Lottospiel, das wir nur spielen, damit ich die Zahlen üben kann, ist beendet. Sie setzt sich neben mich, zieht die Beine zu sich heran. »Es ist doch nur ein Spiel!«

»Ja, aber ich kann diese Zahlen immer noch nicht.«

Sie betrachtet mich, die ich da stehe wie eine schmollende Zehnjährige, und lacht und schüttelt den Kopf. »Das ist so typisch für euch«, sagt sie, »gib dir doch mehr Zeit!«

Alles braucht Zeit. Sprachen lernen braucht Zeit, Nation building braucht Zeit, der Aufbau eines Staates, der zivile Aufbau, die Ausbildung der Polizei.

Natürlich braucht das alles Zeit, aber immer wieder habe ich dieses Gefühl: Wir tun zu wenig. Es ist Stückwerk. Hier, in einem von Besatzung, Krieg und Taliban zerstörten Land, soll jetzt alles innerhalb weniger Jahre funktionieren, angeleitet durch ein paar, im besten Fall zwei Monate dauernde Workshops. Meist dauern sie nur zwei Tage. Oder zwei Stunden. Und wenn es dann doch nicht klappt, weil man Lehrer und Juristen nun mal nicht innerhalb von zwei Tagen ausbilden kann, dann wird gemeckert und das gesamte Engagement öffentlich in Frage gestellt, weil es sowieso nichts bringt.

Dabei brauchen wir mehr: Mehr Polizei, mehr Geld, mehr zivilen Aufbau, ein energischeres Auftreten. Mehr Zeit. Und zuerst und vor allem: mehr Sicherheit. Sicherheit ist die Voraussetzung für zivilen Aufbau. Nicht nur die Sicherheit der zivilen Helfer muss gewährleistet sein, sondern vor allem die Afghanen müssen wissen: Es lohnt sich, etwas zu tun. Lohnt sich, denn es gibt eine Kontinuität. Es wird morgen niemand kommen und mein Feld in Brand stecken, mein Geschäft in die Luft jagen, es gibt staatliche Organe: Polizei, Staatsanwaltschaft, Armee, die davor schützen. Engagement, Investition in die Zukunft brauchen die Sicherheit, dass es eine Zukunft geben wird.

Und ich, denke ich, muss neben all dem ›mehr‹ endlich mehr Vokabeln lernen, ich bin noch nicht mal in der Lage, mir die Zahlen auf Dari zu merken.

Farzana raschelt mit Papieren, beugt sich vor und gießt frischen Tee ein.

»Du bist schon ziemlich gut«, sagt sie.

»Wirklich?«, frage ich, um Bestätigung bettelnd, und sie antwortet, beruhigend und überzeugt: »Wirklich!«

Fast glaube ich ihr.

»Nur deine Aussprache ist furchtbar«, sagt sie.

»Meine Aussprache …?«

Sie sitzt da und zieht die Augenbrauen hoch und guckt mich an mit ihrem funkelnden Koboldblick, und wir fangen an zu kichern. Können kaum noch aufhören.

Offenbar bin ich aber nicht die Einzige, die nicht über genügend Geduld verfügt und die Nase voll hat von Ankündigungen.

Es ist eine gemeinsame Initiative von Feldjägern, amerikanischer Armee, der Sicherheitsfirma Dyncorps und der deutschen Polizei im Lager, und die Idee heißt: Mehr Sicherheit auf afghanischen Straßen. Was auch bitter nötig ist. Hupende Lastwagen, beladen bis in den Himmel, brausen mit Höchstgeschwindigkeit über Straßen, die nur in den seltensten Fällen asphaltiert sind; Fußgänger am Wegesrand sind mehr Hindernisse als Menschen, auf die man Rücksicht nehmen soll; niemand weiß genau, wie viele Fahrspuren eine Straße hat, es kommt darauf an, wie viel Platz ist. Kofferräume gelten als normale Sitzplätze im Auto, und auf Motorrädern wird mindestens zu dritt gefahren. Straßenschilder gibt es nicht, wozu auch, es würde doch keiner darauf achten, ebenso wenig wie auf Verkehrsampeln. In Kabul gibt es sogar eine. Wenn Strom fließt, leuchtet diese Ampel sogar Signale in den Verkehr. Aber es kümmert sich niemand darum, deswegen steht ein Verkehrspolizist daneben. Hunde, Schafe, Esel und Menschen laufen plötzlich auf die Fahrbahn.

Und einen Führerschein hat auch niemand. Was nicht weiter schlimm wäre, ginge es nur um ein Stück Papier. Aber das zugehörige Fahrertraining hat eben auch keiner. Man setzt sich hinters Steuer, wenn die Nase drüber reicht, man praktiziert ›Learning by doing‹ und fährt, weil man es kann und ohne sich Gedanken zu machen über Ladung, Bremsweg oder mögliche Gefahren.

Die Idee, etwas dagegen zu unternehmen, wird dann bei einem Feierabendbier beschlossen: Zumindest die afghanische Polizei sollte in Straßenverkehrsdingen ausgebildet werden. Wieder mal ein Zwei-Tage-Workshop, denke ich und dann: Aber immerhin etwas.

Auf dem Parkplatz hinter der MP-Station im PRT Kunduz stehen so neben den üblichen Wagen der Feldjäger plötzlich auch ein silbergrauer Toyota und ein schwarzer Hyundai. Georg und Albrecht, die deutschen Polizisten, haben sie für das Fahrertraining gekauft, das die Afghan National Police jetzt bekommen soll. Unten im Dorf, bei einem Autohändler, der wahrscheinlich ein gutes Geschäft gemacht hat.

Ich sitze auf dem Fahrersitz und starre angestrengt nach unten. Es ist ungewohnt, plötzlich wieder in einem zivilen Wagen zu sitzen, statt in einem gepanzerten Bundeswehrjeep oder einem Dingo, und dazu auch noch ein Lenkrad vor sich zu haben. Aber das ist es nicht, was irritiert. Mein Fuß tastet suchend im Fußraum herum.

»Wo ist das Gaspedal?«, frage ich und ziehe zweifelnd die Nase hoch.

»Da«, antwortet Albrecht und deutet irgendwo zwischen meine Füße.

»Das ist die Bremse.«

»Ist doch prima, die Bremse ist wichtig.«

»Nicht, wenn man kein Gaspedal hat.«

Das Gaspedal, stellt sich schließlich heraus, existiert. Allerdings ist es abgebrochen, übrig blieb nur ein kleiner Stummel, man muss sich jetzt anstrengen, um es mit dem Fuß zu erwischen. »Macht auch nichts«, meint Albrecht, den heute offenbar nichts aus der Ruhe bringen kann, »dann können die afghanischen Polizisten nicht so viel Gas geben, nicht so schnell fahren.«

Der Parcours, den die mittlerweile eingetroffenen neun hochrangigen afghanischen Polizisten absolvieren sollen, ist auf dem Hubschrauberlandeplatz des PRT aufgebaut. Zunächst aber geht es nicht in die Autos. Zunächst gibt es Theorie: ›Technischer Dienst an den Fahrzeugen‹. Mit weit geöffneten Mäulern stehen der Toyota und der Hyundai auf dem Parkplatz. Albrecht und ein Oberleutnant der Feldjäger, der im zivilen Leben Fahrlehrer ist, stehen am Toyota und erklären. Am Hyundai sind ein First Lieutenant und ein Seargant der amerikanischen Streitkräfte zugange, Letzterer ist gelernter Kfz-Meister.

Und alle reden über Elektrik, Ölwechsel, Wasserstand, Bremsbeläge und Ähnliches, neun Afghanen in grauen Uniformen, mit Bügelfalten und Tressen und Gold an den Schultern, nicken dazu.

Und dann wird es ernst. Es folgt die Praxis.

Auf dem Hubschrauberlandeplatz sind Pylone aufgestellt, die rot-weißen Plastikhüte stehen im gleißenden Sonnenlicht und kennzeichnen Kurven, die gefahren, Linien, an denen gehalten werden soll. Es sind Grundlagen, um die es hier geht: Anfahren, Halten, vor einer Kurve wird abgebremst, am Scheitelpunkt der Kurve Gas gegeben. Wo ist hier gleich das Gaspedal? Sichtlich nervös steigt der erste afghanische Polizeioffizier, ein Hauptmann namens Abdul, in den wartenden Wagen. Neben ihm sitzt der Oberleutnant, zupft an seiner MP-Armbinde, zwinkert mir zu und sagt: »Wünsch mir Glück!«

Auf der Rückbank nimmt unser afghanischer Übersetzer Platz. Dann rollt der Wagen los, der ANP-Hauptmann mit dem beeindruckenden Backenbart strahlt. Kurve links, Kurve rechts, anhalten, anfahren, einparken. Klappt. Als der Wagen an der Endlinie direkt vor dem amerikanischen First Lieutenant hält, strahlt der, und es gibt Applaus von den afghanischen Arbeitskollegen, vom Beifahrersitz zwinkert der Oberleutnant.

Nicht immer läuft alles reibungslos. Da wird der Wagen abgewürgt, irgendwann hüpft der Hyundai nur noch röchelnd über den Parcours, bleibt schließlich liegen und ist nicht mehr in Gang zu kriegen. Kurven werden geschnitten, zu schnell genommen, das Einparken klappt manchmal, manchmal auch nicht.

»Der Kenntnisstand der Teilnehmer«, sagt Albrecht, der am Rand des Landeplatzes steht und zuguckt, »ist schon sehr unterschiedlich.«

Das ist sehr diplomatisch ausgedrückt, und es war so nicht geplant. Mit der afghanischen Polizei hatte man im Vorfeld vereinbart, dass die Kursteilnehmer halbwegs geübte Fahrer sein sollten.

»Offenbar haben die umentschieden und uns jetzt doch erst mal die höheren Chargen geschickt«, seufzt der Oberleutnant. »Damit haben wir jetzt alles dabei, von ›noch nie in einem Auto gesessen‹ bis ›geübt‹.«

»Und nun?«

»Du siehst es ja«, zuckt er die Schultern, »wir trainieren sie alle, aber wir können natürlich nicht in diesen zwei Tagen eine komplette Fahrerausbildung durchführen.«

Das war auch nie geplant, deswegen wollte man ja geübte Fahrer. Das Training, das das amerikanisch-deutsch-zivile Joint Venture hier in Sachen ›Mehr Sicherheit auf afghanischen Straßen‹ anbietet und durchführt, entspricht dem ADAC-Sicherheitstraining; es ist ein »Feinschliff«. Und Feinschliff macht eben nur Sinn, wenn es schon einen Grobschliff gab.

Am zweiten Tag des Trainings findet trotzdem die Prüfung statt. Der Parcours ist verändert worden, jetzt muss eingeparkt werden, vorwärts und rückwärts, ein Slalom ist zu bewältigen, es muss ein Besen aus einem Hütchen gezogen und anschließend wieder angefahren werden. Vier Minuten ist die vorgegebene Zeit.

»Eigentlich«, sagt der Oberleutnant, »muss dieser Kurs in einer Minute bewältigt werden.«

Der First Lieutenant guckt erschrocken.

»Das wäre zu viel verlangt, das machen wir nicht, keine Sorge!«, beruhigt der Oberleutnant.

Auch so schaffen es nicht alle. Fünf afghanische Polizisten bekommen am Ende das erfolgreiche Bestehen der Prüfung bescheinigt, die anderen vier erhalten ein Zertifikat über die Teilnahme am Kurs.

»Das bedeutet«, erklärt der First Lieutenant, Diplomatie in der Stimme, »dass Sie noch etwas Training brauchen.«

Im Gänsemarsch, wie sie gekommen sind, verlässt die afghanische Polizei das PRT-Gelände.

Am Abend sitzen wir, die deutsche Polizei, Amerikaner, Feldjäger und ich beim Feierabendbier. Die Küche hat Pizza gemacht, die heißen Bleche stehen auf der Tischtennisplatte.

»Wie genau geht das jetzt weiter?«, frage ich und tropfe mir die Jeans mit Tomatenmark voll.

»Die Idee«, sagt Albrecht, »ist, dass die afghanischen Kollegen mit dem Zertifikat direkt aus Kabul den Führerschein kriegen. Der Antragsweg fällt also weg.«

»Die Gebühren sollen auch wegfallen«, meint der Oberleutnant. »Du hast dich da bekleckert.«

»Ich weiß«, sage ich, beiße in die Pizza und frage weiter: »Nur die offiziellen Gebühren von dreißig Dollar – oder auch die Gebühren, die es nicht offiziell gibt?«

Der Oberleutnant zuckt mit den Schultern.

»Wir«, meint der First Lieutenant und wischt sich die Hände an der Uniform ab, bis ihm der Oberleutnant eine Serviette gibt, »machen diese Trainings in jedem Fall weiter.«

Der Oberleutnant nickt. Ich muss ziemlich skeptisch gucken.

»Ja, ich weiß, es ist wieder nur ein Zwei-Tage-Workshop, und es ist fraglich ob wir immer die Zeit dazu haben, denn schließlich machen wir das in unserer Freizeit. Es ist schwierig, wie alles schwierig ist, aber –«

»Aber?«, frage ich, und er zuckt wieder die Schultern. »Irgendwo muss man ja anfangen. Nur weil es schwierig ist und lange dauert, kann man die Sachen ja nicht liegenlassen in der Hoffnung, sie erledigt sich dann von selbst. Das tun sie nämlich nicht. Sie werden nur noch schwieriger.«

Die Feldjäger haben eine Voliere in ihrem Bereich. Wellensittiche und Kanarienvögel hüpfen darin auf und ab und zwitschern vor sich hin.

»Die haben ein Nest gebaut«, sagt der Hauptfeldwebel, »habt ihr gesehen?«

»Krieg ich noch ein Stück Pizza«, frage ich.

»Das Blech ist leer.«

»Ja, aber zwei sind noch in der Küche, der Spieß holt sie gerade. Nimm dir so lange ein Bier.«

Pizzaparty bei der Militärpolizei. Weiter hinten zwitschern die Wellensittiche.

DIE KEKSFABRIK

Wellensittiche zwitschern auch in Kunduz auf dem Bazar. Sie werden dort verkauft. Rashid war an diesem Morgen auf dem Weg zum Bazar – die Wellensittiche hat er aber wahrscheinlich nicht beachtet. Rashid ist zwanzig Jahre alt, und er wird bald heiraten. Das Mädchen ist etwa siebzehn und wunderschön, und sie wird ihm eine gute Frau sein, so wie er ihr ein guter Mann. Rashid ist ein guter Fang. Er ist jung, er sieht gut aus, er hat Arbeit. Rashid ist Maler. Da gibt es viel Arbeit in Kunduz, wo an jeder Ecke eine Baustelle ist. Die Firma, für die er arbeitet, hat genug Aufträge, Rashids finanzielle Zukunft sieht gut aus, seine persönliche ist sowieso rosarot. Wahrscheinlich hat er gelächelt, als er am Verwaltungsgebäude vorbeiging, auf dem Weg zum Bazar. Vielleicht hat er gar nicht gesehen, wie zwei Männer hinter einem älteren Mann herliefen, dass der versuchte, ihnen zu entkommen. Hat nicht gehört, wie die beiden jungen Männer irgendetwas riefen und ob und was der Alte erwiderte.

Den Knall der Detonation aber hat Rashid gehört. Unmöglich, den nicht zu hören. Und jetzt liegt er im Kunduz Provincial Hospital. Splitter durchschlugen seine Hände. Damit ist er nur leicht verletzt, aber als Handwerker braucht er seine Hände. Und ob er die je wieder so wird benutzen können wie früher, ist noch fraglich. Den Lohn für diese Woche hatte er außerdem schon fest eingerechnet in den Brautpreis, den er noch bezahlen muss. Jetzt fehlt ihm das Geld, damit steht die Hochzeit auf dem Spiel. Zwei Minuten haben Rashids Leben verändert. Nicht zum Besseren.

Einige Straßen vom Anschlagsort entfernt rührt Haji Abdul in seinem Bottich.

»Hilft ja alles nichts«, sagt er, »man muss eben weitermachen.« Und dabei lächelt er, verschmitzt und mit einem Anflug von Trauer. Wischt sich die Hand an seinem langen Hemd ab. »Das war immer so, man baut sich etwas auf, denkt, man ist sicher. Dann passiert irgendetwas. Wenn man noch ein wenig Glück hat, kann man etwas retten, wenn man Pech hat, fängt man von vorn an.« Er schüttelt den Kopf.

Ich bin in der Keksfabrik von Kunduz, oder in einer der Kebsfabriken von Kunduz. Sie befindet sich in einem dunklen Keller an einem der Eingänge des Bazars. Nicht weit von hier war der Anschlag. Tawab, einer der jungen Männer, die den Attentäter festhalten wollten, war ein Freund von Haji Abdul.

Tawab arbeitet wie auch Fazad für die afghanische Armee. Jetzt liegen beide in Betten im Kunduz Provincial. Tawab wollte den Attentäter gerade zu Boden werfen, als der Mann die Bombe zündete. Fazad war noch ein paar Schritte entfernt. Tawab ist am ganzen Körper verbrannt. Fazad ist blind.

Beiden ist es zu verdanken, dass es nur Verletzte gab, keine Toten – außer dem Attentäter.

Vierzehn Menschen wurden verletzt, darunter zwei Kinder, die Geschäfte der Umgebung sind verwüstet. Es ist der vierte Selbstmordanschlag in Kunduz in diesem Jahr. Schon im vergangenen Monat, einige Wochen nach dem Anschlag vom Mai, hat das Auswärtige Amt verkündet, dass Deutschland seine Projekte zurückfahren werde aufgrund der Sicherheitslage.

Dann hätten sie also tatsächlich gewonnen, die Taliban und die Terroristen.

»Gewonnen? Nein«, sagt Haji Abdul. »Solange ihr nicht ganz weggeht. Das wäre die wirkliche Katastrophe.«

Haji Abdul kennt sich mit Katastrophen aus. Die Keksfabrik gibt es schon seit vierzig Jahren, und ebenso lange ist

Haji Abdul hier. Er hat die Besatzung durch die Russen miterlebt, die Mudjaheddin-Kämpfe, die Taliban. Und steht nach wie vor in seinem Keller und überwacht die Herstellung von Keksen. »Man muss weitermachen«, sagt er.

Er ist achtundsechzig Jahre alt, er hat eine Frau, sieben Söhne und zwei Töchter. Einige der Söhne arbeiten auch in der Keksfabrik. »Vierzig Jahre«, sagt er, »ich habe so viel Auf und Ab miterlebt, Russen, Taliban, ich habe so viel Erfahrung mit wechselnden Lebensumständen ...« Er zuckt die Schultern und hält mir ein Tablett mit Keksen hin. »Willst du einen Keks?«

Ich möchte lachen.

Iss einen Keks, denke ich, die Lebensweisheit aus dem ersten Matrix-Film. Neo, dem Helden, wird geweissagt, dass ein anderer sein Leben für ihn riskieren wird. Er muss sich entscheiden, ob er sein eigenes Leben rettet oder das dieses anderen. Dann, im Film: ein Lächeln der Prophetin, eine Schale wird angeboten: »Hier, Kleiner, iss einen Keks!«

Haji Abdul ist zur gleichen Lebensweisheit gekommen.

Regierungen ändern sich, Kämpfe werden ausgefochten, Menschen werden getötet, du zitterst um deine Familie, vor kurzem hat ein Anschlag stattgefunden, und weitere werden fast sicher folgen. Menschen, die du liebst, verlassen dich: Iss einen Keks, es ist alles nicht so wichtig, das Leben geht weiter. Ich nicke, Haji Abdul hält mir das Tablett entgegen.

Das, erklärt er, sind die, die am meisten verkauft werden: Parata und Konjedi.

Ich kaue.

Wir stehen vorn am Eingang des Kellers, direkt am Ofen. Links schiebt ein Junge riesige Bleche in den Ofen, holt andere mit fertiggebackenen Keksen heraus. Rechts davon sitzen drei Kinder, sortieren Kekse, schichten sie auf ordentliche Stapel und verpacken sie. Weiter hinten im Keller wird der

Teig angerührt, geknetet, die Maschine, mit der das passiert, stünde bei uns in einem Museum. Keksformen werden auf den Teig gesetzt, Kreise ausgestochen und aufs Blech gelegt. Und ab in den Ofen damit. Achtzehn Leute arbeiten in Haji Abduls Keksfabrik.

»Unter den Russen«, sagt er jetzt, »war es nicht schwierig, da lief das Geschäft gut.« Schwierig war die Zeit danach, der Bürgerkrieg, die Mudjaheddin und dann, vor allem, die Taliban.

»Keine gute Zeit für Kekse.« Er kostet den Teig, nickt zufrieden. »Aber es ging eben auch da, wir sind mit der Situation fertig geworden, wir haben uns arrangiert. Und jetzt läuft das Geschäft auch. Es ist besser jetzt, natürlich. Unter den Taliban war es schlimm. Und die will auch keiner zurück. Aber ganz ehrlich, wir sind mit so vielen verschiedenen Regimes und Situationen fertig geworden und haben überlebt …« Er hebt die Hände in einer fatalistischen Geste.

Was, wenn sie doch kommen? Wenn es weitergeht mit dem Terror, wenn es weiter immer schlimmer wird, was dann?

Haji Abdul begutachtet die Konsistenz eines frischen Teigs, gibt eine Anweisung.

»Sie werden wohl wiederkommen«, sagt er, »sie werden es sicher wieder versuchen. Dann müssen wir so weit sein, dass wir den Kampf kämpfen können. Mit eurer Hilfe. Hoffe ich. Es hilft ja nichts. Es muss ja weitergehen.«

Ich nicke.

»Nimm noch einen«, sagt er, »versuch mal die!«

Ich kaue. Haji Abdul fragt, welche die besten sind.

»Keine Ahnung«, sage ich und frage, welche er am liebsten mag. Er legt den Kopf schief, streicht sich über den Bart. Es gibt ein Sprichwort, sagt er: Der Bäcker schnuppert nur, er isst selbst nicht.

Ich bekomme eine große Tüte voller Kekse als ich gehe, verhüllt mit meinem Schal husche ich damit die Treppe hinauf und auf die Straße. Der Innenstadtverkehr von Kunduz braust um mich herum, Fußgänger, auf der Straße Rikschas, Kutschen, Motorräder und Autos.

Ich fahre hoch ins PRT, meinen Riesenvorrat Kekse neben mir. Verlieren wir die Bevölkerung? Und wenn ja, was können wir dagegen tun? Und müssen wir etwas dagegen tun? Wenn unsere Hilfe nicht gewünscht ist, wäre es dann nicht nur sinnvoll, zu gehen? Was genau tut die Bundeswehr hier? Das war eine der Fragen, auf die ich eine Antwort finden wollte.

Jetzt weiß ich: Schulen bauen, Brunnen bohren, bei der medizinischen Versorgung helfen, soweit es möglich ist, die Bundeswehr ist wichtig im Land. Aber muss die Bundeswehr nicht vor allem das tun, was nur die Armee kann: Sicherheit gewährleisten? Und bedeutet das – neben einer endlich ausreichenden Ausbildung der afghanischen Sicherheitskräfte – nicht auch, gegen Taliban und Terroristen vorzugehen? Nach dem Anschlag im Mai, heißt es, wussten wir, wo die Attentäter zu finden gewesen wären. Festnehmen konnten wir sie nicht, das Mandat haben wir nicht. Das Bundestagsmandat macht die Bundeswehr zu ›Entwicklungshelfern in Uniform‹, weil offenbar geglaubt wird, damit sei der ›Freund Soldat‹ in Afghanistan sicherer. In Wahrheit ist den Soldaten so die Möglichkeit genommen, ihren Auftrag zu erfüllen – und der heißt: Sicherheit herzustellen. Und auch die Möglichkeit, sich selbst zu verteidigen, haben sie so nicht – und tun sie es, werden sie zu Hause eventuell als Verbrecher beschimpft.

Was ist die Lösung?

Ich habe keine Antwort darauf. Finde auch keine, während ich an unseren afghanischen Guards vorbeilaufe, freundlich grüße.

PICKNICK MIT DRACHEN

Jedenfalls wird es jetzt nicht mehr heißen, wir machten hier nur Urlaub«, sagt der Oberfeldwebel. »Es ist trotzdem übertrieben, die tun in den Zeitungen ja so, als wäre hier noch nie eine Rakete eingeschlagen«, gibt der Zugführer zurück.

Wir sind mit den Wölfen unterwegs, fahren nach Katachel. In der Nacht lag das Camp unter Raketenbeschuss.

»Jedenfalls wird es ungemütlicher«, meint der Oberfeld. Draußen liegt die afghanische Landschaft im mittlerweile goldenen Licht eines frühen Herbstes.

Meine Zeit in Afghanistan nähert sich dem Ende. Im Scherz werde ich schon gefragt, ob man mir eine Abflieger-karte basteln soll; das tun Soldaten für die letzten Tage des Einsatzes: Die Abfliegerkarte ist die soldatische Variante eines Adventskalenders.

»Wie lange hast du jetzt eigentlich noch«, fragt der Zug-führer und dreht sich vom Beifahrersitz zu mir um.

»Vierzehn und der Rest von heute«, antworte ich. Es ist eine sehr soldatische Ausdrucksweise: ›Noch neun Tage und ein Frühstück!‹ oder ›Noch zwölf und der Rest von heute!‹ – das habe ich so oft gehört inzwischen.

Jetzt sage ich es selbst.

Wir fahren hinein nach Katachel, überqueren eine kleine Brücke. Unten fließt behäbig ein breiter Fluss durch die Land-schaft, braungelb, flaches Ufer mit Kieseln, eine Schar Kinder spielt dort, planscht im schmutzig braunen Wasser, ein Mäd-chen hält einen Wäschebottich auf der Hüfte, ein Junge – kahlgeschorener Kopf, weites Piratenhemd – galoppiert am Wasser lang, ein kleineres Kind, Bruder oder Schwester, auf den Schultern. Wir halten an, schauen zu. Die Kinder sehen uns, und binnen kurzem sind wir umringt, schauen in lachende Zahnlückengesichter. Weiter hinten leuchten Bäume in der goldenen Sonne.

Alles überzieht sich mit einer mauvefarbenen Abschiedswehmut. Ich sehe mit Abschiedsaugen: Verticker und Feldpost im PRT, das Lummerland und das Rettungszentrum, das Dornröschenschloss in Block B. Holzhausen, das grüne Stofftier hängt dort immer noch, hat Nebel und Schnee und Sandstürmen getrotzt. Dort hinten hat Mark gewohnt.

Wir fahren weiter. Kommen hinein nach Katachel, fahren auf den Schulhof der Regenbogenschule. Hier ist der Fußballplatz, auf dem unsere PRT-Auswahl gegen die Schüler gespielt hat.

Wir steigen aus, gehen näher ran. Hof und Schule liegen verlassen da, nur ein Junge, ein Knirps von vielleicht acht, neun Jahren kickt für sich allein und hochkonzentriert einen Fußball vor sich hin.

Ich betrete die Schule. Da ist niemand, aber im Flur, zwischen den aufgemalten Flaggen Deutschlands und Afghanistans, hängt ein gerahmtes Foto: Darauf lächelt ein deutsches Gesicht. Ein bekanntes Gesicht: Michael, der beim Anschlag im Mai getötete Hauptfeldwebel. Ich verlasse das Gebäude, drehe mich um, sehe, am Eingang der Schule hängt ein neues Schild, darauf ein neuer Name: Michael-Diebel-Schule.

Ich stehe und gucke. Weiter vorne rauchen die Feldjäger eine Zigarette.

Der Knirps kommt näher, mit dem Fußball unterm Arm. Schaut mir beim Schauen zu.

»Kanntest du ihn?«, fragt er. Ich nicke, ich kannte ihn flüchtig. Wie man sich eben kennt in so einem PRT, man hat ›Hallo‹ gesagt oder ›Guten Morgen‹, sich einen ›Schönen Tag‹

gewünscht, eventuell ein, zwei Worte gewechselt. Mehr nicht.

»Und du?«, frage ich.

»Ja«, sagt er. Wahrscheinlich auch nicht besser als ich. Der Hauptfeldwebel hat das Fußballspiel in Katachel organisiert, war Feuer und Flamme für die Idee. Aber der Knirps hier ist zu klein, um mitgespielt zu haben.

»Er war unser Freund«, sagt der Kleine. »Und jetzt ist er tot.«

Von hinten winken die Feldjäger, wollen weiterfahren.

»Wenn ich groß bin«, sagt der Junge, »will ich zur Armee oder zur Polizei. Damit Afghanistan sicher ist für unsere Freunde.«

O Gott, denke ich, dieses Land!

»Das machst du«, sage ich. Und wir nicken uns zu.

Farzana lächelt, als ich ihr davon erzähle. Es ist ein weiterer Abschiedsbesuch, alles sind Abschiedsbesuche: Kabap ist mit Wehmut gewürzt, Tee mit Trauer gesüßt.

»Du liebst es«, sagt sie und streichelt mir über die Wangen. »Du liebst dieses Land.«

»Red keinen Quatsch, Farzana«, sage ich, »ich habe mich hier total unwohl gefühlt, ich habe im Dreck geschlafen und Staub gefressen, ich habe kein Wort verstanden, mich furchtbar aufgeregt, vieles ging mir total gegen den Strich und auf die Nerven, ich hatte Todesangst. Wie kommst du auf die Idee, ich liebte dieses Land?«

»Westlerin«, sagt sie, und es ist der zärtlichste Name, den mir je jemand gegeben hat, »du begreifst auch gar nichts. Genau das ist doch Liebe.«

Annehmen, auseinandersetzen, wenn es sein muss, kämpfen. Realität anstelle einer Disneyworld in Technicolor. Sie hat ja recht, meine afghanische Freundin mit dem Koboldblick.

270

Zahman nimmt mich noch einmal mit zum Essen in eines dieser kleinen afghanischen Blechbuden-Restaurants. Natürlich ist es ein Freund von ihm, der draußen den Grill mit den Kabaps anfächelt, natürlich werde ich drinnen angestarrt, aber auch von zwei Tischen her begrüßt, und ich merke: Ich habe begonnen, mich an die Blicke zu gewöhnen.

Alles sind Abschiedsbesuche.

Und noch nie war Afghanistan so schön. Tiefblauer Himmel. Scharf zeichnen sich die Berge dagegen ab, die Luft ist morgens frisch und klar; es ist Herbst, der Sommer ist vorbei.

Ungefähr zu dieser Zeit erinnert sich Kabhir an ein Versprechen, das er mir irgendwann gegeben hat, er will mir die Drachen zeigen. Und so fahren wir an einem sonnigen Morgen los: Kabhir, Zahman, Yama und ich. Das Auto ist vollbepackt mit Töpfen und Essen und Flaschen – Picknick gehört dazu.

Wir fahren nach Norden in Richtung der usbekischen Grenze, nach Shirkhan. Dort ist einerseits die beliebteste Ecke für Picknicks und andererseits ein beliebter Platz zum Drachen steigen lassen. Wobei man Drachen überall sieht: An jeder Ecke werden sie verkauft, überall steigen sie in den Himmel. Ich habe keinen Drachen mehr in der Hand gehabt, seit ich zwölf war. Überhaupt zählen deutsche Drachenerfahrungen nicht. In Afghanistan ist Drachen steigen lassen ein Sport, mehr: eine Schlacht. Man kämpft in der Luft mit den Drachen gegeneinander, man schneidet die Drachen der Gegner, bringt sie zum Abstürzen. Allianzen bilden sich in der Luft, man kämpft gemeinsam gegen andere, löst die Allianz nach dem gemeinsamen Sieg blitzschnell auf und wird wieder zum Einzelkämpfer. Ganze Stadtviertel treten gegeneinander an.

Unter den Taliban war auch diese Tradition verboten. Natürlich. Unter den Taliban war alles verboten, was Spaß macht.

Aber die Talibanzeit ist vorbei. An Buden werden neben Lebensmitteln und Pepsiflaschen auch Drachen verkauft, an jeder Ecke steht ein Kind mit einer Drachenleine in der Hand.

Wir erreichen den von Kabhir, Zhaman und Yama ausgewählten Platz. Es ist relativ ruhig, nur ein, zwei grüne und rote Papierdrachen flattern in der Luft. Wir packen Decken aus, stellen Töpfe und Platten darauf. Da ist Boulani, da sind Kabap-Spieße, Mantu und natürlich Naan, das afghanische Brot. Wir essen, wir reden, wir lachen, natürlich kommen Menschen vorbei, Freunde oder Freunde von Freunden oder welche, die Freunde werden könnten.

»That's Afghanistan«, lächelt Zahman.

Dann packt Yama die Drachen aus.

»You want a try?«, fragt er, und ich nicke.

Wir stehen ein Stück entfernt. Yama, Zahman und ein Haufen Kinder gucken zu. Yama hält den Drachen, ich die Schnur, er rennt los, und ich gebe Leine, und natürlich fällt der Drachen, als Yama ihn auf den Weg in die Luft schicken will, steil runter. Ich fluche.

»No problem«, meint Yama, und wir starten den nächsten Versuch, der ist genauso erfolglos. Zahman zeigt mir die richtige Bewegung, leicht aus dem Handgelenk heraus, Yama gibt Tips, Kabhir holt den Drachen für den nächsten Versuch. Neben mir steht ein vielleicht dreizehnjähriges Mädchen und strahlt mich an. Am Himmel schweben Drachen, ein grüner mit gelbem Schweif holt plötzlich aus, fliegt eine Kurve und schneidet einem roten den Weg ab, einen Moment lang stehen beide in der Luft, der grüne wackelt bedenklich, fängt sich, schneidet den roten erneut; jetzt wackelt der. Und stürzt ab. Neben mir jubeln zwei Jungen, der eine rennt los, weiter entfernt sprintet der andere los, der abgestürzte Drache gehört dem, der ihn zuerst findet.

»Years ago«, erzählt Kabhir, habe sein Bruder den Wettbewerb in Kunduz gewonnen, er lenkte den letzten Drachen, der am Himmel stand. Jedes Mal, wenn er wieder einen Konkurrenten besiegt hatte, war der kleine Kabhir, der damals erst sieben Jahre alt war, losgerannt, um den besiegten Drachen für seinen Bruder zu finden. Und war jedes Mal zu spät gekommen. Er war einfach noch zu klein gewesen

»Ich war kurz vorm Heulen«, sagt Khabir, »weil ich keinen einzigen Drachen schnell genug finden konnte. Und mein Bruder nahm mich in den Arm und setzte mich auf seine Schultern und sagte, ich solle mir keinen Kopf machen, beim nächsten Wettbewerb sei ich schon größer und würde alle finden.« Er zuckt die Schultern. »Nur dass es keinen nächsten Wettbewerb gab. Dann kamen die Taliban.«

Einen Augenblick lang schaut er Erinnerungen an.

Schaltet dann die Augen von Vergangenheit auf Gegenwart. »Ready for another try?«, fragt er und hat etwas Kämpferisches, und ich atme durch und nicke, plötzlich scheint nichts in der Welt so wichtig zu sein, wie diesen Drachen in die Luft zu kriegen.

»Maybe you should eat more«, ruft Zahman, »you need power for this!«

Ich schüttele den Kopf. Erst kriege ich diesen Drachen in die Luft.

Es ist jetzt Kabhir, der den Drachen hält, Yama sitzt mit Zahman auf der Decke bei Boulani und Kabap. Kabhir rennt los, ich gebe Leine, mehr, noch mehr, und dann schwingt sich der Drachen in die Luft.

»Let go!«, ruft Kabhir und ich nicke, unser Drachen fliegt, und dann steht Kabhir neben mir, greift in die Schnur, wir rennen los. Hoch in der Luft beschreibt unser Drachen eine Kurve, schwebt elegant in der Luft, dann schneiden wir einen anderen, Kabhir oder ich reißen die Schnur nach unten, der andere trudelt, trudelt weiter, fällt. Unserer fängt sich, ich gebe mehr Leine, laufe ein Stück, Kabhir hinter mir, irgendwer jubelt, und der Drache schwingt sich erneut nach oben. Hängt da, ganz ruhig. Kabhir hält schon nach dem nächsten ›Opfer‹ für eine Attacke Ausschau, aber ich bin noch gar nicht so weit, ruhig schwebt unser Drache über uns in diesem blauen afghanischen Himmel. Und neben mir steht das kleine Mädchen von vorhin, strahlt mich wieder an, kaut an den Nägeln. Braune Afghanenaugen, Kinderstrahlen. Sie trägt nicht mal einen Schleier, ihr Haar flattert im Wind.

Sie deutet nach links oben auf einen Drachen, ich nicke. Drehe mich, führe die Schnur in dem Bogen, unser Drachen folgt, und das Wunder geschieht: Wir bekommen auch diesen zu Fall. Die Kleine neben mir jubelt, reckt die Arme in die Luft.

Kabhir ruft irgendetwas und rennt los, ich habe keine Ahnung, ob er diesen zweiten von mir zu Fall gebrachten Drachen erwischt. Überhaupt ist es ja nur ein Spiel, aber eine jubelnde Freude erwischt mich trotzdem, schlägt mich beinahe nieder, ich weiß auch nicht, was los ist: Afghanistan und seine Probleme, alles was ich gesehen und erlebt habe, Mark. Das Elend hier und auch die Freude, die Probleme, die Zweifel. Afghanistan lehrt dich zweifeln. Die Gewalt und der Zwang und der Zusammenhalt. Ist es besser, dieses so vollkommen selbstbestimmte Leben zu Hause, das du allein lebst, oder das in Regeln gepresste und unfreie, aber von sozialen Bindungen bestimmte Leben hier? Und muss das eine

das andere ausschließen? Afghanistan hat mich so viel gelehrt. Und lächelnd denke ich jetzt an das Unverständnis zu
Hause und an die Frage: ›Warum gehst du dahin?‹ Und endlich kann ich diese Frage beantworten: Vielleicht um einen
Drachen steigen zu lassen.

»You know«, sagt Kabhir, »kites are carrying wishes.«

Drachen tragen Wünsche.

»Yeah, Kabhir, I was told before.«

Ich schaue in den Himmel. Schließe die Augen, schicke
meine Wünsche los. Drei. Eine ganze Menge für einen
Drachen, aber vielleicht klappt es ja trotzdem. Ich halte die
Schnur mit beiden Händen, das Mädchen steht neben mir
und schaut zu unserem Drachen nach oben. Vorhin war es
noch ruhig, jetzt stehen dort sechzehn, siebzehn Drachen.
Oder mehr. Aber es können auch weniger sein. Ich habe keine Ahnung, ich kann nicht mehr klar sehen.

Muss an den Tränen liegen.

Ich blinzle in den Himmel, kann sie nicht abwischen, ich
halte einfach diesen Drachen, fühle den Wind an ihm rüt-
teln.

EINE ART NACHWORT

Drei Wünsche habe ich dem Drachen mitgegeben; wirklich in Erfüllung gegangen ist keiner davon. Vielleicht war ›drei‹ einfach zu viel.

Die Zukunft Afghanistans ist zum jetzigen Zeitpunkt mehr von Gewalt und Unsicherheit geprägt als je zuvor. Im November 2007, wenige Wochen nach meinem Abschied, wurde die Zuckerfabrik von Baghlan attackiert, mindestens dreißig Menschen starben bei dem Attentat, achtzig weitere wurden verletzt. Unter den Opfern waren auch Kinder.

Der folgende Winter war der härteste, den Afghanistan seit Menschengedenken erlebt hat. Menschen erfroren, das Vieh verhungerte auf den Feldern oder erfror ebenfalls. Unsere Soldaten waren Tag und Nacht im Einsatz, um Decken und Kleidung zu verteilen und die schlimmste Not zu lindern. Natürlich ist das nicht gelungen. Aber, wie viele dort unten sagen, zivile Mitarbeiter ebenso wie Soldaten und Afghanen: Dass man nicht allen helfen kann, dass man vielen nicht helfen kann und dass man oft zu spät kommt und mit zu wenig – all das ist kein Grund, nichts zu tun.

In Kabul lief mein Freund Iain durch die Straßen, machte unermüdlich Notizen und berichtete, wo das Elend am größten war.

Überall.

›The world's not fair‹, schrieb Iain in einer E-Mail, ›and when I meet God, I will tell him so.‹

Im Juli hatte er eine gute Chance, Gott zu treffen, als ein Selbstmordattentäter ein mit Sprengstoff beladenes Auto in die indische Botschaft fuhr. Mindestens vierundvierzig Menschen kamen ums Leben, hundertfünfzig wurden verletzt. Es war einer der schwersten Anschläge seit dem Ende des Regimes der Taliban 2001, aber solche Rekorde tendieren dazu, rasch wieder eingestellt zu werden.

Die indische Botschaft ist nur eine Straße von Iains Guesthouse entfernt. Die Druckwelle zerstörte die Fenster seines Schlafzimmers, auf sein Bett regnete es Glassplitter. Hassan, der Hausmeister dort, wurde bei dem Anschlag verletzt.

Iain war einen Tag zuvor in den Urlaub nach Großbritannien geflogen.

Aber es gibt auch positive Nachrichten. Zahman und seine Frau haben einen gesunden Sohn bekommen, und in Katachel wurden Saaleha und Mahfuz Eltern eines kleinen Mädchens. Saaleha hat ihrer Tochter den Namen ihrer deutschen Pflegemutter gegeben.

In Deutschland wird oft nach dem ›Sinn‹ dieses Einsatzes gefragt. Oft wird diese Frage auch nicht als Frage gestellt, sondern eher als eine Aufforderung geäußert: Was geht uns dieses rückständige, gewalttätige Land eigentlich an? Die Forderung dahinter ist die nach dem Abzug der deutschen Soldaten und dem Einsatzende, und diese Forderung wird vehementer, je mehr Raketen in eines der deutschen Lager fliegen.

Die Idee des *nation building* ist es, eine gewalttätige Gesellschaft in eine zu verwandeln, die in Frieden mit ihren Nachbarn lebt und in der Lage ist, Terroristen und Kriminelle erfolgreich selbst zu bekämpfen. Um dieses Ziel zu erreichen, müssen Strukturen geschaffen werden, die eine Zukunft ermöglichen: Rechtssicherheit, wirtschaftliche Entwicklung, ein funktionierendes Gesundheits- und ein ebensolches Bildungssystem. Diese Institutionen und sozialen Güter sowie die, die sie aufbauen, müssen einerseits geschützt werden. Andererseits braucht die Bevölkerung, um an diesem Bau der Nation mitzuarbeiten, das Gefühl von Sicherheit. Ohne Sicherheit lebt man nur von einem Tag zum nächsten. Engagement wird ausschließlich getragen von dem Gefühl, dass etwas sich lohnt und nicht zwei Tage später wieder zerstört wird.

Das Schaffen von Sicherheit ist daher der Schlüssel zu einer erfolgreichen *national building mission*. Und darum ist die Anwesenheit der Natotruppen – und der Bundeswehr als Teil von ihnen – so wichtig.

Ziviler Aufbau allein reicht nicht aus.

Afghanistan ist fünftausend Kilometer von uns entfernt. Die Haltung: ›Das geht uns nichts an‹, mag bequem sein, sie ist aber falsch. Wie die Anschläge in Madrid, London und New York gezeigt haben.

In einer globalisierten Welt sind wir alle Nachbarn.

Es geht uns an.

Was mich angeht, so ist es eine Binsenweisheit, dass Auslandsaufenthalte verändern. ›Nach Hause kommen‹ war dementsprechend nicht so einfach. In Afghanistan hatte ich manchmal Sehnsucht nach Deutschland, nach Prenzlauer-Berg-Nachmittagen, Pastis am Savignyplatz, Kaffee bei Starbucks, meinen Tanzschuhen und den Klängen eines Tangos.

Zurück zu Hause, genoss ich es dann, keinen Schleier tragen zu müssen und wieder Röcke anziehen zu können (das brauchte, wie vieles, eine gewisse Gewöhnungszeit), Freunde zu treffen, Kino und Theater zu besuchen und mehr als sechzehn Quadratmeter Bundeswehr-Living-Standard zu haben. Nach Balanceübungen konnte ich wieder auf Schuhen mit Absätzen laufen, und irgendwann drückte ich nicht mehr automatisch den Verriegelungsknopf, sobald ich eine Autotür hinter mir zuzog. Sehnsucht nach Afghanistan hatte ich trotzdem. Manchmal. Nach diesem Licht. Und den Menschen. Dem Zusammenhalt. Und den Sternen.

Eine ebensolche Binsenweisheit ist es, dass unter außergewöhnlichen Umständen zustande gekommene Beziehungen meist nicht halten. Man hat die Situation gemeinsam, aber nur wenig sonst. Ich habe Mark, der natürlich nicht Mark heißt, nicht wiedergesehen.

Andere Dinge kamen zurück. Es mag ein halbes Jahr nach meiner Ankunft in Deutschland gewesen sein, dass ich erneut eine Mail aus Kabul in meiner Mailbox fand. Job-offer HQ ISAF. Zum zweiten Mal.

Susanne schlug die Hände zusammen. Hannes schüttelte den Kopf.

Ich habe dieses Angebot angenommen. Wieder wurden die Koffer gepackt, und wieder flog ich los. Dieses Mal von Köln über Termez. Das Zelt in Usbekistan hat seinen Schrecken verloren.

Heute bin ich erneut in Afghanistan. Die Sicherheitslage hier hat sich in dem Jahr, das ich in Deutschland verbrachte, geändert. Es gibt mehr Anschläge, mehr Raketen. Mehr Unsicherheit in der Bevölkerung. In Afghanistan wird in diesem Jahr gewählt, schon jetzt häufen sich die Anschläge in Kabul. Und trotzdem registrieren sich die Menschen für die Wahl.

Wenn ich heute mit den Soldaten aus dem Lager ins Land fahre, dann trage ich die schusssichere Weste und die Schutzbrille. Und die Nächte verbringe ich manchmal im Schutzbau, weil Raketenalarm ausgelöst wurde. Letztens fragte Susanne in einer Mail, ob ich die Entscheidung, wieder herzukommen, bereut hätte.

Habe ich nicht.

Unsere Anwesenheit und Arbeit hier ist in vielen Punkten nicht so, wie sie sein soll, und viel zu viel geht schief. Aber Afghanistan war immer ein ›Trotzdem‹.

Kunduz, im März 2009

GLOSSAR

Afghan Logistic: Der sichere und daher von Internationals genutzte Taxibetrieb in Kabul. Die Afghan Logistic bietet aber auch Touren durchs Land an, zum Beispiel zu den historischen Stätten Afghanistans, wie Bamiyan, von dem Iain immer noch sagt, es sei der zweitschönste Platz der Welt. (Der schönste, natürlich, ist nach seiner Meinung Schottland: Iain ist Schotte.)

Alarmierung: Es gibt insgesamt drei Codewörter für verschiedene Bedrohungsszenarien. Dahinter verbergen sich ein Angriff außerhalb des Lagers, ein Raketenangriff auf das Lager oder Feinde im Lager.

ANA: Afghan National Army.

ANP: Afghan National Police.

Cimic: Civil-military Cooperation. Die zivil-militärische Zusammenarbeit ist zuständig für Koordination und Kooperation mit der zivilen Entwicklungshilfe vor Ort. Cimic-Soldaten nehmen den ›Ist‹-Zustand im Land auf, ermitteln gemeinsam mit Afghanen den ›Soll‹-Zustand, berichten und suchen Geldgeber für Projektvorschläge. Im Lager Kunduz arbeiten die Cimic-Angehörigen in vier LMTs: Liasion Monitoring Teams, die jeweils zuständig für einen Teil der Provinz sind.

CJPOTF, kurz: Potf: Combined Joint Psychological Operations Task Force. Ausgesprochen ›C-J-potef‹ oder kurz nur ›Potef‹.

Es handelt sich um eine multinationale Truppe aus Soldaten und Zivilisten. Ziel ist die ›Beeinflussung der afghanischen Zivilbevölkerung im Sinne von ISAF durch Massenmedien‹. Um dieses Ziel zu erreichen, wird die Zeitung Sada-e-Azadi produziert und verteilt und das gleichnamige Radioprogramm gemacht.

CWK: Cooperation Women Kunduz. Ein Frauenprojekt in Kunduz, bestehend aus Nähfabrik, Schule und Kindergarten.

Dyncorps: eine amerikanische Sicherheitsfirma, die die afghanische Polizei ausbildet.

Ecolog: ›We take care of your needs‹, Ecolog ist eine Servicefirma, die insbesondere in Krisengebieten zum Einsatz kommt. Für die Bundeswehr in Afghanistan kümmert sich Ecolog zum Beispiel um die Dixi-Toiletten, die auf dem Flugfeld Kunduz stehen, und betreibt die Wäscherei fürs Lager.

EOD: Explosive Ordnance Disposal. Der Munitionsräumdienst.

Epa: bedeutet Ein-Mann-Packung. Das ist das Essen für einen Mann an einem Tag. Es wird ausgegeben, wenn die Küche zur Reinigung geschlossen wird, was einmal in der Woche passiert, außerdem nimmt man Epas mit, wenn es auf Touren geht. Epas beinhalten löslichen Kaffee, Tee, Milchpulver, einen ›Hauptgang‹ – ich erinnere mich speziell an Ravioli in Champignonsauce, es gibt aber eine etwas größere Auswahl. Außerdem Brot, Aufstrich und eine kleine Tafel Schokolade.

HQ Kabul oder auch HQ ISAF: Headquarters der ISAF in Kabul.

Humint: Human Intelligence. Der Begriff bezeichnet Informationsgewinnung durch menschliche Quellen. Das Gegenstück dazu wäre Sigint, Signal Intelligence. Darunter fällt das Abhören und die Informationsgewinnung durch technische Mittel. Im PRT ist die elektronische Kampfführung Aufgabe der EloKa.

IED: Improvised explosive device. Eine Sprengvorrichtung, die nicht militärisch-konventionell hergestellt wurde. Autos voller Sprengstoff sind ebenso IEDs wie Sprengfallen auf Straßen oder Packtaschen voller Sprengstoff, die sich zum Beispiel auf einem Esel befinden können.

ISAF: International Security Assistance Force. Es handelt sich bei ISAF um eine Sicherheits- und Aufbaumission in Afghanistan, geführt von der Nato. Grundlage für die ISAF-Mission ist das Ersuchen der afghanischen Regierung und die Genehmigung des Sicherheitsrats der UN (Resolution 1386 vom Dezember 2001). ISAF ist keine Peacekeeping-Mission, also keine Blauhelmtruppe, sondern eine Peace-Enforcement-Mission. Damit dürfen zur Erreichung des Auftrags alle Mittel, also auch Waffengewalt, angewendet werden.

Joc: Joint Operation Central. Die Einsatzzentrale.

KAIA: Kabul International Airport, der Flughafen von Kabul. Es gibt einen zivilen und einen militärischen Teil.

Katachel: eine deutsche Hilfsorganisation, gegründet von Sybille Schnehage. Informationen unter www.katachel.de

Kinderberg: eine weitere deutsche Hilfsorganisation, die unter anderem Säuglingspflegestationen und Hebammenschulen in Feyzabad betreibt. www.kinderberg.de

Lummerland: Die Betreuungseinrichtung im Lager Kunduz.

Materialgruppe und Instandsetzung: Die Materialgruppe (kurz: MatGruppe) ist zuständig für die Versorgung des Lagers, einerseits mit Betriebsstoffen wie Öl, Diesel und Benzin, und andererseits mit ›allem anderen‹. In diese Kategorie fallen Bettwäsche, Winterschlafsäcke, Essbestecke, Feldbetten – ›alles andere‹ eben. In den Aufgabenbereich der Instandsetzung (kurz Inst) fällt alles, was repariert werden muss.

MoveCon: ist die Abkürzung für Movement Control, die Einrichtung im HQ Kabul, die jede Bewegung der ISAF-Soldaten beobachtet. Wann immer ein Fahrzeug eines der Lager oder den Flughafen verlässt oder erreicht, wird Meldung an Movecon gemacht.

NSE: National Support Element. Es handelt sich im HQ mehr oder weniger um Kneipen mit Nationalcharakter, soll heißen: Jede Nation hat ihr eigenes ›National Support Element‹.

OMLT, Spitzname »Omelettes«: OMLT steht für: Operational Mentoring and Liasion Team. Seine Aufgabe ist die Ausbildung der afghanischen Armee, der Afghan National Army.

Panzerkekse: werden auch Pionierplatten genannt. Mit ihnen kann in weichem Gelände ein Weg gelegt werden, ohne dass gleich eine Straße gebaut werden muss.

PRT: Provincial Reconstruction Team. Die regionalen Wiederaufbauteams sind kleine Truppeneinheiten, die meist von einer Nation geführt werden. Sie stehen anderen aber offen, sind also multinational. Ihr Auftrag ist einerseits die Durchführung eigener humanitärer Maßnahmen, die Bedarfsermittlung für den zivilen Aufbau und die Ausbildung der afghanischen Sicherheitskräfte. Außerdem sollen sie für ein sicheres Umfeld sorgen. Wie das genau erreicht wird, entscheiden die führenden Länder mehr oder weniger in eigener Zuständigkeit. Deutschland betreibt die PRTs in Kunduz und Feyzabad. Das ebenfalls deutsche Camp Marmal in Mazar-i-Sharif ist das Hauptquartier des Regionalkommandos im Norden. Die PRTs haben eine Doppelspitze und werden von einem militärischen Führer und einem Repräsentanten des Auswärtigen Amts geleitet.

PX: steht für ›Post Exchange‹. Es handelt sich dabei um Ladengeschäfte, die auf Militärstützpunkten betrieben werden. Die Angebotspalette reicht von Zigaretten, Textilien über Kosmetika, bis hin zu Elektronik. PX dürfen keinen Gewinn erwirtschaften, die Waren sind außerdem steuerfrei. Daher dürfen dort nur Angehörige der amerikanischen Streitkräfte und Angehörige der Nato-Einheiten einkaufen.

Roshan: eine afghanische Mobiltelefongesellschaft.

G 36: ›G‹ steht für Gewehr und das G 36 ist die im Einsatz benutzte Langwaffe.

Sada-e-Azadi: Bedeutet auf Dari: *Stimme der Freiheit* und umfasst die Zeitung und das Radioprogramm der ISAF, produziert von CJPOTF. Einen regionalen Ableger des Radios betreibt, unter gleichem Namen, die Bundeswehr von Mazar-i-Sharif aus.

TAA: Target Audience Analyses, Zielgruppenanalyse. Ein weiterer Teil der CJPOTF. TAA überprüft zum Beispiel sämtliche Produkte – besagte Stofftiere und Rucksäcke – auf Fehler und auf ihre Akzeptanz durch die afghanische Bevölkerung.

TPT: Tactical Psyops Team. Sie gehören zur CJPOTF. Sie verteilen die Zeitungen, aber auch die weiteren Produkte mit ISAF-Logo (Rucksäcke, Stofftiere etc.).

TPZ: ist die Abkürzung für Transportpanzer. Es handelt sich hierbei um einen sechsrädrigen, allradgetriebenen amphibischen Panzer mit ziemlich furchterregendem Aussehen; er sieht aus wie eine Kreuzung aus Hammerhai und Stegosaurus. Finde zumindest ich, aber andere sind anderer Ansicht. Im HQ Kabul sah ich einmal einen unserer amerikanischen Soldaten verträumt am Weg stehen, einem Fuchs hinterherschauen und murmeln: »Jesus, you Germans have great vehicles!« In Kunduz ist der Fuchs eines der Einsatzfahrzeuge der Sanität, und da Dinge einen Namen haben müssen heißt der Fuchs dort ›Stier‹.

Verticker: Der Shop im PRT Kunduz, der für die Grundbedürfnisse des Soldaten im Einsatz sorgen soll.

Uxo: Unexploded Object. Ein Sprengsatz, der noch nicht explodiert ist.

DANKSAGUNG

Aus Sicherheits- wie auch aus Diskretionsgründen habe ich mich bei fast allen in diesem Bericht vorkommenden Menschen auf die Vornamen beschränkt, und die sind alle geändert. Nachnamen beschränken sich, sofern sie überhaupt erwähnt werden, auf einen Buchstaben, und auch der ist – mit größter Wahrscheinlichkeit – abgeändert, Gleiches gilt für die Dienstgrade der Soldaten.

Bei den zwei oder drei Ausnahmen handelt es sich um Menschen in mehr oder weniger offiziellen Positionen, wie zum Beispiel die Leiterin des Vereins Katachel. Die wenigen Menschen, deren Namen nicht geändert sind, haben ihre Einwilligung dazu gegeben.

›Farzana‹, so wie sie hier auftaucht, hat es nie gegeben. Die Farzana im Buch setzt sich aus zwei Frauen, eventuell sogar aus dreien zusammen. Um deren Anonymität zu wahren und sie zu schützen, habe ich sie zu einer Figur zusammengeführt. Keine dieser zwei oder drei Frauen heißt wirklich Farzana.

Die Arbeit in Kunduz wäre nicht möglich gewesen ohne die Hilfe vieler Menschen in Afghanistan und in Deutschland. Ich kann nicht alle erwähnen, zumindest aber einige. Ich danke also:

Susanne, die eigentlich daran ›schuld‹ ist, dass ich überhaupt die Möglichkeit hatte, nach Afghanistan zu gehen.

Nina, meinem Back-up zu Hause, für Care-Pakete ins Feldlager, das immer offene Ohr und einen roten Schal. Melinda für ihre Fürsorge für die seidenweiche Prinzessin. Sandra für Gelächter, Spaß, grünen Tee und Mango-Chutney. Dem Fürsten für geduldige Antworten auf viele (ich fürchte oft auch ziemlich dumme) Fragen.

Dem Oberleutnant für Kaffee und Internet-Zugangsdaten. Dem Oberfeld für das verdutzteste Gesicht, das in Kwa-je-Ghar je über einer Bristol und einer Maschinenpistole gesehen wurde. René für Ramazotti und so vieles mehr, das ich unmöglich alles aufschreiben kann.

Stephan für sein Lächeln, den Wiederaufbau meines Selbstwertgefühls, als das einen ziemlichen Dämpfer bekommen hatte, und eine Verabschiedung am Flugfeld Kunduz.

›Frank zur See‹ fürs offene Ohr und Zigaretten. Dem Spieß von Cimic sowie seinem Nachfolger: Stoni.

Außerdem: Thomas von der GTZ für einen ganz bestimmten Schlüssel, Boris für Spaghetti ›Kerstin Spezial‹. Ute für Freundschaft und das Bett in ihrem Zimmer, Iain für eine Rose, ein Bett in Schottland und meinen ersten Yorkshirepudding. Jörg für Gespräche, Lachen und Infos, nicht zu vergessen: großartige Tapas.

Den ›zivilen Bullen‹ im Lager.

Meinen afghanischen Mitarbeitern und ihren Familien. Den Frauen meines afghanischen ›Teekränzchens‹. Dem Übersetzer der Polizei und den afghanischen Mitarbeitern des Auswärtigen Amts in Stab 3.

Den Kameraden und Kameradinnen des elften, zwölften, dreizehnten und vierzehnten deutschen Einsatzkontingents ISAF in Kunduz.